高校运动训练和体育教学的发展策略研究

王 芳 著

哈尔滨出版社
HARBIN PUBLISHING HOUSE

图书在版编目（CIP）数据

高校运动训练和体育教学的发展策略研究 / 王芳著. -- 哈尔滨：哈尔滨出版社，2022.8
ISBN 978-7-5484-6648-2

Ⅰ.①高… Ⅱ.①王… Ⅲ.①运动训练–教学研究–高等学校②体育教学–教学研究–高等学校 Ⅳ.①G808.1②G807.4

中国版本图书馆CIP数据核字(2022)第151962号

书　　名：高校运动训练和体育教学的发展策略研究
GAOXIAO YUNDONG XUNLIAN HE TIYU JIAOXUE DE FAZHAN CELÜE YANJIU

作　　者：王　芳　著
责任编辑：韩金华
封面设计：舒小波

出版发行：哈尔滨出版社（Harbin Publishing House）
社　　址：哈尔滨市香坊区泰山路82-9号　　邮编：150090
经　　销：全国新华书店
印　　刷：北京宝莲鸿图科技有限公司
网　　址：www.hrbcbs.com
E-mail：hrbcbs@yeah.net
编辑版权热线：（0451）87900271　87900272
销售热线：（0451）87900201　87900203

开　　本：787mm×1092mm　1/16　印张：10.25　字数：245千字
版　　次：2022年8月第1版
印　　次：2022年8月第1次印刷
书　　号：ISBN 978-7-5484-6648-2
定　　价：68.00元

凡购本社图书发现印装错误，请与本社印制部联系调换。
服务热线：（0451）87900279

前言

随着经济实力的不断增强,中国的科技、文化、体育等领域也都进入了快速发展期。在体育方面,中国在已经实现了体育大国发展目标之后,又朝向体育强国的方向迈进。目前,全国经济形势向好,社会文化事业在飞速发展的同时也面临着巨大的挑战,企业积极进行产业升级转型,事业单位加紧体制改革,各个领域都取得更大的发展。

当然,体育领域要在这种形势中继续取得更大的成就,必然要面对各种规则和标准的更迭,也必须要尽快完成改革和更新。其运行机制必须要与社会主义市场经济体系发展趋势相适应,同时又不能脱离体育事业的本质特征,这就需要体育领域的改革,必须以体育运动自身的改革为基础,以社会性结构改革为导向,对原有的全国统一体制进行改革。我国也确实通过"举国体制"培养出了一大批体育竞技人才,但是随着市场经济的不断发展,这种形式已经不能适应体育人才培养的需要。

中国的教育和体育是由两个独立行政机构负责管理,自 20 世纪末,我国就已经开始探索体育和教育的协调发展,为体育竞技培养更多的后备人才,也促进高校体育教育的不断发展。经过不断尝试,我国目前已经基本形成了体育与教育融合的体育人才培养新模式,这也是现阶段最符合我国国情的一种体育人才培养模式。这一培养模式下,高校体育有了充足的发展动力,也将获得国家政府更大的支持,从而为竞技体育输送更多优秀人才,推动我国体育事业再上新台阶。

教育是培养人才的基础,承担着为社会建设输送接班人和建设者的重任,事关现代化建设的全局。体育让人的身体和心理更加健康,也是更高层次的发展目标。在人才培养中,体育和教育都和人的发展需求有密切关系,但是从需求层次上看,体育可以满足人们更高层次的需求。因此,体育教育对于人的发展、国家的文明进步,社会建设现代化目标的实现,都有着非比寻常的意义。

体育本质上也是教育的组成部分之一,不仅能够给人以健康的体魄,还能让人形成坚强的意志、良好的个性品质等,在人的发展中具有重要作用。运动员进行体育锻炼的目的是提高运动表现,在比赛中获得更好的成绩;而学生则是为了让身体更加健康,同时享受体育给人带来的愉悦感。"体教结合"是实现体育事业可持续发展的正确选择,在高校教育发展和竞技体育人才培养中都具有突出优势。尤其是日益激烈的市场竞争,对人们的身体素质要求甚高,因此这就需要高校要重视运动训练和体育教学发展的重要性。《高校运动训练和体育教学的发展策略研究》首先简单介绍重视高校运动训练和体育教学发展的意义,其次分析高校运动训练和体育教学发展的现有情况,最后探讨促进高校运动训练和体育教学发展的策略,以期能够更加有效地促进高校运动训练和体育教学的共同发展。

目 录

第一章 导论 ... 1
第一节 研究背景 ... 1
第二节 研究综述 ... 2

第二章 高校运动训练与体育教学的概念 ... 7
第一节 高校运动训练的概述 ... 7
第二节 高校体育教学的概述 ... 23

第三章 高校运动训练与体育教学的差异性 ... 40
第一节 运动训练与体育教学的区别 ... 40
第二节 运动训练与体育教学的相同性 ... 52

第四章 高校运动训练对体育教学发展的影响 ... 59
第一节 提高教师和学生的安全防范意识 ... 59
第二节 有助于促进体育教学内容的丰富性 ... 69
第三节 充分调动学生参加运动训练的学习兴趣 ... 77

第五章 高校运动训练和体育教学发展的障碍 ... 89
第一节 缺乏高素质水平的专业性师资团队 ... 89

第二节　忽略运动训练和体育教学间的联系 99

第三节　体育教学缺乏正确的体育教育理念 108

第六章　高校运动训练和体育教学发展的策略 117

第一节　组织一支具有高素质水平的师资团队 117

第二节　正确理解运动训练和体育教学的互动性 124

第三节　运用科学合理的教学方式开展体育教学 135

参考文献 155

第一章　导论

第一节　研究背景

当今世界无论在经济、科技、国防领域，还是在教育、体育方面的竞争，其核心均是人才竞争，而一个国家的经济建设发展和社会文明进步其根本也是要依靠人才，因而培养高素质人才已经成为世界各国的共识。改革开放40多年来，我国颁布与实施了"全民健身计划""奥运争光计划"及"健康中国2030规划纲要"等一系列事关我国体育事业发展的国家战略，这不仅为我国体育事业的长久发展提供了前所未有的机遇，而且也促进了我国体育事业的蒸蒸日上和高速发展，标志着我国体育事业进入了一个崭新的历史发展阶段。我国体育事业的建设发展除要具备高水平运动员，还应该具备高素养、高水准的教练员、体育管理人员及体育科研人员。为了全面适应新世纪我国社会主义现代化建设对体育人才的需求，《国家中长期教育改革和发展规划纲要（2010—2020年）》中对体育事业发展规划提出"人才兴体、科教强体"的战略目标。基于此，我国许多高等学校积极响应时代发展需要，主动抓机遇、迎挑战，与时俱进，不断推进体育专业人才培养的教育教学体制和运行机制的改革，提升高素质体育专业人才培养质量。

运动训练专业，是从事与竞技体育相关活动的专业类称，是我国高等学校体育类专业人才培养的一个特殊的学业门类。运动训练专业开始于1957年原北京体育学院设立的"运动系"，旨在短时间内缓解我国教练员的短缺问题。1988年，新的《普通高等学校本科专业目录》正式确定并使用"运动训练专业"这一专业名称，由此确立了运动训练专业在体育专业教育中的地位。截至2020年，经教育部和国家体育总局联合批准，全国共有94所院校，其中包括36所师范类学校可以单独招收运动训练专业的学生。运动训练专业担负着竞技体育领域专业人才教育培养的重要使命，它的开创和发展，为我国培养出大批的优秀运动员和教练员，为推动我国体育事业的发展起到了重要的作用。因此，探讨和研究我国高校运动训练专业的建设和发展，对加快培养我国竞技体育方面高素质专门人才有着重要的战略意义。

2018年，教育部研制、颁发《普通高等学校本科专业类教学质量国家标准》，旨在巩固本科教学的基础地位，提高人才培养质量。其中，体育学类本科专业教学质量《国家标准》对运动训练专业的培养目标、培养规格、课程体系、教学条件、质量保障等方面都有明确的规定和规范要求，它对运动训练专业人才培养体系的健全完善、质量提升都具有重要的指导意义。

第二节 研究综述

一、有关拓展训练方面的研究

（一）拓展训练的起源

拓展训练，又称"外展训练"，英文 Outward Bound，这种训练源于20世纪40年代"二战"时期的英国。第二次世界大战中，英国许多年轻海员因为缺乏临战经验，葬身海底，逃生回来的不一定是身强力壮的，但都是特别坚强，求生欲望特别强的人。经过一段时间的调查研究，了解情况，专家们终于找到了这个问题的答案：这些人之所以能活下来，关键在于这些人有良好的心理素质。他们能够在严酷复杂的环境中找到生存的办法，靠顽强的意志力活下来。1941年，一位超前的德国教育者库尔特·哈恩（Kurt Hahn），和一位英国海运大亨劳伦斯·霍尔特（Lawrence Holt）爵士在威尔士的阿德伯威成立了世界上第一所拓展训练学校。

战争结束后，拓展训练以体验式学习的全新创意和训练方式逐渐被推广开来，训练对象由海员扩大到军队军人、学校学生、企业工商业人员等群体。拓展训练的目标由最初的环境生存训练扩展到心理训练、人格训练、管理训练等，并很快就风靡了当时欧洲的教育培训领域。Outward Bound 的发展极为迅速，20世纪70年代传入美国，1995年，这种培训形式由中国香港传入内地，Outward Bound 被翻译为"拓展训练"，它作为一种实现可趋向性目标的教育模式在中国得到了蓬勃发展。

（二）拓展训练的特点

拓展训练之所以能够持续发展，主要在于它有区别于传统的教育形式，把目标放在了心理因素和社会适应的开发方面，它作为素质教育的辅助手段已经展现出独特的优势和训练效果。拓展训练本身不是简单的游戏而是一种体验式学习模式，是在挑战下的体验，体验中的感悟，感悟下的理念，通过专门设计具有针对性的课程，利用种种典型的模拟场景和活动方式，让大学生经历一系列的考验，磨炼顽强不屈的毅力、提高心理素质，培养积极进取的生活态度、增强团队意识。因此，拓展训练对人的心理、创新能力、社会应变能力等方面的教育具有突出的优势。

它的特点主要表现在以下几个方面。

1. 在体验中教育

这是拓展训练区别于传统教学最明显的特征，拓展训练是在教师的引导下，通过体验式学习，提高认识自我、熔炼团队的训练，改变了传统的以教师为主体的学习方式，让学生感受先行后知的教育方式，使学生能够体会到通过努力获得的胜利感和优越感，获得拓展训练的高峰体验，增强自信心。

2. 教学方式灵活多变

拓展训练在室内或露天环境下均可进行，不受具体环境的影响，组织方式实行分组活动，强调集体协作，要求每名学员竭尽全力为集体争取荣誉，同时通过从集体中吸取巨大的力量和信心，在活动中充分体现个人的魅力。

3. 集组织性、趣味性和挑战性于一体

拓展训练是一种体验式学习方式，有严格组织教学程序，每个环节都具有较强的计划性。同时，拓展训练项目的特点，在实施过程中，要利用项目游戏的娱乐性、体验性，让学员主动参与其中。

4. 个性与集体共存

拓展训练实行分组活动，强调集体协作，要求每名学员竭尽全力为集体争取荣誉，同时通过从集体中吸取巨大的力量和信心，在活动中充分体现的个性魅力。教练只负责把课程的内容、要求及必要的安全注意事项向参训者讲清楚，活动中一般不进行讲述，充分尊重学员的主体地位。即使在课后的总结中，教练只是进行适当的引导，主要让学员自己讲述体验和体会，达到自我教育的目的。

（三）拓展训练的功能

拓展训练的持续快速发展，除了拓展训练机构大力推广这种新的学习方式之外，还在于拓展训练有着深厚的教育功能和实践价值，并且迎合了现代教育改革的新潮流。拓展训练的功能主要表现在两个方面。

1. 提高个体的环境适应能力和面对挫折的应变能力

拓展训练通过设计专门的课程，在实施过程中，以培养学生健康的心理素质和良好的社会适应为主要目的，让学生在体验的过程中激发潜能、挑战自我、战胜自我，通过一系列项目的开展，强化和提升学生的创新能力和社会适应能力。

2. 提高团体的环境适应能力和团队凝聚力

拓展训练通过团队项目培养学员对集体的重视程度和责任感，培养学生的集体荣誉感，从而达到增进团队协作和改善人际关系的目的。

（四）拓展训练在国内高校的发展状况

钱永健在《拓展训练》一书中对拓展训练在我国的起源、创建与发展作了翔实的介绍。1970年，中国香港成立了香港外展训练学校，是中国第一个加入OBI（外展训练国际组织）的专业培训机构，1995年以"拓展训练"命名的体验教育模式整合改造后进入中国。人众人教育是国内第一家专业从事户外体验式培训的机构，成立于1995年3月15日，1996年，人众人正式创立了知名品牌"拓展训练"，并在国家工商行政管理商标局注册了"拓展训练"商标。1999年该组织在广东肇庆建立了外展训练基地，成为该训练组织下属的国内第一个培训基地。时至今日，它已发展为拥有18个分支机构和24个自主管理的培训基地，全国拥有近200名培训师，累计培训量已达40万人次，成为国际上培训总人数最多的体验式培训机构之一。

1998年，中国地质大学率先在全国高校中开设了"野外生存体验"公选课，1999年，清华大学率先将体验式培训引入MBA、EMBA的教学体系中，随后北京大学光华管理学院、中欧国际工商学院、中山大学岭南学院、浙江大学、中国工商管理学院、暨南大学等学校的MBA、EMBA教育中也纷纷把拓展训练作为指定课程内容。拓展训练真正植根校园，是从

2002年起,将素质拓展训练作为一门课程,修建专门的培训场地,并开始制定大纲,北京大学是最早的学校之一。

随着拓展训练的发展和行业的不断完善,中国的拓展训练必将会向提高和普及两个方向发展。在现阶段,那些具有实力的拓展训练学校、优秀的培训公司有责任也有义务为拓展训练的提高而努力。同时学校教育系统的各级各类教学研究机构也需要为此做出努力,通过自身的不断完善与提高、加强与国外相关机构的合作、国内培训机构取长补短相互合作,将拓展训练在现有水平上再提高一个层次。

二、有关拓展训练在培训领域的研究

关于拓展训练在培训领域的研究,国内学者进行了卓有成效的研究,如钱永健出版了国内第一本《拓展训练》专著,该著作以原创的理论,亲历的案例,严谨的考证,翔实的图片为拓展教师、企业领导与培训主管、MBA与MPA等参加拓展训练的学员和团队提供了理论依据和实践参考。拓展训练发展到今天已演变成精心设计的一系列体验式项目课程活动,旨在通过受训学员的亲身参与,体验其中的人际关系、信任、配合等团队形成中不可缺少的各种体验与技巧,通过自我发现、自我激励、自我超越,最终达成整个团队成长与突破的目的,如周辉全的《培训新方式——拓展训练》等。

在市场经济新形势下,人们的利益和需求多元化,合作意识和创造精神是现代企业对每个成员提出的基本要求,形成团结、文明、高效的团队,才能保证现代企业的稳定、健康、快速、持续发展。如胡春华、田劲的《拓展训练:提高素质增强自信》、李友海《拓展训练:全新的学习方法和训练方式》,文章从拓展训练的特点入手,分析了拓展训练这种全新的学习方法和训练方式在现代企业管理与发展中的作用。

三、有关拓展训练与高校体育教学相结合的研究

(一)高校开展拓展训练的意义

目前,关于高校开展拓展训练的意义的研究主要集中在以下几个方面,一是推进素质教育,深化高校体育改革的研究。如许家成、金慧侠的《大学体育引入拓展训练的思考》;王海棠的《高职院校体育课引入心理拓展训练的理论探讨》;刘瓁、聂环玲的《对高校开设体育拓展训练课的构想》。二是提高大学生心理素质方面的研究。如丁文娟的《现代体育教学中的拓展训练》;肖菊香、魏华的《将拓展训练引进大学公共体育课的思考》;杨耀华的《高校体育教学中实施拓展训练的理性思考》。三是关于培养大学生团队协作意识和实践能力方面的研究。如常会丽、李红民的《高校体育教学中开展拓展训练的意义及对策的研究》;李艳的《浅谈拓展训练在高校体育中的普及和发展》;窦延军、徐鹏远、刘宏玉的《浅析拓展训练在高校体育课中开展的意义》等。纵观这些研究发现,目前高校开展的拓展训练对大学生的实际意义的研究比较零散,缺乏在和谐社会背景下拓展训练对大学生纵深发展方面的系统研究。

(二)高校开展拓展训练的理论依据

体育教学的目的是提高学生身心健康和社会适应的能力。因此,拓展训练回归体育教学也

是教育面向社会、全面提高学生素质的一种时代需要和趋势。胡仲秋、沈纲的《高校体育教学引入拓展训练模式的探讨》，从理论上对两者的目的、手段和方法做进一步的阐述，为我们更好地在体育教学中应用拓展训练找到理论根据和借鉴；从这一角度论述的还有张辉、刘香兰的《高校开设拓展训练课程的相关因素分析》和顾长海的《高校体育开设拓展训练课程的研究》。刘素梅的《将拓展训练引入高校体育教学的研究》，文章认为用拓展训练的模式补充和延伸体育教学的内容和功能，其发展空间非常大，即身体、心理与社会适应能力全面发展。王海棠的《高职院校体育课引入心理拓展训练的理论探讨》从另一角度阐述，认为心理拓展训练课以"项目课程理论"和"项目教学法"为理论指导，为心理拓展训练课教学创新与实践取得良好的教学效果起到了保障作用。在国内，从理论层面上比较系统阐述拓展训练的理论基础的是钱永健的《拓展训练》一书，将拓展训练与其他诸多学科联系在一起，如心理学、教育学、组织行为学、领导学，使拓展训练理论更加丰富、直观、易懂、有趣，使学习者有更多的机会在暗含理论的活动项目中体验和感悟，在活动后巩固那些终生难忘的知识。

（三）拓展训练与高校体育教学结合的可行性分析

目前，对拓展训练在高校体育课开展的可行性的研究主要集中在以下四个方面。

一是拓展训练适应素质教育的发展，符合高校体育课程改革的要求。如杨斌的《"拓展训练"在高校体育教学中的实施策略》；谢恩杰、宗丹的《论高校体育课程改革新内容——野外拓展训练》；周立华、李俊杰的《略论普通高校开展拓展训练的必要性与可行性》。

二是拓展训练项目所需场地、器材比较简单，方式灵活多变，有利于在校园开展。如孙永梅的《在高校体育课中开展素质拓展的必要性与可行性》；顾长海的《高校公共体育教学改革之一——将拓展训练引入体育教学的可行性研究》；张清阳的《浅谈素质拓展训练与体育教学的结合》。

三是高校体育教师自身的优势有能力胜任拓展训练工作。如于海涛、常会丽的《高校体育教学中开展拓展训练的可行性分析》；吴长青的《对学校体育开展拓展训练的探讨》；沈丽英、刘宏玉的《拓展训练在高校体育选项课中开展的可行性研究》。

四是拓展训练本身的特点有利于在高校体育课中开展。如侯宽、秦开元的《论拓展训练与学校体育教学的融合》；童建国的《学校体育开展生存训练可行性研究》；刘睿、邓霞的《普通高校拓展训练的必要性与可行性研究》。以上研究为拓展训练在高校体育课中的开展提供了有益的借鉴和帮助。

（四）高校开展拓展训练的内容设计及实施措施分析

拓展训练的课程主要由野外、水上和场地三类课程组成，在将拓展训练引入高校体育课时，我们充分考虑到学生的具体特点及不同高校的场地设施，选择那些在高校切实可行的训练项目进行推广。

于振峰、王晨宇的《关于将拓展训练融入体育教学的理论研究》、谢恩杰、宗丹的《论高校体育课程改革新内容——野外拓展训练》和常会丽、李红民的《高校体育教学中开展拓展训练的意义及对策的研究》，文章将拓展训练的部分项目分为沟通类、团队协作类和个人挑战类等作为在高校体育课开展的内容。

卢俊、陈爱国的《将拓展训练引入高校公共体育课的研究》、刘鳃、聂环玲的《对高校开设体育拓展训练课的构想》及聂同海、温国强的《开设高校体育拓展训练课的构想》，把高校体育开设拓展训练课项目内容分为基本素质训练和综合素质训练。

随着高校课程体制改革的不断深入，高校体育教学的手段方法也将有新的突破。如何把拓展训练作为高校体育课的教学内容，并有目的有计划有组织地系统实施，这也日益成为一个具有挑战性的课题。

金平的《高校拓展训练式体育课教学模式的探索实践》，将拓展训练式体育课的课程教学分为五个基本环节，即组织准备——活动体验——感悟归纳——分享交流——整合应用。

杨东锋的《高校体育教育与拓展训练结合的现实意义》，针对大学生面临的现实环境和就业心理，结合拓展训练的实施过程和高校体育教育的特点，高校可以按照以下环节有步骤地引入拓展训练组织体育教学：第一，制订有效的实施计划；第二，选择适当的拓展训练项目；第三，训练项目的实施；第四，回顾总结与评价。

吴桂英、石岩的《拓展训练引入高校体育的模式思考》，文章对拓展训练引入高校的模式进行了探索，将拓展训练与体育课和课余体育相结合，对高校实施拓展训练课程起到一定的借鉴作用。

第二章
高校运动训练与体育教学的概念

第一节 高校运动训练的概述

体育活动是在人类长期的社会活动和体力劳动当中产生的,它的项目越多就证明人类社会文明的程度越高,而这也恰好证明了它不仅是社会发展中人类智慧的结晶,更说明它是人类社会文明发展的一大重要标志。随着时代的发展,体育活动当中出现了越来越多不同类别的体育项目,而这些不同的体育项目都有着自身的特点及优势。它不仅可以利用自身的优势和特点有效地增强人类的体质,还可以促进人类自身的发展从而提升当今人类身体的健康水平。

一、运动训练理论核心概念的界定

概念是理性思维的基本形式之一,是客观事物的本质属性在人们头脑中的概括反映。概念是理论的集中表述,每一个学科都以若干概念作为廊柱,支撑着学科理论的大厦。概念体系,即概念彼此间有机地组合,是构成科学理论体系的基本要素。科学的概念体系是一门学科的基础,是一门学科得以立身的先决条件。要形成一个理论系统,重要的是确立概念,进而形成判断,经过逻辑推理形成一个逻辑系统。科学理论的大厦就是围绕着概念体系建造、维系起来的。

(一)运动训练理论核心概念的遴选

1.体育词典中的运动训练学词条

词典中汇集了最具代表性的词汇。几十年来,中国体育界总共三次参与或独立编撰词典。在运动训练理论研究与竞技实践中被广泛应用的运动训练学重要概念,基本上都汇集在了体育词典之中。

1982年版的《中国大百科全书·体育》中,运动训练学部分包括22个词条。除去属于训练内容的8个下位概念,其余14个基本词条为:运动训练、运动训练原则、运动训练方法、运动训练计划、训练周期、训练程度、训练水平、训练手段、训练的临界线、竞技状态、负荷量和负荷强度、专项能力、训练水平的测定和评价、训练体制和训练网。

2000年版的《体育科学词典》中,运动训练学部分含190个词条。其中,应用最为广泛的17个词条为:运动训练、运动训练学、运动竞赛、运动成绩、竞技能力、运动训练原则、训练负荷、训练过程控制、运动能力、训练水平、运动训练过程、竞技水平、竞技状态、运动员选材、运动训练方法、项群训练理论等。

正在编撰中的《中国百科大词典·体育》，含有运动训练学词条52个。除去36个下位概念（包括具体的训练原则、竞技子能力、具体的训练方法、中小训练周期等），余16个训练学词条为：运动训练学、运动训练、运动竞赛、教练员、运动员、运动训练原则、运动训练方法、运动负荷、竞技能力、运动训练周期、竞技状态、竞技表现、运动成绩、运动训练计划、运动训练监控、项群训练理论。

上述3本词典入选的主要词条共计48项次。其中，三次入选的有7个词条，两次入选的有5个词条（见表2-1），运动训练理论的核心概念主要在这一范围内遴选。

表2-1 体育词典入选运动训练学词条

入选	词条数	词条
3次	7	运动训练、运动训练原则、运动训练方法、运动训练计划、竞技状态、训练负荷（负荷量和负荷强度）、竞技能力（专项能力）
2次	5	运动训练学、运动竞赛、运动成绩、训练周期、项群训练理论
1次	17	训练程度、训练水平、训练手段、训练的临界线、训练水平的测定和评价、训练体制和训练网、训练过程控制、运动训练监控、运动训练内容、运动能力、训练水平、运动训练过程、竞技水平、运动员选材、教练员、运动员、竞技表现

2. 运动训练理论核心概念的逻辑遴选

运动训练是竞技体育的重要组成部分，是实现竞技体育社会职责的关键活动。运动训练业界通过有组织的社会行为达成既定目标，完成其社会职责。所以，运动训练者的行为目标、运动训练者的组织行为与运动训练行为的组织要素这三个维度即搭建了运动训练活动的核心架构。我们便以这三个维度中入选体育词典2次以上的词条为基础，从中遴选核心概念。

（1）由运动训练者的行为目标中遴选的核心概念

运动训练从业者是竞技体育从业者的重要组成部分，其直接的社会分工便是参与运动成绩的社会生产。而在生产运动成绩这一社会组织体系中，运动训练从业者具体的行为目标便是：在训练中提高运动员的竞技能力，培养和控制运动员的竞技状态，在比赛中创造理想的运动成绩。显然，竞技能力、竞技状态、运动成绩，便是运动训练者的行为目标中的3个核心概念。

（2）由运动训练者的组织行为中遴选的核心概念

为了实现上述行为目标，运动训练从业者首先要组织运动员进行训练，继而要组织运动员参加比赛。这里，运动训练和竞技参赛是两项完整的系统工程，由此选定运动训练和竞技参赛为2个核心概念。

（3）由运动训练行为的组织要素中遴选的核心概念

为了实现运动训练活动的直接目标，即提高或保持运动员的竞技能力，运动训练从业者需要就训练原则、训练内容、训练方法、训练负荷、训练计划等问题建立明确的科学认知，从而有效地指导运动训练实践。因此将上述5个概念列入了运动训练的核心概念群。通过上述解析，共遴选出10个核心概念（见表2-2）。

表 2-2 运动训练理论核心概念的逻辑遴选

运动训练的认知维度	核心概念
运动训练者的行为目标	竞技能力、竞技状态、运动成绩
运动训练者的组织行为	运动训练、竞技参赛
运动训练行为的组织要素	训练原则、训练内容、训练方法、训练负荷、训练计划

逻辑遴选的结果与入选词典次数的统计结果高度吻合。遴选的 10 个运动训练概念中有 8 个与 2 次以上入选词典的词条完全一致。另外，训练内容只入选 1 部词典，但其下位概念的许多具体训练内容也被词典选入。竞技参赛是一个新的理论组合，所以没有入选词条。在 12 个 2 次以上入选词典的词条中，有运动训练学、运动竞赛、训练周期、项群训练理论 4 个词条在逻辑遴选中没有提及。其中，运动训练学与运动训练密切相关，运动竞赛与竞技参赛密切相关，训练周期与训练计划密切相关，可在相应讨论中一并论及。

（二）运动训练理论核心概念认知的深化

运动训练与运动训练学概念的科学界定

围绕运动训练这一核心概念，我们拟从运动训练概念的界定、运动训练的基本特征、运动训练学的研究对象等方面展开论述。

（1）关于运动训练概念的定义

20 世纪国内外相关研究，通常都将运动训练定义的类属确定为一种"过程""综合"或"活动"，但同时，在释义中也常常包含着对于训练过程、训练内容、训练目标的积极期望，提出了特定的条件，其中有"为达到较高的和最高的运动成绩而做的准备"和"全面发展运动员的身体"等表述。

德国学者哈雷认为：运动训练是为了达到较高的和最高的运动成绩而做的准备。美国学者维·舒哈里所述为：运动训练是通过系统作用于人的身心运动能力和准备达到最高水平的科学知识和运动完善的教学过程。我国学者早期的有关教材中，对运动训练的定义为"运动训练是指，在教练员的指导下，全面发展运动员的身体，为不断提高专项运动成绩而专门组织的一种教育过程"。

定义项的外延与被定义项的外延应完全相同，这是逻辑学定义的四项规则之一。而在上述文献的定义项中，有两个关联词组对被定义项作出了特定的要求，即"达到较高的和最高的运动成绩"和"全面发展运动员的身体"。将这些关联性表述列为定义的组成部分，使得被定义项如果不具备这些条件，就不能归入定义项，从而就将大量的为取得"一般的运动成绩"而做的"准备"，和"身体发展不够全面"的运动员的训练活动都排除在"运动训练"的范畴之外了。很明显，这两项表述都是运动训练者理想的愿望，并不是运动训练的必要条件。把非必要条件列入定义项之中，导致不能满足这些非必要条件的大量相关活动被拒于被定义项之外，便违反了"定义必须相应相称"的原则。

中国学者很快地意识到这一表述存在的逻辑问题，1986 年过家兴主编的北京体育学院"运动训练学"教材相关定义中，便舍去了上述非必要条件的关联语词组，表述为"运动训练是指，在教练员的指导和运动员的积极参与下，为不断提高或保持运动员的运动成绩而专门组织的一种教育过程"。自 2000 年起历次全国通用教材在"运动训练"的定义项中，均不再包含上述非必要条件。2017年田麦久主编的高等学校教材《运动训练学》中的定义为：运动训练是竞技体育活动的重要组成部分，是为了提高运动员的竞技能力和运动成绩，而专门组织的有计划的活动。运动训练定义的修订，符合了定义项的外延与被定义项的外延完全相同的要求，使得读者能够更准确地学习和掌握运动训练概念的实质性内涵。

（2）关于运动训练学本源性特征的确认

体育学科理论体系中，大量的学科是由其他学科引入的。如运动生理学的母学科是生理学，运动解剖学的母学科是解剖学，体育社会学的母学科是社会学，体育教育学的母学科是教育学。但运动训练学则有所不同，它没有现成的母学科，它源自运动训练活动实践，并随着运动训练活动实践的丰富发展而不断进行理论概括与提升，从而逐步充实完善起来的一门学科。

运动训练实践的活动是从一个个具体运动项目开始的，随着实践活动的重复与深入，人们的理性认识逐渐丰富。在思考和总结合理的技术动作、有效的训练方法、比赛获胜及失利原因等问题的过程中，逐渐形成了关于田径、篮球、体操等不同项目的理论知识。20世纪中叶，一些学者注意到不同项目的训练活动有着许多共同的特点和规律，从覆盖所有运动项目的角度，进行了关于训练内容、负荷、方法、安排等方面的专题研究，与此同时，也从人体科学、人文社会科学、教育科学等多个领域吸收了大量的相关研究成果，逐步构建了一般运动训练学的基本理论体系。追本溯源，运动训练理论是直接源起于运动训练实践的理论。应该说，与体育学科理论体系中的许多学科相比较，本源性正是运动训练学最具特色的重要学科特征之一。

在人民体育出版社2012年版体育院校通用教材《运动训练学》中，田麦久、刘大庆首次明确地将本源性与综合性、实践性并列为运动训练学的主要学科特征。继而，在田麦久主编的全国高等学校教材《运动训练学》和余银、胡亦海主编的全国高等学校运动训练专业教材《运动训练学》两部教材中，也都延续了同一定位。这一重要特征的揭示，更加明确了运动训练学的学科发展历程，更加强调了运动训练学与运动训练实践的密切联系，对于运动训练学理论体系的完善有着独特的科学意义。

（3）对运动训练学学科研究任务认知的逐步深化

从理论层面明确运动训练学的学科研究任务，是学科发展的重要问题。早期国内外文献里运动训练学定义中涉及学科研究任务时，多为罗列研究内容的外延性定义。如苏联学者列·马特维也夫定义《运动训练原理》课程为：有关运动员培养的基本形式与训练形式中实现的运动员培养方面的综合性知识的综合。联邦德国1983年版《体育科学词典》的释文是：运动训练学是关于训练目标、训练原则、训练项目、训练内容、训练方法、比赛理论有序认知的综合。北京体育大学1986年出版的《运动训练学》教材中，将运动训练学的研究任务表述为：运动训练学是在研究和总结运动训练实践经验的基础上，运用其他学科的基本原理，阐明运动训练过程普遍规律的一门新兴交叉学科。它系统地阐明了训练的目的、任务，训练的基本原则，训练的基本内容、方法，训练过程的结构、组织、控制，计划的安排和对教练员、运动员的要求等。

在教学和研究过程中，我国学者逐渐认识到，使用罗列内容的外延式思维模式概括运动训练学的研究对象是一种比较肤浅的认知。20世纪90年代，学者逐渐把运动训练学的学科研究任务，集中于揭示运动训练活动中的客观规律。这一内涵式的目标定义显然比外延式的内容定义前进了一步。1990年过家兴主编的体育学院通用教材《运动训练学》中表述为：运动训练学是研究和揭示运动训练过程一般规律的一门综合性应用学科。2006年田麦久主编的《运动训练学》教材中，又进一步强化了学科的实践性特征，将运动训练学定义为"运动训练学是研究运动训练规律以及有效地组织运动训练活动行为的科学"，从而在运动训练学的研究对象中，将"有效地组织运动训练活动行为"与"揭示运动训练的客观规律"并列，把运动训练学的研究对象定位于理论研究和行为研究两个层面，明确地强化了学科理论对于运动训练实践的指导意义。此后，在2012年和2017年的运动训练学通用教材中继续确认了这一认知。从罗列内容的外延式定义到强调本质属性的内涵式定义，再到学科属性的丰富，体现着我国运动训练学者对运动训练学科认知的不断深化，为运动训练学科的实践性特征提供了更为有力的理论支撑。

（三）竞技能力概念的确认与理论建构

围绕竞技能力这一核心概念，中国运动训练学者在多个领域开展了大量的专题研究，推出了可喜的创新成果。

1. 竞技能力中文概念的确认

运动员参加运动竞技需要具备相应的运动能力，或称参赛的本领。世界不同国家对运动员参赛本领各有自己的理解与描述。日文的表述是"竞技力"，其含义为：比赛的能力。苏联学者认为：在现代训练中运动员的训练水平的结构包括身体训练水平，技战术训练水平，心理训练水平和智力水平，而且在很大程度上它是以运动员能力的质量特征为基础的。

中国的运动训练界关于运动员参赛能力的认知，早期多称之为"运动能力"。20世纪50年代全面学习苏联，即随之称为"训练水平"，1981年版体育系通用教材《体育理论》第六章运动训练、中国运动训练学会1983年组编的《运动训练学》，都将"训练水平的测定与评价"列在运动训练学研究的主要内容之中。

田麦久认为，"运动能力"含义过于宽泛，可应用于生长发育、健身、康复、竞技等身体运动的众多领域，释义不专一；"训练水平"的词义意味着将运动员具有的能力"水平"的产生仅仅归因于"训练"这一个途径，忽视了遗传及生活因素对于运动员"水平"的影响；同时，对"训练水平"的理解并不具有明确的定向性，既可以用来衡量运动员具有能力的状况，也可以被用于表述教练员的执教能力，不能明确地指向运动员的参赛能力。因此，对于建立我国的运动训练理论体系来说，确定一个准确的概念来表述运动员参赛所需要的能力，是十分必要的。就此，在多向参考国际观念的基础上，结合中国语言的逻辑特点，1984年，田麦久在《试论竞技能力决定因素之分析》一文中正式提出在中文语系中明确"竞技能力"概念的观点，并对其进行了"运动员参加训练和比赛所必须具备的本领/能力"的界定。这一概念很快为国内学界普遍认同。过家兴1986年主编的北京体育学院《运动训练学》教材和1990年主编的全国体育学院通用《运动训练学》教材中，都明确地采用了"竞技能力"概念，表述为："竞技能力是指运动员有效地参加训练和比赛所具备的本领，是运动员体能、技能、智能和心理能力的综合。"这一概念继而在全国运动训练业界被普遍接受，并广泛应用于竞技体育运动员选择、运动训练、运动参赛各个领域的研究和训练实践。

2. 竞技能力理论的多元建构

自从明确地使用"竞技能力"概念表达"运动员参加运动竞技需要具备相应的运动能力，

或称参赛的本领"这一重要的理论范畴起，我国运动训练学界围绕这一核心概念，在多个领域就竞技能力的本质与类型、竞技能力结构、竞技能力模型、竞技子能力协同、竞技能力发展、竞技能力诊断、竞技能力表现等众多论题，开展了深入的研究。

例如，关于竞技能力的构成要素问题，田麦久、姚家新、刘大庆、张力为、张英波解析了国内外多种模式，确定为"体技战心智"五分法。刘大庆的研究揭示了竞技能力各构成要素非平衡结构的客观性与普遍性，并阐述了长板要素的补偿效应。由"木桶模型""积木模型"，到二者组合的"双子模型"，既强调竞技能力各要素的整体性与整合性，也注重其相互间的内部可迁移性与互补性。在运动训练过程中，运用"双子模型"选择训练的主攻方向，确定在不同的训练时期、训练阶段，应集中时间和精力"扬长"，还是"补短"，正确处理二者之间的辩证关系，以求高效益地改善和发展运动员总体的竞技水平。

李赞关于竞技子能力非同步性发展特征的研究表明，各个子能力在时间维度发展速度的不同，导致了空间结构上非平衡状态的产生。运动员需通过竞技能力时空维度的协同发展，实现竞技能力由现实状态向目标状态的转移。王清、冯连世等关于优秀运动员竞技能力诊断系统的构建、身体机能的评定，蔡睿关于对抗性项群运动员竞技能力表现的"条件极值"的研究，都取得了可喜的成果。田麦久、麻雪田、黄新河等于20世纪80年代，以不同项目运动员主导竞技子能力为首要标准进行项目分类，进而建立了项群训练理论，反映了各竞技项目对于运动员竞技能力的不同要求，并推进了不同运动项群的分类施训，为众多竞技项目的宏观管理提供了理论基础。

我国运动训练学者的上述研究成果，逐步形成了竞技能力理论系统的中国建构，丰富了中国特色运动训练学理论的科学体系，也为国际运动训练学的基本理论建设作出了自己的贡献。

（四）竞技状态概念的"泛指"释义与应用

竞技状态是指运动员竞技能力在训练或比赛中所表现的状态，是运动训练学乃至竞技体育学院的核心概念之一。就运动员已经具有的竞技能力水平来说，其在参赛时竞技状态的好坏，对于竞技结果有着直接的巨大影响。作为运动训练分期理论的核心，竞技状态的演化规律与方法学原理是运动训练学家列·马特维也夫对运动训练理论与实践的重要学术贡献，同样也是我国学者关注的焦点。

列·马特维也夫对"竞技状态"给出了以下定义：运动员在每个训练大周期的一定条件下获得的，针对运动成绩的最佳准备程度状态。多年来，我国运动训练学界也把这一定义作为经典的释义，在多部教材中沿用了这一表述："竞技状态是指，运动员达到优异成绩所处的最适宜的状态。""其发展过程有3个阶段，即获得阶段，保持阶段和暂时消失阶段"。一直到21世纪初叶，在我国体育院校通用教材《运动训练学》中，谈及"人体竞技能力变化的周期性特征"时，仍然引用了"形成—保持—消失"3个阶段的竞技状态发展过程的论述。依被定义项应包含全部定义项的定义原则审视，列·马特维也夫等学者明确地将竞技状态定义为一种"最佳的准备状态"，就将竞技状态限定在很少的境况之中，并将所有不是"最佳"的准备状态排除在外了。而依中文词义的规范解读，竞技状态这个词组本身并不具有程度表达的含义，运动员可以有很好的竞技状态，也可能有很差的竞技状态。在众多中国体育学者的研究成果中，涉及竞技状态时通常都会加上程度级别的定语，教练员在训练实践中也很习惯地表述着不同水平级别的竞技状态，加拿大图·博姆帕的著作中也提到竞技状态有多种表现，最佳竞技状态是竞技状态的最高阶段。据此，田麦久、顾季青认为，将竞技状态释义为运动员竞技水平的即时状态更为准确和实用。竞技状态所要表达的是运动员竞技能力的状态，无论是比赛时的状态，还是在训练中的状态，都是运动员竞技能力在那个时刻的即时状态，都是运动员竞技能力在不同时段的客观存在。运动员的竞技状态随时存在，处于不断动态变化之中，并有"最佳的竞技状态""一般的竞技状态""不良的竞技状态"等多种表现。相对于列·马特维也夫等赋予竞技状态特定的指向，即"最佳准备状态"的"特指"定义，田麦久等的诠释可以被称为"泛指"的释义。

"泛指"释义认为，竞技状态是指运动员参加训练和比赛的现实状态，存在于运动训练和竞技参赛的全过程之中，不断地发生着动态的变化，有着不同程度、不同水平的多种表现，因此，竞技状态的发展演变过程，也不宜再表述为"形成、保持和消失"，而应表述为"提高、保持与下降"三个阶段（见表2-3）。

表2-3 竞技状态特指与泛指概念表述的差异

类型	定义	发展阶段	程度表述
特指	运动员在训练大周期内获得的针对运动成绩的最佳准备程度状态	形成——保持——消失	有或无
泛指	运动员参赛的准备状态	提高——保持——下降	高或低

与苏联学者"特指"的定义相比较，我国学者对竞技状态概念作出的"泛指"释义，在词义上更加合理，在理论上更加准确，在逻辑上更加顺通，特别是更为切合训练实践中的应用，更加有利于教练员、运动员有效地掌控竞技状态的变化，科学地组织运动训练过程，成功地创造理想的运动成绩。

（五）运动成绩释义及其影响因素

运动成绩是竞技体育的首要社会产品，创造优秀的运动成绩自然也是运动训练和竞技参赛活动主要的行为目标。为了这一目标的实现，人们需要对有关基本理论问题建立正确的认知，首先就是运动成绩概念的界定，以及运动成绩的影响因素。

1. 运动成绩概念的界定

运动成绩是一个使用极其广泛的基本概念，但是，在运动训练和竞技比赛实践中，不同项目的从业者对运动成绩的解释和应用却有着很大的区别。

在田径、游泳、自行车、举重、速度滑冰、速度滑雪、赛艇、射击射箭等竞技项目的术语中，运动员的"运动成绩"通常指完成赛程位移所用的时间、运动员人体或投掷重物位移的距离、运动员举起的重量或射中靶位的环数。运动员在比赛中的排位则以"名次"予以表述。

在两两对抗的各种球类、格斗等竞技项目的术语中，运动员一场比赛的"运动成绩"即指比赛胜负（或者平局）的情况；而参加由多场比赛组成的整个赛事的最后排名即其参加该赛事的"运动成绩"；运动员在比赛中投中、射中、击中等技战术水平的表现均以"得分"予以表述。

在体操、跳水、花样滑冰、自由式滑雪空中技巧、艺术体操、蹦床、花样游泳等竞技项目的术语中，"运动成绩"的好坏亦主要以比赛名次来予以展示，运动员竞技表现的水平则由裁判员按照比赛规则给予"打分"。

不同项群对运动成绩的不同表述提示我们,从一般训练学的视角,有必要对"运动成绩"给出一个适用于所有运动项目的普适性定义。考虑到在不同类型竞技项目的实践操作中,"运动成绩"实质上都包含着比赛结果的排名与运动员(队)在比赛中的竞技表现这样两个基本内容。所以,田麦久在1986年将"运动成绩"这一概念定义为"运动员参加比赛的结果",是"根据特定的评定行为对运动员及其对手的竞技能力在比赛中发挥状况及竞技结果的综合评定",包括竞赛的胜负或名次和运动员在比赛中表现出来的竞技水平。

因此,在解析影响运动成绩的因素时,也要从竞赛的胜负或名次,以及运动员在比赛中表现出来的竞技水平这两个方面去做相应的回答。竞技运动的常识告诉我们,有些项目运动员在比赛中表现出来的竞技水平,基本上就是取决于运动员自身的竞技能力及赛场的表现;但也有许多项目运动员在比赛中表现出来的竞技水平,在不同程度上受着对手的制约。而所有项目竞赛的胜负或名次,都必须与对手的参赛表现相比较而做出判定。也就是说,运动成绩的影响因素,即涉及运动员自身,也涉及比赛的对手,同时,还涉及比赛结果的评定行为。

2. 运动成绩的影响因素

对于运动成绩定义的解析告诉我们,运动竞赛的结果,既取决于运动员个人所具有的竞技能力及其在比赛中的发挥,还受着比赛结果评定行为的影响。但是,国际文献显示,俄罗斯、德国、美国学者的论述,对于运动成绩的影响因素都仅仅聚焦于运动员的个人条件,或者说运动员的竞技能力发展水平及参赛表现,而没有能够全面地论及对手的竞技表现和比赛结果评定两个方面。列·马特维也夫认为运动成绩取决于以下因素:运动员的个体天赋和对成绩的准备程度;运动员培养系统的有效性,它的内容、组织安排和物质技术保障;竞技社会运动的规模和发展的一般社会条件。曼·葛欧瑟认为,影响运动成绩的要素包括技术或协调能力;战术和感觉—认知能力;心理能力;外部条件;环境、气候、职业、家庭、教练员的影响等;其他有关因素:天赋、体质、应激等(见图2-1)。伏·普拉托诺夫的表述为:决定运动成绩的训练水平有技术训练水平,身体训练水平,战术训练水平,心理训练水平和智力水平之分。

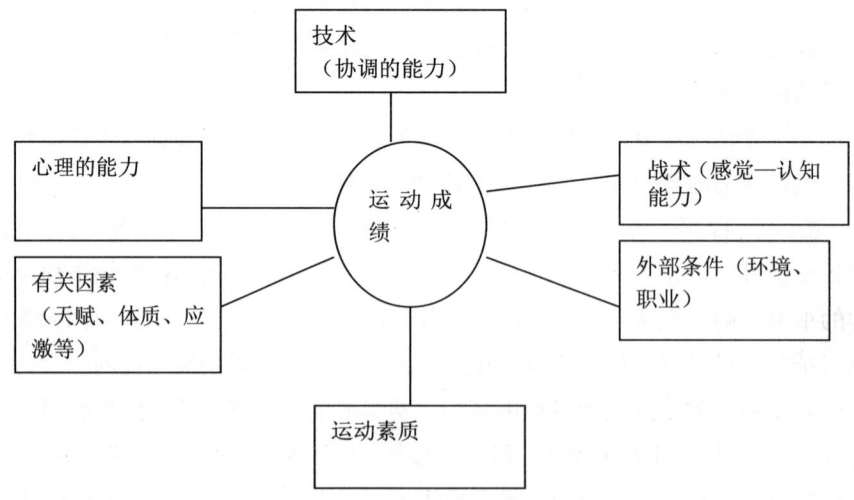

图 2-1 运动成绩的影响因素

毫无疑问，运动员在比赛中所表现的竞技水平是影响运动成绩的内因，是最根本的，也是最重要的原因。但在对抗性项目中运动员的竞技表现则受对手竞技表现影响很大，有时甚至是决定性的影响。同时，比赛结果的评定行为也对比赛的胜负或名次起着重要的作用。国内外许多知名的学者在分析影响运动成绩的因素时，仍然只简单地考虑影响运动员个人竞技水平高低的素质、技术、战术、心理等方面。这样，实际上便把运动成绩和竞技能力二者的决定因素混淆在一起了。

田麦久注意到这一问题，于1982年在其博士学位论文中提出，运动成绩的决定因素包括"运动员在比赛中的竞技表现，参赛双方在比赛中的竞技表现以及运动成绩的评定行为"，1988年在《论运动训练过程》一书中，他进一步做了以下阐述：任何一个竞技项目比赛的运动成绩，不论是竞技水平，还是比赛名次，都是由运动员在比赛中的表现，对手在比赛中的表现及竞赛结果的评定行为这三方面因素所决定的，其中，运动员自身与对手在比赛中的表现都决定于他们所具有的竞技能力及在比赛中的发挥程度；而比赛结果的评定行为则包含着竞赛规则、评定手段及裁判员的道德与业务水平三个方面。

对运动成绩影响因素的清晰认识，纠正了运动训练理论界在这一问题上与运动训练实践的脱节，有利于正确地指导人们靶向地去改进相关的影响因素，进而获得期待的运动成绩。王宏进一步研究提出相应的参赛对策为：有效地控制运动员自身竞技能力的发展与表现，在规则允许范围内合法地影响和限制对手竞技能力在赛场上的发挥和表现，以及在某些项目的比赛中合理地影响裁判员根据竞赛规则作出有利于运动员的裁决。

近年来，外国学者在相关著作中对影响运动成绩的因素有了新的表述。如伏·普拉托诺夫认为运动成绩受到主观因素、客观因素、可控因素的综合制约，其中客观因素由比赛参与者（运动员、裁判员、观众）的行为和比赛的自然与物质条件组成，也已涉及运动员自身表现以外的其他因素。

（六）辩证协同训练原则的确立与应用

人们在运动训练活动中所遵循的基本准则称为运动训练原则。运动训练原则对于运动训练活动的方式方法予以指导和规范，告诉人们在运动训练活动中如何能够取得理想的训练效果。运动训练活动需要科学确定的运动训练原则的指导。

我国运动训练界关于运动训练原则的认识，最初是从苏联体育理论中以教育学原则为范本移植过来的。苏联运动训练学界高度重视运动训练原则的研究。格·奥卓林1962年在题为《现代的运动训练制度》的报告中谈到，现代的运动训练过程，是建立在全面性、自觉性、渐进性、重复性和个别对待这些原则的基础之上的。列·马特维也夫主编的教材中，将运动训练原则分为一般原则和专门原则两个板块。其中运动训练的专门原则包括：针对达到最高成绩的方向性、深入专项化和个体化原则、运动员一般训练和专项训练统一原则、训练过程的不间断性原则、负荷的渐进性与趋向于"极限"相互联系的原则、负荷动态的波浪形原则和训练过程的周期性原则。

我国多年来沿用了苏联的运动训练原则体系。在1981年至2000年出版的多部教材和词典中，比较一致的表述集中于以下内容：自觉积极性原则，直观性原则，一般训练与专项训练相结合原则，不间断性原则，周期性原则，合理安排运动负荷原则，以及区别对待原则。

在多年的运动训练实践中，人们越来越深刻地认识到，运动训练活动的多个影响因素之间是紧密联系、彼此促进或者相互制约、相生相克的。辩证地认识事物，辩证地把握运动的进程，是人类各种行为的重要原则，在运动训练活动中更有着特殊的需要。竞技体育活动中运动员健康安全的高风险性与运动训练中运动员机体负荷的高挑战性等特点提示我们，应该特别细致地准确把握好各种相互矛盾的影响因素之间的联系。

例如，加大运动训练负荷可给运动员机体更大更强烈的刺激，促使运动员机体产生更为深刻的适应性变化，更快地提高运动员的竞技能力水平；但如果在加大运动训练负荷的过程中，超过了运动员机体所能承受的极限，便会导致运动员机体的劣变，由过度训练引发过度疲劳，极易产生运动伤病，甚至会造成灾难性的后果，葬送运动员的竞技生涯。因此，在训练过程中必须认真地组织好训练负荷的提高与适时恢复的协同实施。多年运动训练的经验和教训告诉我们，辩证地认识和解决训练实践中遇到的诸多矛盾，有效地组织和推进矛盾双方的协同效应，对于人们成功地组织运动训练过程有着重要的指导意义。我们在吸取了衍生于教育学理论和跃进思维与军队练兵实践的两个运动训练原则体系的合理内核的基础上，以运动员竞技能力的运化规律为基本依据，进行了辩证思考，着力强调协同效应，一步步地建立了新的辩证协同训练原则理论体系。

田麦久于1988年首次表述了关于运动员竞技能力演化要素组合协同的认知，把"训练过程的连续性与阶段性""机体在负荷下的适应性与劣变性""训练过程组织的集群性与个体性""训练过程的多变性与可控性"两两并列作为运动训练过程的基本特性。2006年，田麦久、邓运龙提出改变单维度训练原则的思维定式，将运动训练中密切相关的两项行为准则结合在一起组成新的原则，进而提出由10个范畴两两组合的5项运动训练原则，即竞技需要与定向发展原则、系统训练与周期安排原则、集群组训与区别对待原则、适宜负荷与适时恢复原则、导向激励与有效控制原则。

科学地认识每项原则中两个范畴的辩证协同关系，对科学组织训练活动具有重要的意义。试以导向激励与有效控制原则为例。训练活动中必须不断地激发运动员奋进争先的强烈动机，鼓励运动员克服疲劳、伤病等困难，刻苦训练；但同时又必须要准确把握好刻苦训练的"度"：严格训练要严得合理，而不是越严就会练得越好；加难训练要难得适宜，而不是越难就会提高得越快；加大训练负荷，能够引发运动员机体更为深刻的适应性变化，但过度的负荷则会使运动员的健康受到损害，也必然会导致其竞技能力的下降。

因此，就要同时把"有效控制"作为重要的行为准则，以使得训练的要求严得合理，训练的难度增加得适当，训练的负荷增加有度，运动员在健康的身心条件保障下，严格要求，刻苦训练，承受训练负荷后及时消除生理与心理上的疲劳，实现竞技能力的不断提高。可见，在运动训练过程中，导向激励与有效控制是不可分离的重要的行为准则，二者相互促进，又相互制约。把二者联组为一项训练的基本原则，辩证地认识二者的科学内涵，更好地发挥二者的协同作用，应该能够更为有效地指导科学训练的组织实施。同样，竞技需要与定向发展原则、系统训练与周期安排原则、适宜负荷与适时恢复原则，集群组训与区别对待原则也都是把具有紧密联系而又在一定条件下相互矛盾的两个范畴组合在一起的行为准则。五项辩证协同的训练原则广泛地涉及运动训练的内容、负荷、方法、安排等基本问题，指导运动训练团队辩证地认识、协同地组织运动训练过程的各个主要环节，构成了一个完整的运动训练原则体系。辩证协同训练原则的提出，是我国运动训练业界几十年训练实践与理论探索的可贵成果，我们应有坚强的理论自信，运用好辩证协同训练原则，成功指导我国竞技运动水平的更快提高。

二、体育运动训练的原则

（一）"专项"原则

"专项"原则是指运动员在进行运动训练时，针对某一种特定的运动项目进行专一的、反复的练习的一种训练原则。这种原则的特点就是让运动员对于运动训练有着强烈的明确的目的性、专业性及高效性。它的优势则是能够在提高学生专业运动技能的同时，使他们能够更加认真且专业地从事这项体育活动。

（二）"一般"原则

"一般"原则是指教练员在对运动员们进行运动训练时，让他们学习更多的运动项目。这种原则的训练方式最主要的就是强身健体。因而任何人都可以在学习运动项目时选择这种大范围的训练方式。它没有门槛，只要想学并且只是想要强身健体，那么就可以利用这种训练原则。但是这种训练原则是没有办法让专业的运动员提升自身的专业运动技能的，因此教练员在对专业的运动员进行运动训练时应用这种训练原则是行不通的。由此可见，要想运动员真正意义上提高他们的专业运动技能，就应该将"专项"原则和"一般"原则结合在一起，同时运用这两种训练原则。只有这样运动员们才能真正地提高专业运动技能，并且还能在使用"一般"原则的情况下拓展他们对于其他运动项目的爱好，从而为他们以后的运动专业训练奠定基础。

（三）区别对待原则

每个运动员的身体素质都是不一样的，有些身体素质好他们能够承受的训练就比较大；有些身体素质差能承受的运动训练程度就比较小。因此运动教练员在对运动员进行运动训练的时候，要根据运动员的实际身体素质来制定运动训练目标。比如身体素质较好的运动员，就可以将他的体育训练运动量相应合理地加大；而对于身体素质较差的运动员，则要针对他的实际承受能力将运动训练量控制在一定的范围内。如果说体育教练员在进行运动训练时只一味地追求人人平等的话，那么就会使身体素质较差的人无法承受，更甚者会导致他们的身体机能被损坏，从而严重地影响到他们的正常生活。

三、高校体育开展拓展训练课程教学的科学理论基础

实践过程是拓展训练的重要环节，它直接影响到拓展训练的效果，同时，理论知识在整个拓展训练过程中也具有重要的引导作用，不容忽视。在课程设计、项目实施中，都会运用到相关学科的知识，诸如体育学、心理学、管理学等方面的理论。同时，这些知识对于拓展训练本身的理论构建与研究也同样重要。从八个学科探讨高校开展拓展训练的理论基础问题（如图2-2）。

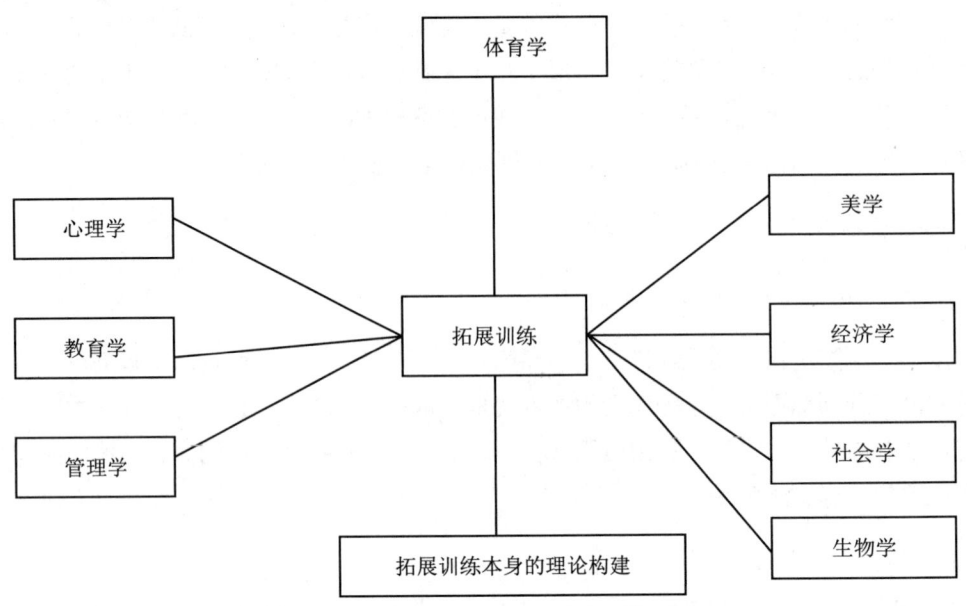

图2-2　高校开展拓展训练的学科理论基础

（一）体育学理论基础

体育课教学有其自身的规律和特点，根据这些规律和特点制定相应的教学任务、目标、组织形式及实施方案。高校体育引入拓展训练课程，必须把两者的特点和规律进行整合分析，特别是在教学目标、运用原理、方法手段等方面进行比较分析，制定适合高校体育开展的拓展训练课程教学计划。在具体实施上，拓展训练的开展同体育课教学一样，受教学任务、内容、学生特点等因素制约，其发展变化反映社会变革发展对人才要求的不断完善。拓展训练是一种以身体活动为载体的全新教育模式，其目的是在促进学生身心全面发展的基础上，培养学生顽强的意志品质和稳定的心理素质，以提高环境适应能力，这与体育教学的目的不谋而合，也可以说拓展训练其实就是体育功能的社会体现和纵向延伸。拓展训练和体育教学采用的都是体验式教学，拓展训练借助场地设施，设计有针对性的模拟场景，通过拓展项目的实施让学生发现自我、认识自我、提升自我，同时，通过项目体验带来的不同刺激促进学生形成稳定健康的心理素质，并得到一种高峰体验，这种原理和途径与体育教学的模仿和竞赛很相似。由此可见，拓展训练与体育教学在特点、教学目的及所运用的原理和途径上存在众多相同之处，体育学理论知识为拓展训练课程教学提供了良好的借鉴和引导。

总之，体育学理论在高校体育开展拓展训练课程教学的理论构建中具有极其重要的地位和作用。体育学是从整体上认识体育全过程的一般规律，抽象地反映出体育的主要特征，准确解释其本质的一门学科。体育学的知识体系在拓展训练课程教学中的大胆运用，使拓展训练本身显得更加充实，这也为拓展训练提供了持续发展的动力。同时，体育学也以拓展训练为学习载体，将其理论变得更加丰富、直观、有趣，使学习者有更多的机会在暗含理论的活动中体验和感悟，在活动后巩固那些终生难忘的知识。

（二）心理学理论基础

1. 拓展训练的心理学内涵

拓展训练的个人项目和团体项目通过情景设计和体验式教学，使学生在思想上发现自我、认识自我、提升自我，培养学生积极的心理素质、良好的社会适应、优秀的创造思维，从而使学生面临困难和挑战时用积极的人生态度挖掘自身的潜力去寻求解决问题的方法，进而获得成功。这种学习形式符合韦纳的归因理论，即把成功与失败归结为何种因素，对情感认知和工作学习有着重要的影响。拓展训练所依据的心理学原理还有迁移理论和认知理论。分享回顾是拓展训练的环节，学生能挖掘到拓展项目与自身学习生活间的相同之处，并通过分享回顾相互交流和吸收彼此的成功体验，这就大大拓宽了经验有效迁移的范围。拓展训练是一种体验式学习模式，其学习流程是：体验、感受、分享、总结、应用，它改变了传统教学中以教师为主学生为辅的教学模式，教学内容都由学生亲自去体验，充分尊重学生的主体地位和积极性，教师在实施过程中做必要的讲解和引导，让学生在体验学习的过程中形成认知结构，通过顿悟和理解获得心理体验，这符合心理学的认知理论。

2. 拓展训练的心理学意义

从拓展训练教学过程来看，它能对学生的身心产生较为全面的复合教育功能。在实现拓展训练目标的过程中，知识、技能的学习，促进了学生心理的健康发展，并且，拓展教师的引导示范、场地设施的布置等非语言行为，可以潜移默化地培养学生良好的兴趣、稳定的情绪和坚强的意志品质，促进学生非智力因素的发展。由于拓展训练的特殊性，与学生直接接触，且距离近、交流时间长，加上拓展教师的关心、鼓励、信任、赞赏，这将大大增强学生的沟通、交际能力，加快学生的社会化进程。

可以说，心理学是拓展训练对个体发展影响研究的基础。拓展训练的项目本身是大学生学习知识和完善自我的一个载体，因此不仅要注重参与拓展训练时的心理感受，同时还要关注参与者真实的心理反应。高校体育拓展训练是符合现代人和现代组织的一种全新的体验式学习，所依据的理论基础是：归因理论、迁移理论和学习的认知理论，它成功地吸取了其中可以运用的部分，并在实践中进行了发展，而不是一味地沿袭守旧。

（三）教育学理论基础

1. 教育学是拓展训练教育价值观的依据

在某些具体的问题上，拓展训练作为一种突破传统教育思想和模式要求的全新学习与教育方式，受到了人们的广泛关注与肯定，但它本身仍然符合一些传统教育的规律。教育学的观点认为个体的主观能动性是其身心发展的动力，从个体发展的各种可能变为现实这一意义上来讲，个体的活动是个体发展的决定性因素。拓展训练设计的场景与环境，是将生活中的许多可能遇到又可能发生的问题在时间与空间上进行合理控制，给学生提供一个新奇、有趣、觉得有能力完成，但又需付出努力的过程，而且这种努力需要合理的个体与团队行动方式才可完成，这就引起了学生心理上的需求，促成了学生心理的矛盾运动，成为学生心理发展的动力，推动学生的心理发展。这种状态能最大限度地调动学生的主观能动性，会使学生朝着积极的方向努力，求得解决问题的办法，从而达到发展的目的。

2. 拓展训练能够在学习中实现多方面的互动性

拓展训练的许多项目是在拓展教师与学生的共同交流与互动中进行的，由于情景的设置，这种互动包括学生与当时情景的互动、学生内心矛盾产生、斗争、决断的心理互动、学生与器械的互动、学生与学生的互动、学生与拓展教师的互动。同时，拓展训练能够通过学生在项目中的表现，通过相互观察、自我观察他们的一言一行、一举一动，然后反思自己存在的问题。这种"行动——观察——反思"的学习模式，能够使自己得到一个"螺旋式"的提高，更有助于学习动力的保持，也有助于自我的检查与提高。在拓展训练的这种"互动式"的学习中，"互动"不仅有外显的互动，如师生、学生之间的互动，而且更多的是内隐的互动，如学生自我的心理互动、与情景的互动。

总之，教育学是以教育事实为根据、以规律为对象，以规范、控制和改变对象为任务。教育学的功能表现为教育理论对人的思想品德教育方面的作用，特别是要充分地考虑教育对象的特殊性。高校体育开展拓展训练的过程中，其内容含有丰富的教育因素，在向大学生提供系统的科学理论的同时，以一定的思想观点给其以影响。教育学的教育性是独特的，而这正符合当代大学生的特点，这种独特性通过教育理论为中介，帮助大学生确立正确的教育观念和道德观念，这一过程是学习和掌握教育理论的过程，也就是大学生学会辩证地、科学地思考的过程，是辩证思维积极活动和得到锻炼的过程。通过学习，掌握了教育的概念体系，也就促进了教育理论思维的发展，从而能用教育的眼光看待高校体育开展拓展训练课程教学的理论和实践。

（四）管理学理论基础

1. 管理学是拓展训练内涵的重要体现

管理是人类各种活动中最重要的活动之一。自从人们开始组成群体来实现个人无法达到的目标以来，管理组织工作就成为协调个体努力必不可少的因素。在拓展训练课程里，会有诸如：管理的层级问题，管理者的角色问题，比如"孤岛求生"就将"盲人岛"的角色和任务定义为基层管理者，"哑人岛"的角色和任务定义为中层管理者，"珍珠岛"的角色和任务定义为高级管理者。同样，不同层次的学生在完成项目时会有不同的工作重点，各自也将担负不同职责，高级管理者负责全局的发展与制定长期决策，中层管理者负责执行与实施决策，同时需要起到桥梁和纽带的作用，做好上传下达、上接下连的工作，基层人员工作需要积极主动，努力而有效地完成具体的工作。

由此可见，拓展训练的实施与开展，一刻也离不开严格的组织管理，是管理学原理的最好体现。

2. 管理理论贯穿于拓展训练的全过程

关于管理环境，关于计划的制订，关于组织、领导、控制等理论在拓展训练中时时被提起，环环都运用。在管理学中"沟通"是其中的一个重要章节，在拓展训练中，沟通是许多项目中都需要的，此外还专门有针对沟通设计的项目，用以加深沟通对完成任务的重要性的认识。

总之，在拓展训练课程教学中，管理理论知识能帮助大学生抓住问题实质，认识事物发展方向，使大学生逐步形成比较科学的管理风格。管理学以一般组织的管理为研究对象，探讨和研究管理的基本概念、原理、理论和方法。在管理和领导理论引导下，大学生可以根据自己的兴趣、气质、性格、职业期望和倾向等，采取科学、系统、有效的方法和步骤完成拓展训练目标。从本质上讲，管理学的理论和原理在拓展训练课程教学中的运用，不仅使大学生理解了许多重要的管理学概念、方法和理论，领会到了管理学的思想和核心，也提高了学生的综合素质，提高了学生的系统分析能力、决策能力和组织协调能力，增强了学生的创新精神、合作精神等，对于当代大学生走向社会有较大的帮助，这正是拓展训练课程在高校体育开展的目的之所在。

（五）生物学理论基础

1. 人体机能适应性规律

从生物学角度看，适应一词系指使有机体在他们特定生活环境条件下获得生存下去的解剖、生理和行为的特质。适应性原来的基本含义则是：生物必须生存在与之相适合的一定的环境中，当环境发生变化而影响生物的生存，生物则将在形态机能上和行为方式上做出调整，以顺应变化了的环境。

现代社会的变化尤为剧烈和复杂，组织和个体的适应能力及应变能力将决定其生存和发展。在拓展训练项目安排中选择了"对答如流""雨点变奏曲""快指"等项目，对学生进行针对性的训练，并提醒学生注意改变不良的习惯和惰性，锻炼学生根据事物的发展变化随时随地地审时度势及时作出机智果断应变的能力。

2. 人体生理活动变化规律

人的生理活动是人的其他活动的前提，人的生理活动的正常进行，是人的生命存在和社会存在的标志。只要有人的正常的生理活动的存在，人的精神活动、人对世界包括对自身的一系列活动才有可能正常地进行和发展。

拓展训练是使人在个体生长发育的可塑性范围内与发展的可能性中，通过积极的、有意识的情境设计，实现个体协调、合理地发展。同时，人体生理活动变化规律作为拓展训练的生物学原则，不仅限定了拓展训练的基本活动方式必然是身体活动，也规定了"身体力行"地进行自我体育实践是体育运动的内在要求，并且决定了为有效地对个体不同部分、不同属性、不同层次产生积极的运动效应，应形成和构建丰富多彩的拓展训练形式和运动方法。

（六）社会学理论基础

1. 拓展训练与人的社会化

人的社会化是指生活在社会中的个人，在从生物人到社会人的成长和发展过程中，接受社会文化和规范，使自己逐步适应社会生活，取得社会成员的资格并形成独特自我发展和完善的过程。人的社会化是一个复杂的教化过程，一个社会成员或群体是否实现社会化，不仅关系到他们自身的生存与发展，同时也关系到社会的稳定与进步。因此，人的社会化程度，在一定意义上说，是反映社会发展、文明与进步的标志。拓展训练是一种走向社会，融入大自然的健身运动，参加拓展训练的人群以健身为媒介，可以直接交流沟通，提高人的社交与处事能力，以及搜集信息的能力。

总之，人的社会化对个体、对社会都有着重要而深远的意义。通过拓展训练活动实现人的社会化是一种生活化的自然演进的过程。社会化的最终标志是使个体适应社会的制度规范和道德规范，让我们把这种规范化为拓展训练活动过程中的各种生活化的自然演进的因素，促进人的社会化，提高人的社会职能。

2. 拓展训练与社会角色

社会角色是有着特定的权利、义务和行为规范的人。对个体来讲，角色决定了被他人所预期的行为，并且，它还是自我感觉的主要来源；角色使个体拥有某些经历，而这些经历将有可能影响到其后的态度、情感和行为。人总是以不同的角色来适应社会，按照社会对不同的角色要求来支配自己的行为。自主性的拓展训练是进行角色扮演与表现自我的最愉快的场所。因为拓展训练能够在轻松愉快的环境中，满足社会生活中的个体要求，为他们提供尝试社会角色的各种机会。在拓展训练中，通过扮演不同的社会角色，可有助于人们具体地感受社会生活，了解社会对不同角色的期待，理解角色的多样性和稳定性，锻炼扮演角色的技能，培养角色的心理习惯和社会角色感，有助于现实生活的角色扮演和接受社会、适应社会。

（七）经济学理论基础

1. 拓展训练与经济发展

经济是拓展训练行业发展的基础，经济发展水平从根本上制约着这一行业的发展水平。因此，全面建设小康社会而带来的经济发展会给拓展训练行业创造更多的发展机遇，这是不言而喻的。但这仅仅是问题的一个方面，在一定的条件下，影响往往是相互的。拓展训练行业的发展，也能对社会经济发展的各个方面发挥良好的促进作用。从一定意义上讲，参与拓展训练是一种休闲消费，要促进消费就要发展相应的消费产业。拓展训练将以其特有而又鲜明的时代特性使休闲娱乐与休闲健身有机地结合为一体，促进人们的健康消费。它必将成为社会发展的新的经济增长点。

2. 研究拓展训练的经济学意义

拓展训练的方式是多种多样的，拓展训练所需要的产品和服务也是多种多样的。为满足拓展训练的多种需要，就提出了一个发展规模庞大、种类繁多的拓展训练产业的要求。而且，随着社会经济的发展，休闲需要的增多，拓展训练产业的规模将越来越大。这个新的经济增长点，最终必将成为整个社会经济的重要支柱产业。

总之，拓展训练能够促进消费、盘活经济、繁荣市场，同时，拓展训练的兴起又是建立在一定的经济基础之上的。也就是说，经济为拓展训练服务，拓展训练又促进经济发展，这种辩证关系，正是拓展训练的经济学意义之所在。

（八）美学理论基础

1. 拓展训练的美学内涵

美学是以对美的本质及其意义的研究为主题的学科。美是人的社会实践的产物，是人的本质的对象化，是真与善的内容同和谐的形式相统一的，丰富独特的，能引起人们的愉悦心情的生活形象。拓展训练作为一种全新的体验式学习方式，它通过人体各器官、各组织有机的运动，规范协调的身体动作，创造了平衡、对称、协调等运动美的形式。根据拓展训练项目的不同，人体各运动器官及整个形体的各种不同变化和一系列步形变换都属于动态性的造型，给人以生动、活跃、振奋、激动的情感体验。处于运动状态的形体或部位，瞬间静止不动的态势，这些都为审美提供自由的主体，自由的时间和空间，使主体有时间欣赏审美对象。

2. 拓展训练的美学意义

拓展训练作为一种特有的社会文化现象，在某种意义上说，它正是希望通过自己的努力形成积极的人生态度，促进人格的完善与心理的健康，重新恢复并不断创造着人性的完整性。参加拓展训练活动，欣赏运动之美，人们可以从中吸取丰富的精神营养，感受到坚定刚毅、顽强拼搏、积极进取、勇往直前、不畏艰难、勇于挑战、团结协作等品德之美，从而引起心灵的震撼和共鸣，受到感情的熏陶，实现自我的升华。同时，拓展训练也并不是单纯的社会现象，更是一个意蕴深厚的文化范畴和美学命题。可以说，拓展训练，是美的载体，美的传播媒介；而美，又是拓展训练通向未来的航标。未来的拓展训练，是构成科学、文明、健康、美好生活的重要组成部分。从美学角度研究拓展训练，是为了在拓展训练中创造更多、更新的美。人的发展没有止境，社会生活的发展没有止境，人的审美需求没有止境，拓展训练所体现的运动之美，也就具有永恒的魅力。因此，研究拓展训练的美学意义，是拓展训练发展的需要，是人类文明发展到一个新阶段的象征。从美学的角度认识拓展训练，是鸟瞰拓展训练、丰富拓展训练理论的新方式。美学能帮助人们认识拓展训练，更好地理解、判断和洞察其实质，使之日臻完善和丰富。

总之，拓展训练课程教学体系的形成和发展，是吸收和采纳与之有关的其他众多学科的理论、知识、方法的过程。体育学、心理学、教育学、管理学、生物学、社会学、经济学、美学等学科从不同角度揭示了拓展训练课程的本质性问题，为高校体育开展拓展训练课程教学提供了科学的原则和依据，是拓展训练课程在高校体育开展的理论基础。

第二节 高校体育教学的概述

一、高校体育教学理论的定位

高校体育教学理论教学的定位就是要寻找一个高校体育教学理论的参照系，寻找话语的起点，那么就把这个参照系和话语的起点叫作高校体育教学理论的定位。它涉及三个基本问题：第一、理论的基础；第二、评价的标准；第三、最终的目的。个人素养的培养和社会赋予高校体育的职责是素质教育的体现，是高校体育发展的方向，高校体育教学理论涉及教学两个层面：一个是个人素养；另一个是社会要求。

（一）个人素养

各门学科对素质的解释不同，但都有一点是共同的，那就是素质要以人的生理和心理实际作为基础，以其自然属性为基本前提。也就是说，个体生理的、心理的成熟水平的不同决定着个体素质的差异，因此，对人的素质的理解要以人的身心组织结构及其质量水平为前提。人的素质包括身体素质、心理素质和文化素质。体育素质包括身体素质、心理素质和体育文化素质。

后天环境对人的素养起着决定性的影响，高校教育的影响更是举足轻重的。在学科教育中，各学科都共同承担着提高学生素养的任务，而各学科又在素养教育中发挥着自己独特的作用。高校体育教育的价值体现在可以通过体育的文化思想和精神提升学生的精神生活，培养既有健康体魄又有健全人格，有明确的生活目标，高雅审美情趣，又懂得健康生活的人。掌握体育科学文化知识，提高体育的技能，培养体育素质，养成自觉参加体育锻炼的习惯，逐步形成体育的综合能力。高校体育理论培养大学生个人的素养主要包括：体育精神、体育知识、体育技能、体育操守、体育审美。

1. 体育精神

体育精神是指在体育教育过程中对人格气质和精神修养的启迪和影响，是高校体育教学理论高层次的目标。体育精神一方面是神，一方面是精髓，作为一种具有能动作用意识的外在表现，是体育行为的动力源泉，是一种心理资源。作为一种规范，它应具体表现为体育精神面貌、体育精神风范、体育心态、体育期望等。高校体育教学理论围绕着体育精神，培养学生的拼搏进取精神、公平竞争精神、集体主义精神、遵纪守法精神、艰苦奋斗精神、创新求实精神。体育精神是一个浓缩了人类思想作用于体育文化精华而抽象的产物。

体育精神是体育文化的重要组成部分，具体表现为：

体育精神是一种竞赛精神，追求公平、公正、平等、自由的精神，自我挑战的精神和公平竞争精神，是构建当代人类自我完善和社会交往的基石。

体育精神是一种生活态度，强调通过自我锻炼、自我参与而拥有健康的体魄、乐观情趣和对美好生活的热爱与追求。这种乐观的生活态度是我们拥有完全自信和战胜一切困难的动力。

体育精神是一种人生哲学，体育精神是将身心和精神方面的各种品质均衡地结合起来，使其和谐完美地发展，使人的潜能和美德得以开发与提升，使人的精神与心灵得到提高的一种人生哲学。

体育精神是一种现代伦理精神，追求和谐、自由、健康、积极，倡导人类的文明与优良秩序，是对人类优良道德与伦理的继承和发扬。

2. 体育知识

知识是对事实或思想的一套有系统的阐述，提出合理的判断或者经验性的结果，它通过某种交流手段，以某种系统的方式传播给其他人。

马克卢普在《美国的知识生产与分配》一书中认为，"根据已认识的事物所工作的客观解释，比不上根据认识者对已认识事物的含义所作的主观解释（即谁认识、为什么认识和认识的目的）那样令人满意"。然后，马克卢普用"已认识的事物对认识者的主观含义作为标准"，区分了五种类型的知识：

实用知识：对一个人的工作、决策和行动有用的知识。

学术知识：满足一个人在学术方面的好奇心，是自由派教育、人文主义和科学知识及一般文化的一部分；总是积极集中力量于评价现有问题和文化价值观之后得到的知识。

闲谈和消遣知识：满足一个人在非学术方面的好奇心，或者满足他对轻松娱乐和感观自己方面的欲望的知识。

精神知识：个别或群体主动信仰，可以控制自己行为的知识。

不需要的知识：他不是一个人的兴趣所在，通常是偶然得到、无目的地保留下来的知识。

体育知识是人的意识对体育运动规律的正确反映，是人支配身体合理有效从事体育运动的心理基础，是合理健康运动的保障，因此体育知识教学是高校体育教学的重要组成部分。

目前我国普通高校就如何进行体育知识教学，使其在培养学生体育技能、锻炼习惯和增进学生健康过程中发挥作用的问题上颇有争议。有些学校认为目前大学生体育知识贫乏。上理论课不仅可以弥补这一缺陷，还可以改变高校体育教学的形象，使其别于中小学体育，因此大幅度提高理论课时数的比例。有些人认为高校连年"扩招"，体育场地无法满足教学需要，因此提出要多上理论课，以减轻体育场地的压力；更多的学校因条件所限及对体育知识教学的规律缺乏认识，教学方式陈旧老套致使整个体育教学未能达到应有的效果。

3. 体育技能

通过练习获得的能够完成一定任务的动作系统。技能按其熟练程度可分为初级技能和技巧性技能。初级技能只表示"会做"某件事，而未达到熟练的程度。初级技能如果经过有目的、有组织的反复练习，动作就会趋向自动化，而达到技巧性技能阶段。这些技能必须有坚实的理论作为依据。

体育技能是学生通过学习所能完成的一系列体育动作，通过反复练习而固定下来的自动化的、完美化的、创造化的动作体系。因此它具备一定的定式和变式，不同的运动项目要求掌握不同的体育技能。

掌握体育技能一般有以下三个主要阶段：

掌握局部动作，此阶段为单个动作，控制细节，成绩起伏较大，常常把自己的习惯动作掺杂进来，容易发生错误动作，动作呆板不协调。此阶段不容易产生兴趣，会出现厌学现象。

动作交替阶段，此阶段为单个动作基本掌握，但连贯起来容易出现停顿，动作结合不紧密，运动成绩平平，在练习过程中能够发现错误。此阶段不能急于求成，急于求成会养成错误的习惯。

动作协调完善阶段，此阶段为技能发展的最后阶段，相对稳定，体育技能基本掌握，应反复练习灵活运用，各动作相互协调，提高难度，此阶段会提高兴趣，动作技能快速提高。

4. 体育操守

操守是指人的品德和气节，它是为人处世的根本，在人们的社会生活中有着重要作用。主要体现为行为自律，自我约束自己，是一种社会舆论的指向。

体育操守是在体育行为中所表现出的教养，一般是指个体在体育运动中，为了培养高尚的品德所进行的自我锻炼、自我教育、自我陶冶的功夫及其所达到的公德水平和精神境界。高校体育操守最直接的目的就是使大学生按照运动竞赛的规则、社会道德的要求，通过积极的自我教育、自我反省，不断提高自身的道德认识和选择能力，不断克服自身的不道德意识与不良行为，从而形成较高的个体道德品质和文化修养。

高校体育理论不仅仅定向于知识层面、技能层面和精神层面，还定向于在课程与训练中对人格、道德和行为规范的训练。尽管对这种操守的教育在其他学科都有所体现，高校体育不是直接作为高校的德育教育，但是德育孕育、渗透在整个高校体育理论教学教育的过程当中。体育操守对大学生而言既要有崇高的理想作为个人修养的目标，又要把握教养的具体要求，使自己逐渐达到更高的文化素养境界，这个过程需要个体在体育运动中循序渐进、逐步提高。从大学生的课堂行为入手，着重培养学生在学习与掌握运动技能时的自觉与善学行为，练习时主动、乐学与磨炼意志的行为、竞赛道德与礼节行为，扩展到社会道德、健康行为，形成良好的行为习惯，从而提高个人行为素养，包括规范课堂教学行为、学习行为、技能行为、竞赛行为、交往行为和礼节行为。

5. 体育审美

美是人类社会实践的产物，是人类积极生活的显现，是客观事物在人们心目中引起的愉悦的情感。审美观从审美的角度看世界，是世界观的组成部分。审美观是在人类的社会实践中形成的，和政治、道德等其他意识形态有密切的关系。不同的时代、不同的文化和不同社会集团的人具有不同的审美观。审美观具有时代性、民族性、人类共同性，在阶级社会具有阶级性。

体育审美是可体、可感、可观、可闻的形象属性，否则就无法进入人类的审美领域。不论是艺术美和自然美，还是体育美都是具体的感性存在，会成为主体直接把握的对象。体育中人体动作的形态就是这种对象的存在，就是美的内容与形式相结合的美的形象。

我们之所以把审美列入体育素养的要求，那是由于，体育中的技术动作、技战术的运用蕴含着无限的美，因为，任何事物发展到最高阶段都会激发人们从审美的角度去欣赏、去赞美。在现实的高校体育中，广大学生已从以往的关注他人美，到现实的体育运动中的自我感受美、追求美、实现美，并把自己的这种审美意识迁移到生活和学习的专业领域，在不断拓宽审美视角的基础上，提高审美能力和审美品位。这也是高校体育素养中要明确的、要培养的。

（二）社会要求

1. 自然化

自然化是指将文化与历史的东西作为自然的东西进行表述的过程，自然化是一种意识形态话语的分辨特征。自然化的意识形态生成力体现为社会、历史、经济与文化所限定的（因而是可以改变的）情景与意义被当作自然而然的东西，也就是说不可避免的、永恒的、普适的、遗传的（因而也是不容争辩的）东西而成为某种"经验"。

自然化表现在形态自然与心理自然，这些因素都受遗传因素的影响，同时也表现为自然流露等自然状态，包括自然地站立行、跑与跳、情感和运动感知的自然化。

高校体育理论的自然化是一种学生个体内在的心理、生理、生态的自然需求和表达，也是一种高校体育理论知识通过理论和实践相结合的方式符合教学规律的教学过程。不同的运动项目能够培养出不同方面的身体素质和心理品质，从中得到情趣的体会和个性的补偿。人们还根据各自的目标和现状来选择相应的活动方式，使其个性得到补充发展，全面实现自己的社会价值。

自然化表现在：

遗传因素的影响，决定了体育项目的选择，同时也应有效地利用体育锻炼来改善一些先天的身体与心理问题。

年龄与性别的影响，决定了阶段体育的任务和强度，发展方向和最终目标的自然性。

体育活动的自然回归，原始的自然的动作加以深入强化，完善日常生活和工作的需要。

2. 社会化

社会化就是由自然人到社会人的转变过程，每个人必须经过社会化才能使外在于自己的社会行为规范、准则内化为自己的行为标准，这是社会交往的基础，并且社会化是人类特有的行为，是只有在人类社会中才能实现的。

社会化表现为一种生活方式，如何把体育活动融入生活中，成为社会生活的一部分，养成良好的生活习惯、健康的生活方式，积极地促进社会体育的发展，达到全民健身的目的。

现代生活方式节奏加快，压力加大，生活圈子缩小，常常使得我们感到空虚和压抑，而各种体育俱乐部和协会为我们提供了人际交往的渠道和场所，更为我们的健康、情趣、交往、形体美提供了有力的平台。大学生可以在业余的时间里按照各自的喜好与兴趣，打破地域、身份、专业的限制走到一起相互交往、相互合作，寻求乐趣和情感的欲望。

对当今社会活动与大学生生活方式进行分析，对变化的生活方式辩证地理解，分析利弊。

健康行为不仅仅是一次爬山、一次竞赛，更是持续的生活方式，应对健康的生活方式加以认识，积极主动地养成良好的生活习惯。

3. 体育化

体育化是通过体育运动来改善人体的机能、调剂生活、愉悦身心，体育更是一种美的追求。体育化表现为身心调适，能够满足人们对自身形体美的追求，因为人体美的诸多因素都和体育运动有着密切的关系。人们通过电视、网络了解信息、学习知识、丰富生活、填补心理的空间。体育不仅是一种时尚，并且已经深入每个家庭，成为人们日常生活不可缺少的内容。

通过体育知识掌握与运用来调节身心。把体育知识融合到体育实践当中去，用知识指导实践，强化技术运用，使我们产生兴趣，懂得欣赏，体会体育带给我们的乐趣。

二、高校体育教学内容的研究与分析

聚焦体育课程与教学内容领域中3个核心概念——体育课程内容、体育教材内容、体育教学内容，尝试在整合"体育课程论"与"体育教学论"两大理论范式，借鉴与反思学界既有研究成果的基础上，致力于阐明其各自的本真内涵及其相互关系，旨在使其"各指其是，各归其位，并行不悖"，进而为切实提高体育课程与教学质量、增强学生体质、提高运动技能、塑造健全人格等提供必要的学理支撑与实践启示。

（一）体育课程与教学内容领域的若干核心概念

首先，就公开发表或出版的学术学位论文、教材、专著、研究报告等既有理论研究成果而言，将"体育课程内容""体育教材内容"和"体育教学内容"3个核心概念不加严格地区分，简单、随意地相互替换、混用的现象较为普遍。这种理论研究上的缺失与不足，使得既有研究成果之间充满沟壑、纷争且难以有效对话与整合，进而成为制约这一领域研究深化与拓展的重要根源。

其次，聚焦并检视我国体育课程与教学实践的现况，发现存在着诸多的乱象与流弊。突出表现在"不知道教什么、教多少、教多深"，甚至"想教什么就教什么""能教什么就教什么""学生喜欢什么就教什么""校长让教什么就教什么""考什么就教什么""教多少是多少"，即使"什么不教也能混"，还可以美其名曰"科学化放羊"。结果造成作为学校教育中的一门公共必修课程，其教学内容难以面向全体学生，充分、有效地满足他（她）们身心健康全面发展的多样化、个性化、深层次需求，出现"学生喜欢体育却不喜欢上体育课"的现象。

（二）体育课程内容、体育教材内容、体育教学内容的概念

1. 作为应然层次的体育课程内容

当前，学界对"体育课程内容"的理解与言说，代表性的观点主要有："体育课程内容"

是对具有共性信息之全部动作（含条件）的统称或类称，表现为不同的运动类别，并以球类项目和篮球为例将"体育课程内容"划分为若干层面：第一层面的体育课程内容为"球类"，第二层面的体育课程内容为"篮球"，第三层面的体育课程内容为"篮球运球"，第四层面的体育课程内容为"篮球体前变向运球"，第五层面……针对该观点，也有学者认为"当'体育课程内容'划分至第三层次或第四层面时可称为教材"。

此外，有学者基于"课程具有宏观、中观、微观三层含义，分别对应于学校课程内容、各学科课程内容和各课程教学内容"的观点，认为"体育课程内容"指向的是"中观层面的体育学科课程内容"，服务于学校体育的教育目标，其制定是由教育行政主管部门组织体育学科领域专家完成的，具有权威性、灵活性、科学性、合理性等特点，各教育部门依据自身的基本情况、区域特征等可以对体育课程内容进行修正、删减或补充。

综上所述，"体育课程内容"是一个"应然"层次的概念。所谓"应然"是指"应该或理应是什么样子"，着眼于描述事物"应当如此，但实际上尚不如此"的理想状态或规范状态。具体到"体育课程内容"而言，则是指为了有效达成体育课程标准中所设定的培养学生体育学科核心素养等体育课程目标，体育课程"应当或理应教（学）什么"。通常是由体育课程领域的专家、学者、教研员及一线骨干教师共同构成的体育课程标准研制团队，经过调研、决策、对话、协商后达成的共识性内容，具体呈现于体育课程标准文本中，具有宏观、抽象的特点。就内容构成而言，"体育课程内容"主要包含两大类：一是，具体的运动项目技术及对它们的理解；二是，关于体育的事实、概念、原理、原则、技能、策略、观点、态度、情感、意志及处理它们的方式。

2. 作为或然层次的体育教材内容

对"体育教材内容"的认知理解，代表性的观点主要有以下几种。

"体育教材是个相对独立的概念，是信息的载体，是可感知的对象性存在"，而"体育教材内容"则是指"对不同运动（或动作）形态中所蕴含之共性信息的统称或类称，如教科书中出现的'团身前滚翻'实际上是对某类信息的统称，而并非是对某一特定条件下某一特定动作的特指，应该作为'体育教材内容'予以把握"。该观点对"体育教材"和"体育教材内容"的理解，本书是认可的，但举例中将体育教材中的"团身前滚翻"作为"体育教材内容"而予以认定，尚需要进一步的辨析。本书认为，该例证中的"团身前滚翻"，尽管是对团身前滚翻成坐、团身前滚翻成仰卧、抱脚团身前滚翻、从低向高处的团身前滚翻、从高处向低处的团身前滚翻等具有共性信息的统称，但就其性质而言，依然属于"体育教材"，而蕴含在"团身前滚翻"中的概念、原理、技术、方法、策略、技巧，以及师生在教学"团身前滚翻"过程中创生的行为、能力、情感、意志、价值、道德等，理应作为"体育教材内容"予以认定和把握。正所谓"教"的是"体育教材之内容"而非"体育教材之素材"。

"教材内容不等于教学内容""体育教材内容是指以教学大纲或课程标准的课程内容的分类体系为依据，对教学内容进行选择、改造、组合，使其典型化，个性化，并开发成为真正教给学生的那一部分内容"。该观点认为，"教材内容不等于教学内容"，本书是认同的，但该观点将"体育教材内容"视为对"教学内容的选择、改造、组合，并开发成为真正教给学生的那一部分内容"，却是值得商榷的。本书认为其存在的主要问题在于：一是，该观点将"体育课程内容"等同于"体育教学内容"。就教学历史性而言，体育课程内容的发生在先，体育教学内容的发生在后，而体育教材内容的发生则是居于二者之间，显然"体育教材内容"应是对"体育课程内容"而非"体育教学内容"的选择、改造、组合。二是，该观点将"体育教材内容"等同于"体育教学内容"。事实上，"体育教材内容"不是"学生直接掌握的对象，而是师生教学活动的中介，是对教学内容的某种预设"，其还需要经过实际执教的体育教师进一步的"教学化处理"，才能"成为真正教给学生的那一部分内容"。

"体育教材内容是达成体育课程内容的载体与媒介，相对于体育课程内容，体育教材内容具有一定的易变性，随着社会的发展，一些远离生活、学生不喜欢的教材内容逐渐被舍弃，同时，不断有新兴运动项目经教材化后进入课堂，实现着体育教材内容的'新陈代谢'""体育教材内容来自丰富的体育素材，体育素材需要经过两次教材化才能进入课堂成为体育教材内容，第一次教材化的主体是有关体育课程与教学专家，第二次教材化的主体是一线体育教师"。针对该观点，有3点值得进一步明确。一是，"易变性"并不是"体育教材内容"的独有特性，其同样适用于具有相对独立性的"体育课程内容"和"体育教学内容"。那么，"体育教材内容"相较于其他二者的特性为何，尚需要厘清。二是，该观点提出"体育教材内容"的"第一次教材化主体"是有关体育课程与教学专家，其主体应是所有的体育教材编制者，与其是否是体育课程与教学专家无本质关系，即体育教材编制者对"体育课程内容"的"教材化"。三是，该观点提出的"第二次教材化及其主体"，"体育教材内容"真正进入体育课堂，确实还需要"一线体育教师"的进一步转化，即执教的体育教师根据教学的实际情境将"体育教材内容"进行筛选、替换、重组等"教学化"处理，而非"第二次教材化"。

积极借鉴上述重要观点的诸多有益启示，本书认为，"体育教材内容"是一个或然层次的概念。所谓"或然"是指"或许或可能是什么样子"，着眼于描述事物"有可能但不一定"的状态。具体到"体育教材内容"而言，则是指为了使学生更有效地掌握既定的体育课程内容，达成体育课程标准所规定的课程目标，"或许可以用什么去教（学）体育课程内容。之所以说是"或许"，是因为体育学科内容体系不是一个清晰的从易到难、从基础到提高的内容体系，而是由多种多样的竞技运动项目和身体练习所组成的庞杂内容集合，这往往会导致体育教材编制者在"何谓高质量的体育教材内容"及"高质量的体育教材内容选编什么、如何选编"等方面，存在着较大的自主性、较多的可选择性和较高的不确定性，又表现为日常体育教学实践中的教材多样性和可选择性。具体而言，体育教材内容通常是由体育教材编制者将体育课程涉及的有关概念、术语、事实、技能、策略等，按照一定的逻辑和原则进行选择、加工、改造、重组、提炼后，最终形成的文本与非文本信息及其操作性建议。

3. 作为实然层次的体育教学内容

就既有研究成果而言，关于"体育教学内容"的典型观点主要有：

"体育教学内容"是指"依据体育学科目标和地区体育发展方向选择出来的，依据学生身心发展和对体育知识学习的规律，符合某一历史阶段的具体教学条件和地域特征，进行加工的、在特定的体育教学环境中，传授给学生的关于体育的基本知识"。

"体育教学内容是课程内容的一个有机组成部分，是体育教学中传授给学生的体育基本知识、技术、技能的总称"。

"体育教学内容"是指课堂中直接关系到学生的学习,并且包括教师讲解和示范的学习任务,如两人一组面对面垫球。

"体育教学内容"是指教师依据具体的教学目标和教学情境对课程资源具体化而形成的有效教学设计,是具体的、个别的,是教师和学生直接操作的对象,主要回答体育学科"用什么教"和"用什么方法教"的问题。

辩证地分析上述观点,一方面,需要肯定其有助于学界明晰"体育教学内容"的概念内涵、要素构成及其选择原则等积极的一面;另一方面,也要正视其存在的缺失和盲点,如将"体育教学内容"的构成要素局限为"基本知识、技术和技能"。然而学校体育课堂教学中知识、技术、技能的学习仅仅是手段和载体,"以'体'育人"、服务于学生"身心发展和素养形成"才是体育教师课堂教学的根本和宗旨。

因此,学生不仅应掌握关于体育的概念、术语、原理、原则、规律等知识、技术和技能,还应掌握由此而生发的能力、策略、方法、情感、态度、道德、意志、价值观等,又如将"体育教学内容"等同于体育教师课前的"有效设计"。这种观点是对体育教学过程的一种简单化、机械化理解。

事实上,"体育教学内容"除了教师课前精心预设之外,更多的是在体育课堂教学过程中,由体育教师和学生共同参与的教学行为而创生的。国外也有研究认为,教学内容"并不是凭空出现的,更多的是通过教师和学生在课堂教学过程中的教与学行为而演绎、创造出来的"。此外,将"体育教学内容"视为主要回答体育学科"用什么教"和"用什么方法教"的问题,该观点也存在不足,理由在于"体育教学内容"首先需要回答的是"教(学)什么"的问题。

基于以上分析,可以认为"体育教学内容"是一个实然层次的概念。所谓"实然"是指"实际或事实是什么样子",着眼于描述事物"事实上或现实中是怎样"的一种当下存在状态。具体到"体育教学内容"而言,则是指面对现实的、特定的体育课堂教学环境和具体教学对象,为了达成预期的体育课堂教学目标,"实际上最好教(学)什么"和"实际上最好用什么去教(学)",通常既包含体育教师在课堂教学中对现有"体育教材内容"的直接采用和精心"重构"——增加、删除、减少、替换、改编、整合等,也包括师生在体育课堂教学过程中对体育课程标准所规定的体育课程内容的认真执行和互动创生。

首先,就理论而言,作为实然层次的"体育教学内容",可以是真实的,也可以是虚拟创设的;可以是理论性的存在,也可以是实践性的存在;可以是感性认识的,也可以是理性认知的;可以是实际描述的客观世界,也可以是虚拟存在于脑中的观念世界。因此,就某种意义而言,任何事物都可能成为实然层次的"体育教学内容"。

其次,就实践而言,由于教学总是服务于特定的教育教学目的、目标,遵循课程标准的规定要求,以及来自教师的专业素养、学生身心健康发展的内在规律及教学的现实环境等因素制约,上述"可能"的体育教学内容还需要经过进一步的删减、筛选、整理、归类、重组、再造、评估。可见,作为实然层次的"体育教学内容"并不是静态确定的,而是基于特定的体育教学目标,由体育教师和学生的教学行为按照一定的原则"演绎加工"而创生出来的,其在数量上也不可能是无限多个。这也提示我们,"体育教学内容"的设计与实践,必须摒弃以体育教师为中心来定义和实践"体育教学内容"的传统做法,树立新型的现代学生观,重视并充分发挥学生参与在科学确定"体育教学内容"方面不可或缺的作用。

因此，作为实然层次的"体育教学内容"可以进一步扩展为两个方面：一是，其不仅是体育教师在课堂上呈现的任务、课题及通过体育课堂教学实践掌握领会的内容，也是学生经由头脑运思和身体实践所产生的观点、见识、共鸣及其意义的共创、损耗和更迭；二是，其不仅可以是传统定义中的学生认知对象或作为思维阐释的对象或材料，而且可以是学生全面感性地获取观点、态度、方法、能力和技巧的任何形式。

由此可以推论，作为实然层次的"体育教学内容"已不再是一个一般性的名词，其具有丰富的内涵和特定的指向，包含两个重要的维度：第一，专项之维，是指学生应当学到的体育学科知识，属于直接性的体育课堂教学内容，通常指向短期的体育教学目标；第二，一般之维，是指学生在掌握体育学科知识的基础上，应着力发展的情感、能力、态度、价值观、审美情趣、道德品格等体育素养，属于间接性的体育课堂教学内容，通常指向的是远期的体育教学目标。如在"中长跑"课时教学中，跑的要点、姿势、节奏等属于直接性的体育课堂教学内容，而在跑的过程中体验"跑"对于意志的磨炼、情感的宣泄、自我的超越、生命意义的彰显、个人价值的实现、世界观的形塑等，则属于间接性的体育课堂教学内容，需要持之以恒地刻意练习和用心体悟。

（三）体育课程内容、体育教材内容、体育教学内容三者关系

综上所述，本书认为体育课程内容、体育教材内容、体育教学内容是3个相对独立、又具有密切联系的概念（表2-4）。

表2-4 体育课程内容、体育教材内容、体育教学内容三者之比较

类别	层次	问题	创生	实质
体育课程内容	应然层次	为达成体育课程标准中设定的体育课程目标"理应或应该教（学）什么"	主要由教育决策者和体育课程标准研制团队共同创生	将蕴含在不同类别运动项目中的素材课程化
体育教材内容	或然层次	为使学生更有效地掌握既定的体育课程内容，达成体育课程标准规定的课程目标，"或许可以用什么去教(学)体育课程内容"	主要由体育教材编制者创生	"应然层次的体育课程内容"的教材化
体育教学内容	实然层次	面对特定的教学环境和具体的教学对象，为达成预期的体育教学目标，实际上最好"教（学）什么"和"用什么去教（学）"	主要由一线执教的体育教师创生	"应然层次的体育课程内容"与"或然层次的体育教材内容"的教学化

首先，就"体育课程内容"而言，它是体育课程标准中明文规定的应教、应学内容，具有高度的概括性和丰富的内涵性，主要由教育决策者和体育课程标准研制团队共同创生。其关切和回答的核心问题是，为了达成体育课程标准中所设定的体育课程目标而"理应或应该教（学）什么"，居于"应然"的层次，其实质是基于国家社会发展的需要、学生身心健康发展的需要及体育学科发展的需要（什么知识最有价值、谁的知识最有价值），将蕴含在不同类别运动项目中的素材课程化。可见，"体育课程内容"只可能是作为或然层次的"体育教材内容"编写和实然层次的"体育教学内容"设计的根本依据和主要来源。

其次，就"体育教材内容"而言，它是以静态存在的体育教材为载体，主要是由体育教材编制者创生。具体而言，是体育教材编制者基于自身的经验、知识、能力、价值观等综合素养，及其在对体育课程标准中的目标、内容、预设的体育教学对象等要素的分析、认知和理解的基础上所做的专业判断和教学决策。其关切和回答的核心问题是，为了更有效地达成体育课程标准规定的课程目标，"或许可以用什么去教（学）体育课程内容"，居于"或然"的层次。其实质是体育教材编制者对居于应然层次的"体育课程内容"的进一步具体化、对象化和可操作化，统称为体育课程内容的"教材化"。好的"体育教材内容"，一方面，应紧扣体育课程标准，使应然层次的"体育课程内容"全部、充分地融入体育教材中，实现其"教材化"；另一方面，应尽可能地贴近体育课堂教学的实际，赋予应然层次的"体育课程内容"以具体、明确、可操作性的教学建议，以更好地实现其"教学化"，服务于实际执教体育教师的教和学生的学。可见，高质量的"体育教材内容"，对体育教材编制者的专业知识、综合素养及教学判断等提出了更高水平的要求。这也提示实际执教的体育教师，一方面，应重视体育教材编制者给出的"或许可以用什么去教（学）体育课程内容"的操作性建议，将其作为实然层次的"体育教学内容"的主要来源，深度挖掘其可教、可学的重要内容；另一方面，又不能僵化、唯其是瞻，尤其是面对当前体育教材层出不穷、水平参差不齐，甚至有些教材粗制滥造的现实，更需要实际执教的体育教师充分发挥自身的主观能动性，在全面掌握学生学情和教情的基础上，科学鉴别体育教材，精选体育教材，创造性地运用好、用活体育教材，而非只是"教体育教材"。

最后，就"体育教学内容"而言，它是实际执教的体育教师基于体育课程内容和体育教材内容，面对真实的体育课堂教学环境、具体的体育教学对象及自我专业素养和教学风格等，在体育课堂教学中真正实践的内容，居于"实然"的层次，主要是由一线执教的体育教师创生。其关切和回答两个核心问题：一是，需要回答面对体育课堂上特定的教学环境和具体的教学对象，为了有效达成预期的体育教学目标，体育教师"实际上最好教（学）什么"的问题；二是，需要回答为了使这一特定体育课堂教学环境中的具体教学对象更优质、高效地掌握"实际上最好教（学）什么"，体育教师"实际上最好用什么去教（学）"的问题。其实质是居于应然层次的"体育课程内容"与居于或然层次的"体育教材内容"的实践教学化。此外，无论是居于应然层次的"体育课程内容"，还是居于或然层次的"体育教材内容"，最终都需要转化为体育课堂上实际教（学）的"体育教学内容"。

由于同一"体育课程内容"或"体育教材内容"可以用以达成不同的体育教学目标，同一"体育教学目标"也可以借由不同的"体育课程内容"或"体育教材内容"教学达成，因此，为了达成某种预期的体育课堂教学目标，更好地实现"体育课程内容"与"体育教材内容"的教学化，客观上要求体育教师一方面应对高度浓缩、提炼的居于应然层次的"体育课程内容"进行理解、消化、吸收和转化；另一方面应摒弃孤立、割裂、静态的体育教材内容观，树立整体、联系、活化的科学体育教材内容观，结合现实、特定的体育课堂教学环境和具体的教学对象，对"体育教材内容"进行个性化的演绎和创造。

三、高校体育教学的影响因素

在我国高校体育教学事业迅猛发展的背景下，相当数量的学生缺乏相应的体育常识、健康知识的局面，严重影响了高校体育教学学科协调地向前发展。因此，积极分析高校体育理论的主要影响因素，对推进高校体育教材建设和高校体育教学全面深化改革具有重大意义。教材编写者对教学理念的判断和选择直接影响到教材内容的选择、教材的结构、教材评价分析标准的建立，通过教材的价值取向分析，舍弃不合理因素，构建科学合理的教材价值体系，成为研究的重点。选择什么，舍弃什么，这一价值判断通常是教学大纲、课程标准及课程指导纲要。这些价值取向划分为：知识中心、学生中心和社会中心。其含义为：一方面为学生提供系统的、逻辑的学科结构和学习材料；另一方面帮助学生如何学习，如何提高学科知识和技能，如何编写出高质量的高校体育理论教材，以满足社会飞速发展及高校学生对教材的需求，如何指导教学，提高学生素质，如何吸引学生的眼球，引发学生对体育学科的兴趣，帮助指导学生练习和掌握健康知识，是目前高校体育教学研究面临的重要问题。

（一）现象层面

高校体育理论在发展，高校体育理论服务于高校体育教学，高校体育教学反映影响着高校体育理论。高校体育围绕着"健康第一"的育人活动，高校体育理论作为高校体育的基础，肩负着育人和体育实践的指导、规范和育化作用。那么影响高校体育理论的现象层面因素一定是围绕着体育教学的。体育教学中的诸多因素分为四类：第一类是教学活动的先有因素；第二类是教学活动的过程因素；第三类是结果因素；第四类是环境因素，见图2-3。

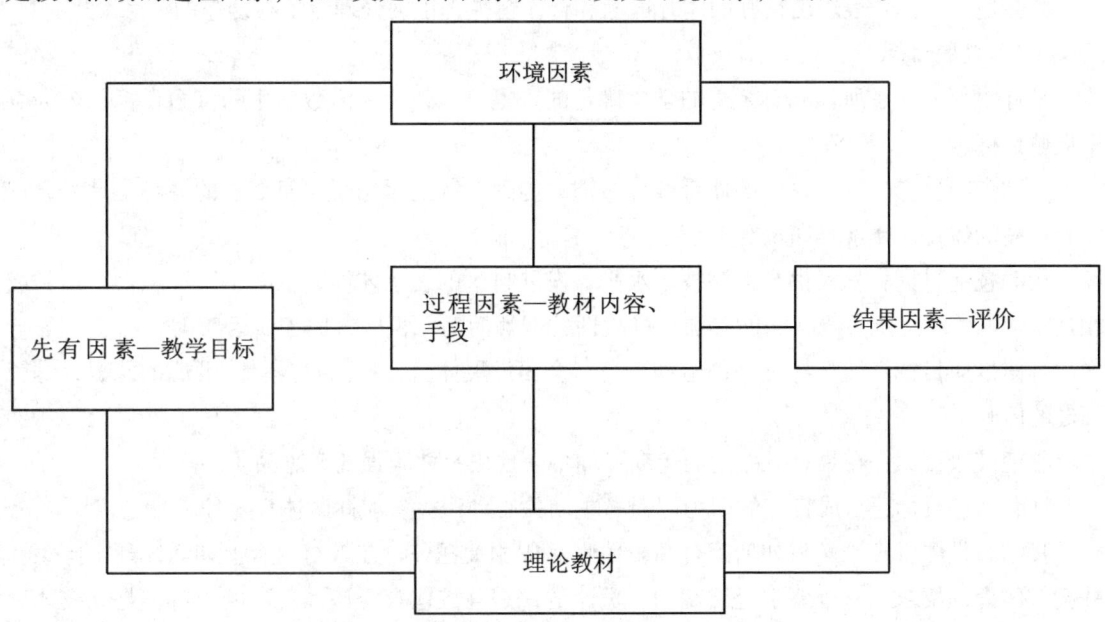

图2-3 高校体育理论现象层面主要影响因素图

1. 教学目标

教学目标制约和规范高校体育理论，而高校体育理论教材则直接具体地描述和反映了教学目标。同时教学目标的形成受到了多方面因素的共同作用，首先国家和社会的要求是设计教学目标的出发点，其次更要考虑教学对象的特点，通过课程计划、课程标准、教材及学生应掌握的教学内容的质与量具体表现出来。个体特征是教学目标确定的方向性基础，包括道德经验、理性认知和遗传特征各个方面，因此而确立的全面发展的教学目标，以及在此基础上形成的教学目标，是高校体育理论编制的中心思想和方向指南，它可以规定高校体育理论编制的目的、内容、框架及性质。另一方面，高校体育理论要求忠实反映教学目标，真正为教学服务。通过对高校体育理论进行教学目标诊断可以判明高校体育理论反映教学目标的程度和水平。

高校体育课程目标分为基本目标和发展目标：

（1）基本目标

根据大多数学生的基本要求而确定的，分为五个局域目标。

运动参与目标：积极参与各种体育活动并基本形成自觉锻炼的习惯，基本形成终身体育锻炼的意识，能够编制可行的个人锻炼计划，具有一定的体育文化观赏能力。

运动技能目标：熟练掌握两项以上健身运动基本方法和技能，能科学地进行体育锻炼，提高自己的运动能力，掌握常见运动创伤的处置方法。

身体健康目标：能测试和评价体质健康状况，掌握有效提高身体素质、全面发展体能的知识与方法；能合理选择人体需要的健康营养食品，养成良好的行为习惯，形成健康的生活方式，具有健康的体魄。

心理健康目标：根据自己的能力设置体育学习目标，能自觉通过体育活动改善心理状态，克服心理障碍，养成积极乐观的生活态度，运用适宜的方法调节自己的情绪，在运动中体验运动的乐趣和成功的感觉。

社会适应目标：表现出良好的体育道德和合作精神，正确处理竞争与合作的关系。

（2）发展目标

是针对部分学有所长和有余力的学生确定的，也可以作为大多数学生的努力目标，分为五个局域目标。

运动参与目标：形成良好的体育锻炼习惯，能独立制定运用于自身需要的健身运动处方，具有较高的体育文化素养和观赏水平。

运动技能目标：积极提高运动技术水平，发展自己的运动才能，在某个运动项目上达到或相当于国家等级运动员水平，能参加有挑战性的野外活动，积极参加各项运动竞赛。

身体健康目标：能选择良好的运动环境，全面发展体能，提高自身科学锻炼的能力，练就强健的体魄。

心理健康目标：在具有挑战性的运动环境中表现出勇敢顽强的意志品质。

社会适应目标：形成良好的行为习惯，主动关心、积极参加社区体育事务。

我国高校体育理论教材如何配合高校体育完成相关任务，在教材内容上如何体现出国家和社会对体育的要求，这个要求是宏观的、宽泛的，是高校体育应该体现出的内容，是高校体育应该解决的问题。

上述内容是国家和社会对体育提出的基本目标，是高校体育需要完成的基本任务也是必须完成的任务，可是在我们的教材上体现得明显不够，尤其是提高身体素质方面；全面发展体能的知识与方法；体育道德和合作精神；特殊人群体育等。例如：立定跳远，根据多年的学校测试发现大多数同学是因为不会发力，不会技术并非是腿部完全没有力量，但在我们的体育课上和教材上体能知识与动作方法很少提到。我们高校学生身体素质下降，可是提高身体素质、全面发展体能并没有得到重视，发展体能的知识和方法也同样受到了忽视，把重点都放在了专项的技术方面。体能测试涵盖了很多的主观因素，因此掌握相应的知识和方法至关重要。这些国家和社会对体育的要求在教材上的体现，应该宏观地贯彻在高校体育中，作为体育理论课和实践课的具体内容，应该得到足够的重视，哪些方面欠缺，我们应该积极推进哪些方面。

教学目标的确立与实现，要求高校体育理论教材研制者、教师和学生共同努力来达成。编制者在编写过程中要设想教学目标的表现水平及学生可能达到的水平，可使用间距、等距和系列等级方法标志，在高校体育理论教材前言和每一章节前，阐明各种教学目标及建议在何种水平上实施教学，同时在高校体育理论教材中明确教学目标可以提高学生的自学能力。

2. 教材内容与教学手段

高校体育理论是构成教材的主要素材，教学手段决定高校体育理论的掌握程度。它们直接地影响着高校体育理论的范围和效果。内容与手段在教材设计与编写中的基本应用，主要表现在指导和设计不同类型的教材。不同的教学模式对教材有着不同的要求。教材内容与教学手段构成教学活动的外部条件，作为高校体育理论展开的教学依存条件，对教材内容的设计及显示具有限定作用。相反，教材内容是高校体育理论的书面体现，用来指导我们的高校体育教学，包括教学手段。基于这种关系，教材设计不应只按逻辑顺序形成篇章节目，而应按教学的实际模式设计。因为，教材不仅强调教学手段，也包含了教学内容、目标与对象。按照一定目的而组织的教材内容，具有多种功能：信息媒介功能；动机作用功能；激励功能；调节功能；控制功能等。这些功能，教师和学生在教学中可以充分利用。

高校体育理论教材对教学模式中的教学手段有影响。教材的内容在一定程度上限定了教学组织形式和教学手段。例如：有些教材内容适合于班级集体教学，有些教材内容适合于小组教学，有些教材内容适合于个别教学。而且在不同教学手段和组织形式的条件下，教材效能的发挥不尽相同，例如：在传统班级教学手段下，教材发挥的作用最小，因为教师讲解成为教学活动的中心；而在开放式教学手段下，教材作用最大，因为开放式教学强调学生在学习过程中的主体地位和自主精神，教材成为学生"沉默的教师"，它是学生学习的有力支持者；在探究式教学手段下，教材在教学活动中的作用居于二者之间，其作用发挥视教师的引导及具体教学内容而定。

3. 体育评价

高校体育理论应该包含明确的体育评价，体育评价也是高校体育理论最好的反馈，高校体育理论在反馈的信息中不断地完善。高校学生身心健康程度决定着该高校培养人才的质量和规格，其发展的水平影响着高校素质教学的发展速度与高校体育教学的质量。

体育评价充分反映高校体育教学的成果，掌握高校体育理论的情况，也是了解学生的最直接的办法，根据体育评价了解学生的自然情况，了解学生的掌握情况，了解体育知识的兴趣和用处所在，了解学生的生活方式，了解高校体育理论教材知识的合理度，给教师编写教材提供了大量的信息，体育评价为高校体育理论教材撰写与研究提供了主观的、现实的理论依据。

（1）教学评价内涵

教学评价是高等教育教学管理的关键手段之一，在高等教育教学管理中作用极为突出。在高校教学改革大环境下，什么是教学评价，教学评价评什么等问题，已经成为我国教育学者关注热点，但是对于其内涵与价值的定义至今仍没有统一概论。张宝根等人在《"以学习为中心"

的高校教学评价的内涵及其价值取向》文章中谈到教学评价是根据特定的评价标准和指标对教学各组成元素，包括教师、学生、教学内容、教学方法、教学环境等做出判断的过程活动。

（2）基本原则

高校确立体育教学质量评价体系的指南针是遵循教学质量评价的基本原则，它贯穿在高校评价过程的方方面面，并指导着评价的方向。因此，评价体系的确立应遵循客观性与全面性、导向性与多元化、有效性与可操作性的原则。

客观性与全面性原则。

客观性原则要求体育教学质量评价体系可以体现高校体育教学的客观规律，并赋予其客观视角；全面性原则要求体育教学质量评价体系的内容可以完全反映体育教学目标，且评价内容指标具体、独立又互补。

客观性原则。高校体育教学工作与其他社会活动不同，它是一个双边活动，包含了体育教师"教"和学生"学"。基于高校体育教学规律，体育教师培养未来后备体育人才是一个循序渐进的过程。高校体育教学质量评价的客观程度，对评价结果的真实性产生直接影响，最终也会阻碍评价目的的实现。遵循客观性原则的前提是，基于特定的客观标准，高校评价体系可以体现和映射体育教学是否科学和合理。我国各个高校应根据体育教学的实际情况，以客观存在为评价依据，全方位地挑选高校体育教学质量评价体系的组成要素，这些要素只有在遵循客观性原则的前提下，才能有效发挥其作用。

全面性原则。全面性原则要求评价体系要涵盖体育教学过程中各个要素。其中评价目的和评价内容是首领，它领导着评价过程的开展。体育教学质量评价内容设立时应多维度、全方面地考虑到每一个评价内容指标。总之，高校建立体育教学质量评价体系时，应注意评价体系的全面性，使其能够多方位地对体育教学工作进行监察，从而确保评价结果的准确性和有效性。

导向性与多元化原则。

导向性原则是通过体育教学质量评价体系促进体育教学水平和学科能力的不断提高，并逐步按照体育教学标准的要求发展；多元化性原则要求评价指标体系应采用多样化的模式，不应该局限于一种评价模式，应采用多种评价模式。

导向性原则。高校在进行体育教学质量评价时，以遵循导向性原则为前提，不断发展和提高体育教师专业素养和业务水平，革新传统的体育教学观念，体现新时代的体育教学观念，应全面推进和培养复合型体育人才。

多元化原则。高校体育教学质量评价体系不应该局限于特定的某一种评价主体和评价方式，应采用多元化的评价主体共同进行评价。学生与体育教师是体育教学过程的直接参与者与实施者，即采用以学生评价和教师自评的评价方式。教务处质量监管部门是对体育教师教学过程实施管理的部门，督导评价也是体育教学质量评价体系中的重要评价方式。同行和专家是在相同领域最清楚被评价者在体育教学过程中专业知识的运用是否到位的人，因此，多元化原则要求要采用同行和专家评价方式。

有效性原则与可操作性原则。

有效性原则主要是针对高校体育教学质量评价体系的实施，具有合理、科学和有效的特点，符合高校体育教学的实际情况，是对高校体育教学发展规律和基本要求的反映；可操作性原则要求评价内容指标的确立必须进行科学合理度量，同时更要便于操作实施。尽量将评价内容指标中的因素变换成可操作化的因素，使学生和体育教师可以精确清晰地了解体育教学质量评价内容指标。

有效性原则。在基于有效性前提下，高校确立评价体系时，第一，要表现体育教学目的，即体育教师作为一个引路者，要以培养学生身体素质全面发展为要旨；第二，基于体育教学发展规律和基本要求，客观存在不会因人而发生改变，体育教师和学生必须在遵循体育教学规律和基本要求前提下，使体育教学更有效；第三，需要充分考虑影响体育教学质量的因素，包括自身因素和外部因素，例如自身因素包含有体育教师教学大纲理解情况、专业知识领域的了解情况、体育教学技巧或手段的使用情况，以及能否有效地引导学生的体育学习，学生体育基础知识的储备情况、体育课堂的互动情况、课后体育锻炼情况等；外部因素主要包括体育教学条件、体育教学器材设施等。

可操作性原则。可操作性原则意味着高校建立的评价体系可以合理、全面地评价现有的体育教学现象，并可以顺利实施和运行，并提出在构建高校体育教学质量评价体系的过程中，要认真、准确和清晰地描述分析被评价对象的体育教学过程，评价指标的一级指标应尽可能用操作语言概括，并能通过直观可测量的方法，获取相关体育教学质量信息同时得出结果。体育教学质量评价体系中的每个指标也应具有科学合理的权重，因此测得的评价数据是可靠的，并为体育教学质量管理提供数据支持。

4. 环境因素

体育环境要素的确定，总是离不开体育环境作用产生的需要。也就是说，创造一个体育环境，目的在于实现一定的体育目标，环境要素应当始终为环境目标的实现服务。

高校体育教学是一个理论过程，也是一个实践过程。学校体育环境无论是体育教学环境还是体育生活环境都为学生提供了体育教学的具体现实环境，其氛围必定直接影响着育人的成果，其作用更为密切、更有实效性。

环境因素对体育活动起着举足轻重的直接作用，环境氛围为体育活动服务，潜移默化地影响着环境内的人使其积极主动地参与其中。例如：一个班集体，大部分同学具有良好的体育意识、习惯和能力，并且得到学校、班主任的大力支持，课外体育活动组织的次数多，那么这个班级的环境氛围会影响到班级的每一个人参与进来，并能积极主动地学习理论知识，学习方法，提高能力。理论教学和校园体育环境是影响其产生、发展和变化的外部条件。这是高校体育教学和体育环境在学生的健康意识和态度形成过程中的共同之处。

环境氛围对体育教学的作用有：第一，引导作用；第二，激励作用；第三，规范作用。

那么高校体育理论教材除了有一定理论知识，也应该具有这 3 个作用，环境氛围和高校体育理论共同作用于高校体育教学，高校体育理论更应该担起凝造高校体育环境的重担，使其影响面更大更广。

（二）本质层面

事物发展的源泉和动力是矛盾，对高校体育理论本质层面现象的矛盾进行分析，首先应把其现象看成是运动中多层次、多方面的矛盾统一体，考察影响这种现象存在的诸多矛盾。其次，从这诸多矛盾中找出主要矛盾和矛盾的主要方面，主要矛盾和矛盾的主要方面决定现象的本质，社会现象是以上诸多矛盾的外部表现。再次分析矛盾发生变化的内部条件和外部条件。同时注意矛盾发展量变到质变的临界点，即主要矛盾发展转化的条件与时机。脱离高校体育理论具体的形象进行创新，分析本身所固有的根本的属性，辩证地分析其内在的矛盾因素，坚持一分为二地看待高校体育理论本质层面的问题。

1. 自然性与构建性的矛盾

自然性。高校体育理论知识是人们通过生产、生活和体育实践逐步总结出来的，自然存在的知识，范围大，包含面广。它的根本缺点在于没有反映教学行为的目的与意义，是一种死的知识物品，如：一个概念、一个方法。高校体育理论的构建性是将死的理论知识，通过一定的逻辑关系组合起来，有完整体系的知识结构。

教材构建性必须满足两个前提条件：其一是这些教材能够唤起学习兴趣，并适合学习者的主体条件；其二是这些教材是属于大纲规定的教学内容中的具有典型意义的内容。

从现有高校体育理论教材的总体结构上看，知识的涵盖量比较大，学习起来难度大，学生不易接受。学生既要了解体育的本质、体育的基本知识、健康的知识，还要掌握技术技能和锻炼方法，获得独立从事体育锻炼的基本能力，培养"终身体育"的兴趣和习惯等。一系列的知识点和高校体育教学的观点表明我们没有正确地认识体育公共课的现实能力，过高地估计了高校体育公共课的能力，高校体育公共课难负其重，过于沉重的高校体育理论教材从而无法发挥应有的作用，这里自然性表现为众多的体育素材，如何科学发挥其构建性，筛选、编排、罗列其内容，合理地安排难易度，是解决教材质量问题的重中之重。

2. 多样性与统一性的矛盾

高校体育理论教材多样性是新世纪我国高校体育教材建设的一项基本方针。这一方针实行至今，教学部制定了一系列的保障和促进措施，鼓励校本教材的撰写，逐渐改变了一本教材统一大半个中国的局面，各地积极探索教材改革的环境正在形成。

"教材多样化"作为普通高校体育教材发展的政策，是国家根据国情所制定的一定时期内课程教材发展的大政方针，是指导课程教材实践的基本原则和行动指南。作为一种政策，它具有方向性、指导性和规定性。因此"统一基本要求"是前提，不能脱离统一基本要求大谈多样性。统一基本要求讲的就是教学目标和内容上的基本要求，是国家对所有受教学者的发展有一个基本的教学要求和培养标准，是国家教学意志的体现。教材必须体现国家的教学意志，必须体现国家规定的基本要求。

统一性作为基本要求指导着特色体育的多样化，通过多种形式、多种需求实现统一的目标。教材的多样性不在于教材数量的多少，而在于教材的特色，在同一国家基本要求的前提下，发展特色体育，发展区域民族体育，扩展体育知识空间，完善特色体育多样性。

3. 继承性与创新性的矛盾

高校体育理论在继承和创新中不断发展，在继承中创新，在创新中继承，继承优良的理念、传统和精神。创新需要对传统有所突破，创新需要勇气和智慧，创新是一个不断突破的过程，而继承不等于盲目守旧，创新又是对传统的扬弃。

高校体育理论教材突出创新性主要体现在教材是否紧跟我国和世界体育教学发展的趋势；

教材是否引进了许多新的知识、观念和身体练习内容；教材内容是否努力体现地域和学校特色，使教材内容更适合学生。

高校体育理论教材在这个维度表现出的问题有以下几方面：由于我们教材结构体系多年的延续性和对教材功能的浅表认识，人们很容易采用原有的教材结构体系去同化新的教材结构体系，但这种教材结构体系及其所具备的功能显然不是高校体育理论教材所追求的模式，以原有的教材结构体系为基本点融入新的知识，很难突破原有体系，建立更能激发学生学习的主动性、积极性和创造性的新体系，也使得教材的功能得不到充分发挥。新编写的教材无论是在教材知识结构体系的构建、教材的组织编排顺序、教材内容的呈现，都应采用相关学科的最新发展和研究成果，体现教材发展的时代性。

第三章
高校运动训练与体育教学的差异性

第一节 运动训练与体育教学的区别

体育教学的内容具有一定的广泛性，教师通过各种体育活动来提升学生的各种运动技能，提高学生的思想道德品质，以达到促进学生身心全面健康发展的目的。而运动训练是教练员通过对运动员进行各项专门训练，不断提升运动员的各项运动技术，加强运动员的身体技能，来实现运动员在相关竞技比赛中取得好成绩的目的。

体育教学与运动训练是构成体育的两大部分，把握好体育教学和运动训练之间的差异，避免在体育教学中把训练与教学混为一谈，有助于我们进一步深化体育教学与运动训练体制的改革。

一、概念差异

（一）体育教学概念的再思考

体育教学是实现体育目的、任务的基本途径之一，是学校体育工作的基本形式，是一个按一定的计划和大纲进行有目的、有计划、有组织教育的过程，以向参加者传授体育知识、技术与技能，有效地发展身体，增强体质，培养道德意志品质为任务。其特点是：参加者在整个过程中主要是从事各种身体练习，通过身体活动与思维活动的紧密结合，来掌握体育知识、技术与技能，并达到培养道德意志品质和发展身体、增强体质的实效。

从体育教学的概念中可以了解到，体育教学是一种形式，也是一种可控的教育过程，因此其主要活动是教学。为了完成教学任务，教师和学生在教学过程中主要是从事身体练习，学生对体育知识、技术和技能的掌握是通过身体活动与思维活动的紧密结合来实现的。教学是教师和学生的双边活动，体育教学也不例外，但概念的界定将身体练习作为教学过程中的主要活动，这就令我们产生疑问。众所周知，任何教学活动中的练习都是练习者为温习或巩固所学的知识而进行的单边活动，如果身体练习是体育教学中的主要活动，那么"体育教学"岂不就与运动训练毫无差异了吗？除此以外还有一个问题也必须弄清楚，概念中的体育教学固然是学校体育工作的基本形式，是教育过程，那么对教学实践中教师与学生面对面的"教"和"学"又该如何定义呢？

在教育学的基础理论中，"教学"被视为教育活动的一种，从这个意义上来说"体育教学"

就应该是"活动",而不是"形式",实践中的"教"与"学"也就与"体育教学"是同位的概念层次。但在体育理论系统中它是体育教学的下位概念,这又将作何解释呢?笔者认为"教学"一词会因其参照物的不同而发生定义的变化,相对于"训练"而言,"教学"是一种活动,而就"非系统的学校体育"而言,"体育教学"则就是一种形式了。只有通过系统的训练,学生的身体健康水平才能得到科学而又合理的发展,才能完满地完成体育教学任务。可见训练也可能是完成体育教学任务的手段之一。

(二)运动训练概念的再思考

运动训练是实现体育目的、任务的基本途径之一,指在教练员的指导和多学科人员的配合下,为全面提高运动员的竞技能力和专项运动成绩而专门组织的教育过程。内容包括身体训练、技术和战术训练、心理和智力训练,以及思想、道德和意志品质的训练等。其特点是:训练目标的专一性和训练任务的多向性;训练过程的长期性和训练安排的系统性;训练参与的个体性与训练安排的针对性;运动负荷的极限性和负荷安排的应急性;运动竞技的激烈性和训练安排的科学性与计划性;运动成绩的表现性和表现方式的差异性;训练内容的复杂性和训练手段的多样性等。

训练的基本形式是训练课,训练的主要手段是身体练习。从概念的叙述中我们可知:运动训练是一种专门的教育过程,其主要活动是训练;训练的基本形式是训练课,其主要手段是身体练习;运动训练受教学、比赛、卫生等多方面的影响。这些内容表明,作为专门的教育过程,运动训练具有某些教育的特征,如训练是以"课"的形式展开的,在训练中有主体、客体和主导,它还具备教练员、运动员、训练内容和训练方法这四个与教学相类似的元素。虽然如此,训练毕竟不同于教学,更不是教学,因为教学使学生通过理解来实现其教育目的,训练则是偏重于通过外源的,甚至强制性的实践来实现其教育目的。

运动训练中的"教学"活动从理论上来讲,是应该存在的。这是两方面的需要所决定的,一是运动员文化知识的教育。人人都需受教育,运动员也不例外,这是任何训练都无法代替的,更何况我国的专业运动训练体系一直都是建立在业余学校运动训练体系的基础之上,文化知识的学习早已成为运动训练中的一项重要的内容。其二是竞技运动专业的需要,在这里表现出的"教学"活动及其需要往往被人们所忽略。从概念中可以知道,运动训练的内容包括身体、技术和战术的训练及心理、智力和思想道德训练等,根据现代竞技发展速度的要求,这些训练必须保持在一定的水平上,尤其是技术和战术的运用及心理和智力的发展,要求运动员不只是为"练习"而"练习",而是要对技术和战术有充分的理解,这是高水平训练开展的基础。

二、主导思想的具体内容存在差异

(一)体育教学的主导思想

体育教学的主导思想是既要增强学生体质,培养学生的体育活动能力,又要使学生树立"终身体育"的意识和"健康第一"的指导思想。

1."全面发展"的体育教学思想

全面发展的体育教学思想的含义是在体育教学中,以促进学生德、智、体、美、劳全面和谐发展为指针，以完成体育教学各项目标为主导的教学思想。该思想旨在从增强学生体质出发，把运动技术、技能教学与发展身体结合起来，思想教育、知识教育、社会教育贯穿始终，全面完成体育教学的教养、教育和发展的目标。主张用系统论的观点来看待体育教学过程，用三维体育观来理解学校体育的功能系统，认为只有从多方面挖掘体育的功能，不断拓展学校体育的任务，才能真正发挥体育教学在整个教育中的作用，才能突出体育教学的地位。显然"全面发展"的体育教学思想存在着任务过多、要求过高等不足，难以面面俱到，在具体实践中易使体育教师感到无所适从。因此，"全面发展"的体育教学思想有积极意义，是理想的教学状态，仍要发挥指导体育教学的作用，但也要不断完善，使之更好地指导体育教学工作。

2. "体质教育"的体育教学思想

体质教育的体育教学思想是指在学校体育教学中，应从发展学生身体、增强学生体质着眼，以提高学生体质及健康水平作为体育教学的首要任务，一切学校体育教育工作都要为增强学生体质来开展。体质教育的体育教学思想注重学生身体锻炼的直接效果，以运动负荷的合理安排为主要特征，以运动处方为主要形式。显然，体质教育的体育教学思想扩展了自然主义体育的认识，开始了发展人体、完善人体的科学化锻炼历程，具有重要的指导价值，标志着我国学校体育教育思想建设进入了一个相对成熟的自主发展时期。这种体育教育思想反映了体育运动的本质特征，也容易被人理解接受，具有较好的理论基础和实践意义，被学校体育教育广泛运用。但是，体质教育的体育教学思想只重视体育教学的生物效益而对心理和社会效益重视不够，并且在学校体育教学质量与效果评价中也因不好把握体质的外显指标和标准，被一些学者批评。这正是需要不断完善理论体系，提高认识和实践的过程。

3. "技能教学"的体育教学思想

体育教学工作与其他学科教学工作具有共同点，也要以向学生传授系统的体育知识和技能作为首要任务，但体育教学不同于理论学科教学的特点主要是运动技术教学。技能教学的体育教学思想（也有的称"技术教学思想"）成为我国学校体育教学中相对成熟的主导思想之一。"技能教学"的体育教学思想是指体育教学中以掌握运动技术、技能为主导的学校体育教学思想。该思想理论是以学生的身心发展特点为基础，以体育课内外结合为教育实践条件，强调体育教学中以学生身心特点来安排运动技术知识、技能的学习；以运动技能形成规律来安排动作技术教学过程；以课内教学、课外锻炼互为补充来完成学校的体育教育目标。显然，"技能教学"的体育教学思想具有较好的理论依据，也符合教学工作要求，容易理解并为人所接受，并且在教学实践中较为形象具体便于教学操作，因而，在我国学校体育教学中占有重要的地位。但是"技能教学"的体育教学思想也容易导致教学中重技术学习、轻体质锻炼的倾向，同时因存在对体育教学条件要求较高等现象，而受到一些学者的批评。

4. "终身体育"的体育教学思想

"终身体育"的体育教学思想是指以培养学生终身参与体育活动的能力和习惯为主导的思想，学校体育要为学生终身从事运动锻炼奠定基础。这种思想认为，学校体育是终身体育的最重要的、具有决定意义的中间环节，主张在学校阶段培养学生终身参与体育锻炼的观念和习惯，并使学生掌握终身体育的基本理论和方法。显然，"终身体育"的体育教学思想可以让长远观念与现实紧密结合，对学校体育的目标、内容、方法、评价、组织等都产生了很大影响，成为了我国学校体育课程标准的重要依据。但是,"终身体育"的体育教学思想过于宏观,打破了原有的生物观念,已经从生物、心理、社会等多角度来认识健康,大大提高了健康理论水平,形成了多维的健康观念。加上在学校体育教学中出现了指导理论的多元化、模式的多样化、新问题的复杂化等现象,在一定程度上导致了实践的混乱,急需新的理论思想来指导体育教学工作。

5."健康体育"的体育教学思想

"健康体育"的体育教学思想逐渐在学校体育教学中得以接受和传播,成为学校体育教育的主流思想。"健康体育"的体育教学思想是指在体育教学中要以提高学生的身心健康水平为目标,根据学生的健康特点来选择教学内容、方法、手段,促进学生身体、心理、社会适应等多方面发展,强调体育教学的三维观(身体健康、心理健康和社会适应),以及学生的可持续发展、教学内容的多样化、竞技项目软化、教学方法的娱乐化、教学形式的自主化、教学效果的健康化等。显然,"健康体育"的体育教学思想符合时代的发展要求,具有观念的多维性,对指导体育教学改革与发展具有重要的指导意义。但是,这一思想的理论体系还不完善,需要在实践中不断发展。

(二)运动训练的主导思想

运动训练的主导思想是通过运动训练实践对运动项目特征、运动队或运动员的现实状态的作用,以及拟达到的预期目标而产生的一种理论认识。这种理论认识一旦形成,就确定下来,不轻易更改,并通过语言文字定格或文件的形式储存,直到实现训练目的,这就为运动训练指明了方向并赋予了行动目标。然而,训练的主导思想是一个动态发展的过程,在实现某一训练目标之后,教练员要根据项目的发展形势及竞赛规则的不断变化,对运动训练的主导思想做相应的调整与修正,以形成可行的、正确的指导思想,从而促进训练的良性发展。

1.训练指导思想的结构和内容

训练指导思想是在研究和总结人体运动科学及其在训练实践中的应用后概括和提炼出来的关于竞技能力发展的方向性和方法性的思想,它的结构和内容必须是人体科学和运动实践的高度概括和综合。训练指导思想概括起来就是"一个中心,四个观点"。"一个中心"就是以核心竞技能力为中心,"四个观点"就是反映指导训练的四个基本客观规律。

"一个中心,四个观点"的训练指导思想用一句话表述就是"在训练过程中必须以核心竞技能力为中心,在遗传特征的基础上运用身体活动作为手段和方法,在符合人体机能变化和竞技能力相互代偿的客观规律条件下,对人体进行最大限度的具有专门生物适应性的生物学改造,概括起来就是竞技能力形成的发展观、基本观、整体观和长远观"。"一个中心"就是一切训练的过程和手段都必须围绕着核心竞技能力的获得来思考和设计,还包括所有的一切与训练相关的因素都必须围绕着这个中心来运行(营养、后勤、学习、休息、课程的安排、训练人数等);核心竞技能力按运动训练过程的周期性可分为全程训练核心竞技能力、阶段核心竞技能力、短期核心竞技能力。

训练指导思想"四个观点"的本质就是对竞技能力形成的四个训练基本规律进行的指导思想层面的概括:竞技能力的遗传性获得规律、竞技能力的生物适应性规律、非平衡性竞技能力的相互代偿规律和竞技能力的超量恢复规律。

2. "四个观点"的内涵及与其他训练指导观点的比较

我国学者提出的"非平衡性结构理论",为运动员总体竞技水平的发展在训练学上提供了新的指导思想,对运动员总体竞技能力的提高具有极高的实践意义。但这两个理论都没有成为真正意义上的训练指导思想,它们只是反映了训练局部的规律性,没有从总体上总结和提炼出能指导实践的训练指导思想。"一个中心,四个观点"在实践的基础上试图较全面地提出训练的指导思想,为训练思想提供一个方向和基点。

全面论述"四个观点"

"四个观点"就是训练指导思想的基本观点,是指导训练过程,获得预期竞技能力目标的基本思想,包括竞技能力形成的发展观、基本观、整体观和长远观。

竞技能力的遗传性获得规律:核心竞技能力是否能随着训练过程的深入而获得增加,最后达到高水平,首先要考虑的是运动员的遗传特质问题。在其他条件相同的情况下,遗传水平会成为高竞技水平的主要瓶颈。所以在选材和训练中,教练员要清楚与核心竞技能力相关的因素中哪些是遗传度高而训练可塑性低的素质,哪些是遗传度低而训练可塑性高的素质,哪些是中间状态,这是全程训练起始必须首先要预测和思考的。这就是训练指导思想的"发展观"。

竞技能力的生物适应性规律:竞技能力的获得在本质上就是对运动员有机体进行生物适应性改造,这也是千万年来人类进化的主要依据。对有机体采用了什么样的刺激方式和形式,有机体就会逐步向什么样的方向产生从系统到组织、功能的适应。这是训练科学的一个基本的思考要点,它为训练的方式和手段提供了一个大的方向。这个规律就是训练指导思想的"基本观"。

非平衡性竞技能力的相互代偿规律:不论从全程训练还是阶段训练来看,运动员竞技能力的构成要素,无论体能、技战能、心理能力还是其子系统力量、速度、耐力都不是平衡的,是不断变化和发展的,在训练中怎么样科学地处理它们之间的关系对竞技能力的影响极大。由于非平衡的竞技能力存在不同程度的相互代偿的现象,如一百米运动员的速度能力可以代偿该运动员在二百米的速度耐力,所以在训练中要牢牢抓住"以核心竞技能力的发展为中心,以发展其他能力与核心竞技能力相互代偿的子能力来共同促进竞技能力的提高"这条指导思想来处理总体竞技能力与各子能力之间的关系,为专项的提高提供更多的途径和方法。这个规律就是训练指导思想的"整体观"。

竞技能力的超量恢复规律:超量恢复理论仍是当前最合理、科学解释运动成绩不断提高的理论,所以在训练中要建立科学的长远竞技能力的发展规划,才能带出高水平的选手。这个长远规划的指导思想就是超量恢复规律。运动员负荷后机能水平的下降、恢复、超量恢复这一周期性变化规律不仅要规划一节训练课,还要放到一个周期、全年、多年甚至全程训练来思考和研究。这是训练指导思想的"长远观"。

三、目的和任务的差异

(一)目的

体育教学的目的就是指通过体育教学这一过程而要达到的目的或结果。它包括:增强学生体质，促进身心健康发展，使学生在德育、智育、体育、美育等几方面得到全面的发展，成为社会主义祖国的建设者和保卫者。运动训练的目的是提高运动员的竞技能力和运动成绩，其中，直接目的是通过参加运动竞赛，将其已获得的竞技能力转化为运动成绩。

（二）任务

任务是目的的具体化。教育部对我国各级各类学校的体育教学任务都作了明确规定，从总体来讲，是从增强体质入手，着眼于发展身体、心理健康，培养体育能力，将思想教育渗透于全过程。在教学的不同阶段和对教学的不同对象，亦可有所侧重。

运动训练的任务可表述为：

增进运动员的身心健康水平。

提高运动员专项运动的技术、战术水平，使之达到纯熟、运用自如的程度，并能在比赛中充分发挥，同时使运动员掌握必要的专项运动的理论知识。

培养运动员具有参加训练和比赛的良好心理品质。

教会运动员进行专项运动训练的组织、指导工作的基本知识和技能，培养运动员独立进行自我训练的能力。

对运动员进行思想教育，培养他们高尚的道德情操、优良的体育作风和顽强的拼搏精神。

四、教学目标上的差异

（一）体育教学的目标

在我国，体育教学以增强体质、开发体力和智力、促进学生全面发展、提高精神生活质量为主。因此，我国体育教学的目标是：通过体育教学对学生进行体育、卫生、保健知识的教育，增强体质，开发体力和智力资源，促进身心发展，培养德、智、体、美、劳全面发展的社会主义建设者。

体育教学目标是体育课程的亚目标，它是体育教学中师生预期达到的教学结果和标准。我国通常称之为教学任务，苏联称之为教学职能。在西方，一般把教学目标分为终极目标、行为目标和作业目标。教学终极目标是一种计划目标，具有假设性；行为目标和作业目标是一种度量目标，具有实践性，因而表述得当的教学目标应具有两个特征：第一，它必须详细说明目标内容，即说明做什么和如何做（知识、方法等）；第二，它应当用特定的术语描述教学后学生应能做（或产生）以前所不能做的事，即教学后所要达到的结果的详细规格。

在这里需要说明的是，我国通常所说的教学任务与现在所说的教学目标虽然都是同一个范畴，但是又有某些差别。

教学任务是以教师为主体的，而教学目标则是在一定教学时间内各种教学活动行为要达到的标准和境界，它是以学生为主体的。

教学任务是比较笼统的，分不出阶段和层次。而教学目标的描述由于采取了具体的行为动词，因而对教学过程的阶段、深度、层次有明显的限定。

由于教学任务是教师对教学的期望，缺乏量和质的规定性，观察和测量都难以进行，其结果难以评价。教学目标则将教学任务具体化和量化，可观察、可测量，可作为评价的依据。

教学任务一般为教师所掌握，而教学目标是师生都要明确和掌握的，学生可以根据教学目标进行自我学习和自我检测，有利于提高学生的学习主动性和学习兴趣。

（二）运动训练的目标

在我国，运动训练的主要目标是不断提高运动员的技术水平，创造优异的运动成绩，为国争光。运动训练的目标还有：一是增进运动员的健康水平，改善身体形态，不断提高有机体的机能能力，发展一般和专项运动素质；二是使运动员掌握和提高专项运动的理论知识、技战术，达到纯熟的程度，并能在比赛中运用和发挥；三是使运动员掌握进行专项运动训练的组织和方法、知识和技能，培养运动员独立进行自我训练的能力；四是对运动员进行思想政治教育，培养他们高尚的道德情操、优良的体育作风和顽强的意志品质。

1. 影响高校运动训练专业培养目标的因素

培养目标是专业课程设置的出发点，也是专业教育的核心问题。通过对高校运动训练专业培养目标的横向比较，发现当前高校在人才培养目标方面存在定位模糊、方向狭窄、界限不清等问题。一个专业只有明确定位了人才培养目标，才能够进一步确定人才培养的模式和设置课程体系。影响运动训练专业定位培养目标的因素主要有以下几个方面：

社会对运动训练专业人才培养质量的要求决定了高校对这一专业人才培养的知识结构和能力结构，也深深影响到运动训练专业培养目标的深度和广度。

就业市场的现实状况和发展趋势决定了运动训练专业人才培养的规模，也会影响运动训练专业培养目标多元化的符合程度。

学校根据自身的教学资源做出相应的定位。每一所学校的发展都要制定出自己的办学特色、办学方向、办学理想和价值追求，这就是学校定位。学校各专业人才培养目标的制定能够成为一所学校定位的重要评价指标。

高等教育改革的政策导向及运动训练项目的区域特色等因素都会影响高校对运动训练培养目标的制定。

高校运动训练专业不同的招生要求会导致生源上存在一定差距，学生的可教授性和对知识的接收能力决定了人才培养目标的层次和深度。

2. 高校运动训练专业培养目标的要点

（1）培养目标要与时俱进

高校运动训练专业的培养目标要由单一的培养目标向多元化方向发展。随着我国经济的不断发展，人民的生活水平有了较大提高，人们对健康的认识和投入不断增多，体育健康娱乐等新型的体育产业也渐渐兴起，社会上需要很多体育专业人才，例如体育指导员、体育教练员、体育保健员、体育营销员、体育经纪人等。早些年制定的运动训练单一的培养目标已经显得很局限和落后，不能够适应当代社会对体育多方面人才的迫切需要。高校运动训练专业的培养目标要顺应时代需求，与时俱进地树立科学的人才培养目标，让高校运动训练专业成为广受社会欢迎的有竞争力的热门专业，培养出的人才更具社会适应力。

（2）培养人才的规格要做出准确定位

人才的规格就是指同一类专业中不同的人才在未来社会使用上的规格差异。随着社会的发展及我国人口不断增多的压力，社会上人才的竞争日益激烈，社会对人才规格的要求不断增加。另外高校的不断扩招及高等教育的普及化使得高等教育在人才培养的层次、要求和范围等方面进一步提高，高等教育的人才培养重心逐渐向研究生教育发展。4年全日制的运动训练专业在体育人才培养中只能作为高等教育体育人才培养的基础阶段，因此也可以考虑将高校运动训练专业的人才培养规格定位在"初级专门人才"这一层次上。

（3）科学合理的课程设置

实现运动训练专业培养目标的关键就是围绕培养目标开设科学合理的体育相关课程。针对不同的培养目标设立相应的课程，使课程始终为培养目标服务。课程的设置还要考虑生源的特点。高校运动训练专业的学生很多来自运动学校、专业运动队、体育俱乐部及体工队。这些学生大部分从小就进行体育专业训练，文化知识水平相对低，专业技能较高。针对这样的生源特点在开设课程方面要注意理论知识学习的广度和深度，要着重强调基础理论知识的学习，而且课程的覆盖面要广，全面提高这一群体的综合素质。在课程设置方面要与体育教育专业、社会体育专业等其他专业区分开来，但也要部分与之融合开展，提高社会竞争力。

五、组织形式的差异

（一）体育教学的组织形式

在教学方法和手段上，以身体练习为主。多采用启发式教学，着重开发学生的智力，培养学生的独立锻炼能力，促使学生克服依赖性，增强主动性，减少盲目性，提高自觉性。体育课要实行开放式教学，组织形式应多样化，以个人爱好和特长的发挥为主，调动学生学习的主动性、积极性，促进个性发展。

1. 体育教学组织形式概念的含义

体育教学组织形式概念的含义包括以下几点：

体育教学组织形式是围绕一定的教学内容而设计的。不同的教学内容必然要求与之相适应的组织形式。如武术教学可采用全班集体上课，而表现为各种技能、技巧的程序性教学则应尽可能做到教学的个别化。

体育教学组织形式直接体现为师生相互作用的方式。这种作用方式既可以是直接的，也可以是间接的，既可在班集体中进行，也可在小组内或个体间进行。

师生的活动必须在一定的时空背景中完成，且要遵循各种互动方式所要求的规范和程序。

以体育教学组织形式为纽带，把各种教学要素，如教学内容、教学方法、教学手段以一定的教学程序集结起来，方能确保教学活动的完成。

2. 体育教学组织形式的特点

（1）体育教学组织形式的多维性

体育教学组织形式反映的是教学活动中人员、时间和空间的组织和安排，当我们从教学组织形式的角度来说明一种教学活动时，我们至少必须从人员、时间和空间等方面来加以考虑，否则就不可能对教学组织形式有全面的了解。教学组织形式的多维性也决定了体育教学活动是多种教学组织形式，即人员的、时间的和空间的组织形式同时并存的。例如，某种体育教学活动在教学的组织上是采取分组教学、在教师的组织上是采取小队教学、在时间的组织上是采取活动课时制、在空间上是采取课堂教学等。也正因为教学组织形式在客观上是多维的，因此对它的研究要全面、完整地进行。

（2）体育教学组织形式的多样性

体育教学组织形式的多样性与教学组织形式的多维性具有密切的关系，但从体育教学组织本身的历史发展过程来看，也是从简单到复杂、由单一向多样发展的，如个别教学—班级教学—分组教学—友伴群体教学等。但这种发展过程并不意味着后一种形式对前一种形式的否定，而更多的是表现为一种补充和发展。因此，当代体育教学组织形式的现状是多种教学形式并存、共同发展。体育教学组织形式的多样化又是与它的各种制约因素如教学目标、教学内容、教学对象等分不开的。随着人们对教学目标的认识更加全面，对体育教学内容、结构的研究更加深入，以及对教学对象和特点的认识更加科学化，势必会导致体育教学组织形式出现新的发展和变化，从而使得体育教学组织形式更加多种多样。

（3）班级教学制仍是体育教学的基本组织形式

这里我们所说的班级教学制不仅仅就学生的组织而言，而且包含体育课堂教学。由它们构成的班级教学空间的组织教学制，长期以来对体育教学实践产生了十分重要的影响，其本身的优点是其他教学组织形式无法取代的。正因为这样，到今天它仍具有顽强的生命力，依然是世界各国学校体育教学的基本组织形式。当然，班级教学制有不能很好地顾及学生的个别差异、忽视因材施教等局限性，表明班级教学制在今后要得到不断发展和完善，也说明其他起辅助或补充作用的教学组织形式也是不可忽略的。

3. 体育教学的基本组织形式

体育教学的基本形式有个别教学、班级教学、分组教学和友伴群体教学。根据平时教学实践，分组教学是按一定标准将学生分成几个小组，以组为单位进行教学指导。这种组织形式既保留了班级教学的长处，又能在一定程度上解决区别对待的问题。在体育教学中应更多地从学生客观的学习实际出发，按照他们的体能和运动技能、兴趣和爱好等情况，让学生自低到高地自我选组定位，从而使教学贴近于他们的实际，使不同学生的不同需要得到发展。

4. 体育教学组织形式的意义

体育教学组织形式在教学论中有综合、集结性的性质，是体育教学目标和教学内容得以实现的保证。体育教学目标的达成、教学过程的实现、教学原则的体现、教学方法的运用等，最终都要综合、集结、具体落实到一定的体育组织形式中，要以各种各样的结构方式组织起来，开展活动，并表现为一定的时间序列，发挥其集合作用。不同的体育教学方法、手段只有运用于相应的教学组织形式中，才能发挥其效用，方法和形式总是不能截然分开的。同样，体育教学内容的实施、教学原则的贯彻、教学过程的顺利展开，直至教学任务的完成都要体现在一定的教学组织形式中。体育教学组织形式是体育教学的具体的落脚点，带有综合、集结性的性质。所以，教学组织形式是否科学、合理具有重要的理论意义，对教学活动的开展和效果有直接的影响。

科学地确定体育教学的组织形式，有助于大面积地提高学生的学习质量。体育教学组织形式是联系教师教和学生学习的方式，它研究如何将教师和学生组织起来；教学场地、时间和空间的安排及其科学分配，体育教学的内容、规律、原则、方法如何更好地组织起来并发挥作用的问题。因为合理地确定教学中教师与学生的人员组合，科学地安排教学活动的组织程序，可以充分利用有限的场地、器材、设备，尤其在物质条件不充足的条件下，更要周密地安排，以最大限度地发挥体育教学系统的功能，大面积地提高学生的学习质量，因此，研究体育教学的组织形式具有特殊重要的意义。

体育教学组织对于发展学生的个性和情感培养具有重要的作用。从某种意义上讲，体育教学组织形式所反映的是在学校中师生之间及学生相互之间的交往方式。这种方式对于学生的个性、情感和学习态度等会产生重要的影响。如在班级教学条件下，有助于培养学生良好的人际关系，形成健全的个性品质。又如，一些运用得当的分组教学，如友伴群体教学、兴趣分组教学等，不仅可以大面积提高学生的学业成绩，而且能满足学生的心理需要，促进他们情感的健康发展，进而提高他们学习的主动性和积极性。同时，采用合理的体育教学组织形式，还有利于教学活动的多样化，有利于解决因材施教的问题，促使学生的兴趣、能力、特长、个性得到更好的发展。

（二）运动训练的组织形式

运动训练在训练方法和手段上，以提高专项运动成绩为主，讲课要细精结合，着重发掘运动员的运动潜力，培养运动员勇敢顽强、奋力拼搏的精神。运动训练课都以专门性与专业性为主，有利于发展个人的专项能力，以巩固提高个人的专项运动成绩。

1. 确定课的任务

课的任务是根据队、个人阶段计划、周计划的主要任务、重点要求，以及队员的具体情况来确定的。

一堂课的任务的确定，应具体而符合实际，是一次课能完成的，便于检查的，因此不能只提出几个动作的名称或只笼统地提出发展身体素质或进行身体训练。这些任务提得不具体，就不是一堂训练课所能完成的，在一周、一个阶段甚至全年都可以这样提，所以在一次课中根本看不出任务的完成情况，这就影响课的质量。

2. 要求

一般在一次课中为完成课的任务，应提出一定的要求，包括作风、技术动作的规格与指标、素质的指标、战术要求等，这对于完成课的任务是有利的。

3. 关于技术训练、身体训练的时间和比重问题

（1）时间

进行技术训练或身体训练的时间长短，应根据项目、阶段、任务、对象的不同而定。

（2）比重

比重也是如此，但一般来说，以技术训练为主的课，则技术部分占20%~80%，以身体训练为主的课，则身体素质部分占30%~70%。这是指综合课而言，如是单一的技术课或身体训练课就不存在比重的问题。

4. 运动量

大强度、大运动量训练是当前国内外训练中被普遍运用的重要原则之一，没有大强度、大

运动量训练，要想提高身体训练水平、取得优异成绩并达到世界先进水平是不可能的。

在一周内运动量的安排应有节奏，一般应有两个高潮，而且应出现在训练的重点时期。

在一堂课中运动量的安排应符合课的任务、项目特点、对象水平、人体生理机能活动规律等。

5. 一堂训练课的安排

（1）做好准备工作

1）为了上好训练课、提高质量，课前做好充分准备是必要的，主要有下列几项工作：解决队员的思想问题，以及在技术、战术、身体素质等方面要解决的问题。

2）编写教案。

教案是一次训练课的具体计划，在做好准备工作的基础上，把一堂课的任务、要求、内容、手段、方法、量、时间等写出来，能帮助我们细致安排好训练课，在课中除特殊情况外，不得轻易改变计划。

（2）训练开始

在实践中训练课分为准备、基本和结束部分。

1）准备部分

时间。准备部分的时间长短和课的总时间、任务、内容、气候有关，一般20分钟左右。

任务与内容。进行动员，交代课的任务。教练员用精练、生动的语言，交代课的任务与要求，使队员在思想上都能明确，同时把队员的干劲、情绪调动起来，形成一种良好的训练气氛，这对完成训练任务是必需的。

身体准备是通过准备活动逐渐增加强度，克服骨肉及内脏器官系统机能上的情况，来提高各器官系统的机能，以适应基本部分即将进行的训练，同时对于防止肌肉、肌腱拉伤也有很大作用。

2）基本部分

时间。一般来讲，去掉准备部分和结束部分的时间即为基本部分的时间，因此不能固定，这和任务特别是项目的性质有很大关系。

内容的安排。为了使安排的内容、手段达到预期的目的和效果，应考虑以下两点：

一堂课有两个以上内容时，凡是新的、容易的内容，放在基本部分的前半部，复习的、难的、易引起兴奋的放在基本部分的后半部。

从身体素质来看，速度、灵敏一类的内容，放在基本部分的前半部，而力量、耐力、柔韧的动作放在基本部分的后半部。

总之，应以有利于提高身体训练水平和运动技术水平为原则。

3）结束部分

时间。一般15分钟左右

整理活动。人体在激烈运动后，使各种机能转入安静状态是有一个过程的，而做好整理活动有助于这个过程的转化，如氧债的偿还，循环、呼吸机能的恢复等。另外肌肉在强烈收缩后，常常会有保持缩短状态的现象，使肌肉紧张，动作发僵，做一些放松练习，特别是伸展性的练习，有利于改变神经系统和肌肉的紧张状态，有助于能力的恢复，便于第二天更好地进行训练。

（三）组织形式差异分析

无论是体育教学还是运动训练，在组织形式上都是按照一定的运动规律进行的，体育教学和运动训练两者都不能超越或避开这些客观规律。

六、内容与教法选择的差异

（一）教学内容的选择

体育教学与运动训练在内容上基本以体育生物科学基础理论知识、体育人文社会学科基础理论知识和行为科学管理的知识为主。形象思维和身体练习相结合始终贯穿着两者内容的主线，身体练习是它们具体内容的表达形式。

（二）教学方法的选择

体育教学与运动训练在方法和途径上是相互渗透和相互结合的。它们都以身体练习为主，都是教与学、练的双边活动，教学中有训练、训练中有教学，采用的方法与手段、途径有许多相同之处。

七、评价体系的差异

（一）客观评价与主观评价相结合

在体育课程中，客观评价比较适合于对体能和运动技能作出评价，但很难评价学生的学习态度、习惯养成、意志品质、自信心、自尊心和合作意识。因此，体育课的评价应该制定一种定量与定性相结合、以衡量学生健康水平为主的评价体系。

（二）终结性评价与过程性评价相结合

体育课目前依然重视终结性评价，忽视过程性评价。许多人认为终结性评价简便易行，能做出准确判断；而过程性评价比较麻烦，不易操作，不能准确评定学习结果。只有过程性评价与终结性评价相结合，才有助于绝对性评价与相对性评价相结合。这些年来，国外许多国家对体育课程的学习评价，特别是对体能和运动技能的评价，往往是把绝对性评价与相对性评价结合起来。相对性评价有助于学生看到自己通过努力所取得的进步，从而建立起对体育学习的自信心。

（三）未来的体育课要注意两个方面的问题

一是相对性评价要简便、易操作，不能过多增加体育教师的负担；二是相对性评价要与绝对性评价相结合。由单一内容评价向多元内容评价转变。20世纪90年代以来，国外一些发达国家就普遍重视综合性地评价学生的体育学习情况。日本对体育学习的评价内容包括关心、态度、思考和判断、技能和表现、知识和理解等，并把关心、意志和态度放在评价内容的首要位置。我国未来的体育课程将会强调对学生体育学习的多元评价。

第二节　运动训练与体育教学的相同性

从相同点来看，体育教学和运动训练都是以体育为主要教学内容的，对教学场地及器材的要求都比较高，并且都以成绩来评估教学效果。无论是在内容上，还是在形式上两者之间都是相互促进、相互融合的。

一、二者都是理论的具体表现形式

无论是体育教学，还是运动训练都需要将体育理论落实在实践上，将理论展现在具体应用之中。体育教学展现的不仅仅是体育专业理论，还有教学基础理论。而运动训练想要顺利开展也离不开体育理论的有效支撑。体育教学和运动训练都是体育理论的具体展现，都是一种具体表现形式，这是二者所共同表现的地方。

（一）都是培养人的手段，目的是培养和塑造人

体育教学的目标是以增强学生体质、开发学生体力、智力，促进学生全面发展，以提高精神生活质量为主，目的是培养学生成为德、智、体、美、劳等方面（包括身体健康、身体发展、身心健康等）全面发展的社会主义建设人才。

同样，运动训练的目标也是通过不断提高运动成绩、创纪录、夺金牌、为国争光等手段来达到培养人和塑造人为社会主义建设服务的目的。因此，体育教学与运动训练都是培养和塑造人的手段，两者都是为了提高人的身体机能和文化精神素质而进行的教育过程。

（二）都是教与学的双边活动

体育教学是在教师的指导和学生的参与下，按照教育计划和体育教学大纲的要求，锻炼身体，增强体质，学习掌握一定的体育知识、技术、技能，培养思想道德品质的有目的有组织的教育过程。体育教师掌握着教学方向、进度和内容，用自己良好的思想品德、丰富的知识、高超的运动技艺，活泼、生动的形象教育和影响学生，在教学中发挥主导作用。学生是学习的主体，其学习目的、态度、动机、积极性、身体状况、兴趣、思维能力、情绪等都直接影响教学效果。

运动训练是在教练的指导和运动的直接参与下按全年训练计划、阶段或周的训练计划组织要求，发展运动员的集体能力，使其熟练掌握技术、战术，提高比赛能力，达到为集体、为国争光的目的。同样，运动员的训练动机、态度、主动性和积极性也是直接影响训练质量的主要因素。因此，只有教与学两者共同努力、积极配合、协调一致，才能取得最大的效果。

二、二者都对参与者起到了积极作用

体育教学涉及更多学生参与其中，通过教学活动的有效开展，整个体育教学将会推动参与学生在掌握必要体育知识的同时，保持良好心情，同时养成良好习惯，助推全面发展，其积极效果是极其深刻的。而对运动训练来说，参与者通过系统学习，深化理解认识，有效提升了自身水平，打破了自身成绩。而对参与者来说，成绩的突破和提升有着难以估量的作用。

（一）都受身体、生理、心理三方面的影响

无论是体育教学还是运动训练，在安排教学与训练的时候都必须根据个体的实际情况，从身体、生理、心理这几个方面的实际情况科学安排教学和训练内容，教学和训练的手段、方法，练习的密度，运动负荷的大小，要根据个体生长发育的规律和生理特点来安排运动量的大小，因此两者都受到这三方面的影响。

（二）都受场地、器材和环境的影响

体育教学和运动训练都受到场地和器材的制约，场地器材条件不完善，就无法保证教学和训练的正常进行，更谈不上作用和效果，与此同时，良好的教学与训练环境也是主要的影响因素，如高原地区的气候比较适合训练运动员的耐力，提高运动员在缺氧环境下身体的运动能力，在这种环境下训练，要比在平地上训练效果要大得多。因而不能忽视环境对这两者的影响。

（三）都须防病、防伤和注意安全

防病、防伤是体育教学和运动训练都必须重视的工作，任何伤病都会直接影响教学和训练的正常进行，使教学和训练计划安排不能按时、按质、按量完成。

三、二者都需要依据时代变化而丰富自身形式、变革自身内容

当今世界，变化万千。随着时代要求的不断提升，要想适应这一变化，就需要改变传统教学方式，变革教育形式，由封闭教学、机械教学转化为创造性教学、思维教学。整个教育观念发生了质的变化。不断变化的时代形势，使得无论是体育教学，还是运动训练都需要依据时代变化，丰富和发展教学内容，紧跟时代发展步伐，在变化发展的过程之中，转变旧的、落后的发展方式和成长理念。

（一）都是以身体练习为主，参加实践运动并承受运动负荷

体育教学的目的是锻炼身体，增强体质，必须以身体练习为主要手段，通过参加实践运动并承受适当的运动负荷，才能达到锻炼身体、增强体质的目的。而运动训练的目的是提高运动成绩，也只有通过身体练习，承受大运动量和极限性的运动负荷，通过人体的超量恢复获得。体育注重的是身体健康，运动训练注重的是运动成绩的提高。

（二）相互渗透，相辅相成

教中有练，练中有教。通过体育教学能提高运动技术水平，培养优秀体育人才。不少取得优异成绩的优秀运动员，多数是在体育教学中受过良好的训练。长期的教学与训练经验告诉我们，要培养高水平的运动员，必须从小抓起，并经长期培养和训练，方能达到世界先进水平。实践证明，学校群体活动是办好学校高水平运动队的基础，而学校高水平运动队是向国家培养和输送优秀运动员的基地。因此，体育教学是运动训练的基础。学校教学具有传递竞技体育文化的功能和任务。任何一门学科都有必须掌握的技能，但能全面地发展人的技能的学科，只有体育一科。学生在掌握技术的过程中，同时也掌握了技能。学生并不喜欢那些简单的练习，缺乏娱乐性、竞技性的练习，是难以持久的，而运动是具有娱乐、竞争等属性的身体活动，这些

特性尤其适合激发青年人的求知欲、好胜心、好奇心及冒险精神。运动训练作为体育教学的主要内容可以唤起学生的学习欲望，提高学习兴趣，可以有效地增强学生的体质。因此，运动训练对体育教学有促进作用。两者都要根据个人的实际情况因材施教，精讲多练。

（三）都必须贯彻思想教育

体育教学必须教育学生热爱中国共产党，热爱社会主义祖国，培养学生集体主义精神和勇敢顽强的意志，增强学生的组织纪律性，提高学生的思想品德，使学生具有高尚的道德情操，愿为祖国四化建设拼搏献身。运动训练要教育运动员胸怀祖国，放眼世界，顽强拼搏，争金夺银，为国争光，报效祖国。两者都要以思想指导实践，从正面引导学生和运动员积极锻炼，努力拼搏。

（四）均重视形象思维和身体活动相结合

由于体育教学与运动训练都和身体活动有关，肢体必须按照一定的动作路线有规律地进行活动，在教学和训练中，为了让学生和运动员在视觉上和听觉上有所感受，使学生直观上对学习的动作方法、动作路线有所认识，在大脑中形成正确的动作概念，在教学和训练中必须重视动作学习的讲解示范，重视形象思维和身体活动相结合才能迅速正确地掌握技术动作，为以后的各种学习和训练打下基础。

（五）都是构成体育的重要组成部分

体育包含有学校体育、竞技体育、大众体育三个方面，其中体育教学是学校体育的重要部分，也是学校体育的主要表现。运动训练是竞技体育的主要部分，因此两者都是构成体育的重要组成部分。

四、高校体育教学与拓展训练相关性的理论

现代体育教学理念中强调素质教育和主体性教育。主体性教育理念强调增强学生主体意识和主体自我控制能力，培养和提高学生在教学活动中的能动性、主体性和创造性，使学生具有自我教育、自我管理和自我完善的能力。素质教育的理念也强调要培养学生顽强果敢、坚韧不拔的意志品质；培养学生团结协作、乐于助人的道德风尚，建立和谐人际关系；培养学生创新意识等。拓展训练正是基于情境设计的体验式教学模式。它强调创建学生的个人经验，让学生进行体验、探究、感悟。由于拓展训练适应了时代完善人格、提高素质和回归自然的需要，成为体育教育的新时尚。

（一）高校公共体育健康课程开设拓展训练的理论分析

拓展训练是为了培养人和教育人而产生的、而发展的。培养人是拓展训练的本质。由于高校是大学生步入社会的最后一站，因此培养大学生的社会素质尤为重要。首先，要掌握社会知识，社会知识是文化经验的客观积累，作为生活世界的社会知识包括与他人良好的沟通能力、协作能力等。"1+1＞2""没有完美的个人，只有完美的团队"等口号的提出体现了团队精神的重要。在拓展训练团队建设课程中，团队成员要共同达到和完成同一个目标，在营造的特殊情境中遇到种种障碍和困难，一个人是不能完成任务的，这个时候就要通过与团队成员进行多维度的沟通，身体上的、语言上的、思想上的都要进行交流。在达到团队目标之前要充分信任

自己的同伴，信任是有生命力的，是一种高尚的情感。当开始信任他人的时候，人与人之间便会出现一个纽带，使身在困境中的人摆脱沮丧。人的存在是人际的，人的思维需要人际间的思维互动。拓展训练就可以为这种互动提供足够的空间，让每一位参加拓展训练的学生能平等地对话，使他们的声音自由地作用于自己，使大家在对话中的思想火花、情感共鸣、精神陶冶生成新的经验、思想和知识，促进个体成长。

1. 拓展训练的理论基础

拓展训练的发展，除了以户外运动作为它的可直观行为外，人们更多地将拓展训练与其他诸多学科联系在一起，诸如心理学、生理学、教育学、管理学等，正是相关学科成熟的知识体系在拓展训练中的大胆运用，拓展训练本身显得更加充实，这也对拓展训练的发展产生了促进作用。

（1）心理学是拓展训练对个体发展影响研究的基础

拓展训练的项目本身只是学生学习知识与完善自我的一个载体，因此在参与拓展训练时不仅注重参与者的心理感受，同时关注参与者真实的心理反应，拓展训练中的规则与计划都是事先制定的，活动主要是为了解决项目中的各种问题，在各个问题解决的过程中，学生会得到各自的认知，在体验后与大家分享，换位思考别人的认知与自己的差异，得到再次的学习。拓展训练涉及认知发展理论、实用主义学说、行为主义理论等心理学方面的知识。

（2）教育学是拓展训练教育价值体现的依据

杜威的实用主义教育理论，主张在实际生活中学习，提出"教育即生活""教育即成长""学校即社会"和"从做中学"，为拓展训练奠定了教育学基础。拓展训练作为一种突破传统体育教育思维和模式的要求的全新学习与教育方式，在场景设计过程中，是将生活中的许多可能遇到又可能发生的问题在时间与空间上进行合理控制，给予学生一个新奇、有趣，但又需要付出努力的过程。而且这一过程需要合理的个体与团队行动方式才可以完成，成为学生心理发展的动力，最大限度地调动学生的主观能动性，使学生朝着积极的方向发展。

（3）管理学是拓展训练内涵的重要体现

拓展训练课程设置给学生带来了管理的理念，不仅培养学生基本的管理能力，同学之间的沟通、协调与决策能力也是很必要的。此外，关于管理环境，关于计划的制定，关于组织、领导、控制等理论也会在拓展训练中适时被提起。

（4）组织行为学为拓展训练提供了帮助

组织行为学是拓展训练理论体系的一个重要支柱。尤其在分享回顾与心智提升环节上，个人挑战项目中关于个性分析、关于直接与个体决策的联系、关于最优化决策模型，以及价值观的分析、个体的激励等都是经常被运用的理论知识点。

2. 拓展训练的价值选择

（1）有利于对传统教学模式的改革和学生整体素质的提高

21世纪是知识经济世纪，每个人都面临着知识的不断更新而带来的巨大挑战，为了适应社会，跟上时代发展的步伐，我们必须开发有效的学习手段来增强自己的学习能力。拓展训练"先行后知"的体验式学习方式打破了传统的以"教"为主的教育模式，让学生在愉快、积极的参与中学到知识、领悟道理，用亲身体验来挖掘自己的潜能，培养创新精神和实践能力，促进果敢、顽强、自信、团结等优良品格的形成。同时，拓展训练"团队合作学习"的方式打破了传统教育中以独善为主的教育模式，让学生在集体学中、合作中、在矛盾中、在解决问题的过程中掌握适应社会的知识、领悟做人的道理，通过亲身体验来培养学生的集体主义精神。

（2）有利于培养学生的创造精神和创造性人才

常规的体育教学一个致命的弱点就是在教学过程中只重视对学生进行知识的传授和技能的教学，并把传授知识和技能当作教学的最终目的。尽管近几年一直强调教学要以学生为主体，但实际上以教师为主学生为辅的传统教育方式始终没有多大改变，传统的教学，把社会角色的制定与学生的全面发展分割开来，这样不利于学生个性的发展，不利于培养具有创造精神和创造性的人才，在拓展训练运动中学习的主体是学生，学生在充分参与过程中体会到学习有莫大的乐趣，拓展训练以其特有的教学方式，灵活多变的教学内容，将对培养高素质的复合型人才产生积极的影响。

（3）拓展训练的结构要素

第一层次：传统的理论学习部分

主要包括：讲解拓展训练的基本知识；掌握训练任务应具备的基本能力；在活动中应注意的行为规范与安全要求；可能遇到的困难及如何用积极心态面对等。

第二层次：依据学校条件进行项目选择

主要包括：第一，在团队支持下，以个人挑战为主的风险较低的项目，其目的是培养学生勇敢顽强的精神；第二，以团队挑战为主风险较低的拓展项目，其目的是培养学生团队协作、集体主义精神；第三，以提高学生心理承受能力为主风险相对较高、在团队配合参与下进行的项目。

（4）拓展训练在高校公共体育健康课程中发展的预测

我国拓展训练在学校的开展，随着受学生欢迎的程度越来越高、合格的体育教师不断增多，在校园中开展拓展训练是完全可行的，它不受场地、器材、师资等条件的限制，学习方式灵活多样，项目设计安全性高、内容丰富并且融入知识性与趣味性。拓展训练是对传统学习模式的探索与发展，是在其基础上的一种学习模式的突破，它不是对传统教学的背离与反驳，也不是完全脱离常规学习的纯粹体验，在现有的教育体制下，合理地发展拓展训练是非常必要的，有利于丰富体育教学模式，对深化教育改革和全面推进素质教育具有重要的意义。

（5）拓展训练的特点

拓展训练在国外多是以极限运动的方式出现，但在引入中国后进行了有针对性的适应改良，使其成为以户外自然环境为主，体能活动为引导，心理挑战为要求，完善人格为目标的新兴体育运动与健康课程。体育学习并不是一个单纯的技能学习不断循环的过程，而应该是在学生通过体育锻炼和学习提高身体素质的同时还能够提升自我的螺旋上升的过程。

拓展训练是一种体验式的教学。体验式学习的教育观使大学体育课程重获新生，这种教育方法能够把抽象的知识转变为学生生活和学习中可以用到的具体事实，其实，体验式学习不是一套教育方法，而是对现实的陈述：学生的学习的确来自他们的经验，经验是个体在危急和恐惧时留下的，经验使得学生的秉性、灵感和创造力在逻辑研究、实验假设和现实世界中有机会得到充分施展。拓展训练就是专门针对某一个主题去设计模拟的情境，这个情境能够创造出学生的个人经验。由于现实世界是繁杂的，不可预见的，所以经验的积累对于学生而言非常重要。拓展训练以学生的体验学习为主，使每一个体验的阶段都有继续发展的可能性。学生在解决问题的过程中获得了知识和技能，在拓展训练模拟情境中学会多角度考虑问题和解决问题的有效手段，并在今后的学习中不断延续下去。

拓展训练是一种探究式的学习。以问题为本的学习是以问题为起点，通过学生共同解决问题，从而获得知识与发展能力的学习。拓展训练把"探究式学习"的教学模式借鉴到体育课程当中，以现实问题为出发点，首先让学生面对问题，然后使学生为解决问题而有目的、有针对性地寻找知识，因此问题就成为了选择哪些知识的依据。获取知识与运用知识的能力同等重要，学生习惯于照本宣科、生拉硬拽书本上的理论解决问题，但是过于陈旧的理论知识已经不能完全解决瞬息万变的环境中存在的现实问题，"教育即生活""教育即生长""学校即社会"，更要求学生要具备丰富的知识，学会收集知识，并形成活学活用的能力。在拓展训练的拟真情境中，学生开始探索解决问题的方法，在此过程中激活了原有的知识，并以此为基点，启发创新思想，让学生通过解决拟真的问题构建知识，培养学生应用知识的技能与发展解决问题的能力。在拓展训练中，教师充当问题的设计者，问题的设计都是现实中相类似事件的真实反映，或以学生在未来职业生涯中可能遇到的困难为问题的起点，让学生在拟真的情境中根据自己的知识和经验妥善解决。

拓展训练以学生为主体建构。在常规的体育教学中，教师的主导作用和学生的主体作用没有被很好地认清，常常出现教师滔滔不绝地讲，主宰课堂，而学生被动吸收知识和技能，学生并没有积极主动参与学习的意识。苏格拉底说：教育不是灌输，而是点燃火焰，拓展训练的教学方式使教师从单向传授变为课程的设计者和引导者，让学生成为课堂的主角，使学生从以往的被动接受转为主动探求、思考解决问题，在做中学，在学中思。这种主动精神会促进教学活动向广泛深入的程度发展，促进学生认知的发展，学习能力的形成，知识的获得及智能的提高。

拓展训练强调更高效的团队协作。团队协作包含团队中的人际关系、领导能力、个人责任和团队精神等社会性主题。汇集了协调、沟通、勇气、毅力、荣誉、责任、技巧、体能、规划、合作等多项素质，这些都是在常规体育课中表现不充分或者体现不明显的。拓展训练可以深入引导学生思考、诠释、判断、计划、检讨和修正等能力，而不是面对挑战恐惧退缩。

（6）拓展训练采用全新的教学理念

拓展训练课以体验教学模式贯穿课堂，使学生获得直接经验和知识。知识是通过经验转换创造得来的，依赖获取经验和转换经验的结合。拓展训练课为学生获取知识创造便捷的途径。将学习变成体验的转换和创造知识的过程。拓展训练营造出的问题情境能够引导学生去主动思考，主动构建知识，合作学习的情境将使学生在学习中发展交流与合作的能力。拓展训练教学程序是挑战体验——反思观察及醒思——分享回顾——引导总结——提升心智——改变行为。第一个阶段，学生在模拟情境的课堂中接到任务进行亲身实践体验，第二个阶段，学生在任务完成的过程中开始资料搜集，然后加工分析资料运用于指导实践。进入到第三个阶段时，一组学员围坐在一起，把自己刚刚体验后的感受与大家分享，这样，经验的交流就无形中增加了数倍，这是拓展训练闪亮魅力之一。第四阶段，教师运用语言技巧引导学生的心智向积极正确的方向归拢。第五个阶段，当学生的观点与心智趋向成熟时，教师根据学生最终的讨论结果与相关理论紧密结合，进行归纳总结，将学生的感性认识提升到理性认识。最后的第六阶段，学生将通过实践获得的知识反馈到自身，继续在生活中体验，最终促进学生的学习、变化和成长。拓展训练学习情境对于学生的综合素质主动发展具有深远的意义，真实的学习情境可以吸引学生主动参与进学习中来，使其从中获得经验，而且学生在获取知识的途径上、思考问题的方法上与专家和实践者接近，这些对于提高学生解决实际问题的能力极其有利。

（7）拓展训练的教育功能更加全面

拓展训练融入了更多的方法手段和教学内容，使学习更为有效，实现了真正意义上的素质教育。在拓展训练课中学生可以充分地、开放地、没有任何偏见地参与到构建新经验中去，从多角度去观察反思自身的体验，明确个人价值观和个性倾向，可以帮助学生在集体中审视自我。最后编辑成逻辑语言进行自我评价和定位。

一般来讲，学生的决策和选择，决定着他们经历的事件，这些事件还会继续影响他们今后的选择。所以拓展训练课让学生预先体验这样的场景，通过学习后掌握的知识创造自己。根据过去在拓展训练课上的特殊经历与当前的环境要求，形成自己的学习方式。将行为与反思、直觉与分析性格冲突等信息及时处理，以便在今后的现实理解中把握现实，表现出高于其他学生的能力水平。拓展训练能够促使学生"能力循环"，促进学生发展寻找和发掘目标的技能，影响和领导他人的技能、个体融入群体的技能和与他人交流的技能。敏锐地感知他人情绪并作出判断、能够开拓思维、听取并收集信息、能够抓住含糊不清的言外之意。无论是教育改革还是课程改革都需要先进的教育理念作为指导。拓展训练的教育理念培养学生对知识的真实理解和把这些知识分享给其他人的能力。获得知识是不断选择和社会化的过程，拓展训练课秉持培养学生发现、发明或对未知新领域作出新解释的教育理念促进学生发展，实现课程改革。学习和发展是终生的过程，学校教育就承担着更多的责任，以帮助学生习得能够促进个人学习和发展的经验。学习知识可以使学生渡过难关，拓展训练为学生提供了一个"学习场"，使学习的过程融入学生通过彼此的对话建立、能够共同分享并能被理解的个人经验中。

拓展训练课真正使体育课回归到大自然中，让学生成为课堂的主体。借助师生间、学生间的鼓励、社会知识和个人知识的积极转换，促进了学生社会适应能力的提高。在拓展训练分享回顾部分通过语言获取知识以便学生能够预期、计划和对生活中即将面临的情境做出正确恰当的反应。

第四章 高校运动训练对体育教学发展的影响

第一节 提高教师和学生的安全防范意识

开展体育教学，体育教师不仅需要具备专业的体育理论知识，而且还需要具备一定的安全防范意识。体育教师只有不断加强自身的安全防范意识，在教学过程中才能够正确地引导和传授学生在参与运动训练时的安全防范意识。提高教师和学生安全防范意识，能够尽可能地减少在运动训练中出现的意外和危险。

一、高校体育训练安全问题的分类

高校体育安全问题按照其地点不同可分为校内与校外安全问题；按对象不同可分为人员、项目损伤部位与级别、物质安全问题等；按承担责任对象不同可分为教师及管理人员责任、学生责任及混合性责任。

（一）按地点不同所划分的体育安全问题

按照发生的地点不同来划分，可以分为校内体育安全问题和校外体育安全问题，其中校内体育安全问题归纳为课内体育安全问题和课外体育安全问题；校外体育安全问题又主要有学校组织的校外体育活动安全问题或竞赛中发生的体育安全问题和学生自发组织参与的校外体育活动安全问题或竞赛中发生的体育安全问题。

1. 校内体育安全问题

（1）体育教学中的安全问题

体育教学中的安全问题是指：教师在学校里对学生进行体育课堂教学时间内，因为各种各样的原因而引发的体育安全事故。

（2）课外体育活动中的安全问题

所谓课外体育安全问题就是指学生在学校范围内，由学生自主参加体育课堂教学以外的体育活动过程中所发生的安全问题、它包括课外体育锻炼、课外体育训练、课外体育竞赛等过程中发生的安全问题。

课外体育锻炼中的安全问题是指，学生在学校体育课堂教学以外的时间内，运用各种身体练习和多种方法，以发展身体、增进健康、提高运动技术水平和丰富业余文化生活为目的，而进行的多种形式的体育活动过程中，所发生的安全问题。

课外体育训练中的安全问题是指有一定体育运动特长的学生利用体育课堂教学以外的时间内进行体育训练，培养竞技能力，使他们的运动才能得以发展和提高的一个专门组织的教育过程中，所发生的安全问题。

课外体育竞赛中的安全问题是指学生在学校体育课堂教学以外的时间参与丰富课余文化体育生活、增强学生体质的体育比赛中所产生的安全问题。

2. 校外体育安全问题

校外体育安全问题是指学生在学校范围以外发生的，由学校或其他社会机构组织的学校范围以外，有关体育教学、锻炼、训练、竞赛等活动中引发的安全问题。主要分为学校组织的校外体育活动或竞赛及学生自我组织的各项体育活动中发生的体育安全问题，其中学校组织的到校外参加的各种全国、省、市的大型体育赛事，如大超、飞利浦足球赛、全国大学生运动会等出现的体育安全问题；学生自发组织参与的校外体育活动或竞赛中发生的体育安全问题，就是学生自发地参加在校外进行的体育比赛和体育活动中出现的安全问题，如：几个学生组织一个篮球队在校外与别的球队进行比赛中出现的体育安全问题等。

（二）按对象不同所划分的体育安全问题

高校体育安全问题按照发生体育安全事故的对象不同可以分为体育安全中人的安全问题和物资的安全问题。

1. 人员安全问题

按人的身份不同可以分为体育教师的安全问题和学生的安全问题。在体育教学中，除了学生在进行体育活动过程中发生体育安全事故，教师在进行体育教学时也会发生体育安全事故。如：在上体操课时，学生由于各种原因受伤或教师在保护学生做动作时，被学生身体砸伤等。

2. 项目安全问题

按不同的运动项目造成人的安全问题可分为：学生在参加田径（跑、跳、投）、篮球、足球、排球、羽毛球、乒乓球、网球、武术、跆拳道、健美操、体育舞蹈、定向运动、台球、游泳，其中还包括北方特有的体育项目，如：滑冰、滑雪、冰球、冰壶等运动项目时发生的安全事故。

3. 损伤部位、类型与分级问题

按人发生体育安全事故受伤部位可分为：造成头、颈、肩、肘、腕、手、胸、腹、腰、腿、膝、踝、足等受伤的体育安全事故。

按人发生体育安全事故受伤类型可分为：戳伤、擦伤、拉伤、扭伤、劳损、抽筋、脱臼、骨折等体育安全事故。

按照严重程度可以分为Ⅰ级（特别重大）：指由体育活动引起的死亡，不论从致伤至致死亡时间的长短；Ⅱ级（重大）：指由体育活动引起的"永久性伤害"，指除死亡外，在一次体育事故中使受害人永久性和完全残疾，如眼睛失明等；Ⅲ级（较大）：指由体育活动引起的暂时性伤害，指不导致死亡和永久性伤害，但遭遇事故后，失去学习及工作能力24小时以上，需要到门诊治疗的；Ⅳ级（一般）：指由体育活动引起的治疗性伤害，暂时性的局部伤害，需要简单的治疗，但不丧失学习工作能力的。

4. 物资的安全问题

（1）场地的安全问题

因为体育场地的原因而造成体育安全问题。如：体育场地建设时规划不合理，不符合体育场地国家规定的标准而造成的安全问题；由于参加运动的人数，超过了场地负荷，而造成的体育安全问题；场地经过多年使用，由于破损而没有及时修复所造成的体育安全问题等。

（2）器材的安全问题

因为体育器材的原因而造成体育安全问题。如：对体育器材管理不规范而造成的体育安全问题；体育器材破损没有及时发现，有时在发现后没有及时维修而造成的体育安全问题等。

（3）资金的安全问题

资金是体育场地和器材的保障基础。资金不足会造成场地器材破损后不能及时修复；还有当安全事故造成人员受伤时不能进行有效、及时的赔偿等。

（三）按所承担责任对象划分的体育安全问题

高校体育安全问题按照发生体育安全事故后所承担责任的对象可以分为以下几点：

1. 学校责任的安全问题

学校责任的安全问题主要是指学校没有履行自己的职责，因为学校的过错而造成的体育安全事故。如：学校对体育教师、体育管理人员及学生没有及时地进行安全教育；平时对体育安全的宣传不够等。

2. 体育教师及体育管理人员责任的安全问题

体育教师及体育管理人员责任的安全问题主要是指：因为体育教师及体育管理人员工作不到位，而造成学生或者自己的体育安全事故。如：体育教师对安全的责任心不强；体育管理人员没有及时修理损坏的体育设施等。

3. 学生责任的安全问题

学生责任的安全问题主要是指学生因为自己的过错而造成自己或其他人发生的体育安全事故。如：在篮球比赛中学生有意或者无意将自己或对方弄伤等。

4. 混合性责任的安全问题

混合性责任的安全问题是指多方原因造成的体育安全事故的发生。这里主要是指学校、体育教师、体育管理人员及学生共同或其中几方造成的体育安全事故。如：在体育课上，学校并未采取体育安全的先行教育，而教师和学生也未引起重视，造成自己或他人受伤等。

二、高校体育训练中发生安全事故的原因

根据高校环境的复杂性和体育的特殊性，引起高校体育安全问题的因素涉及高校的各个方面，包括人、物资（体育场地、设施及资金等）、环境等原因所引起的体育安全事故，且又涉及管理等很多方面。因此把高校体育安全的影响因素分为学校管理因素、人员因素、物资因素和环境因素四类。如图4-1。

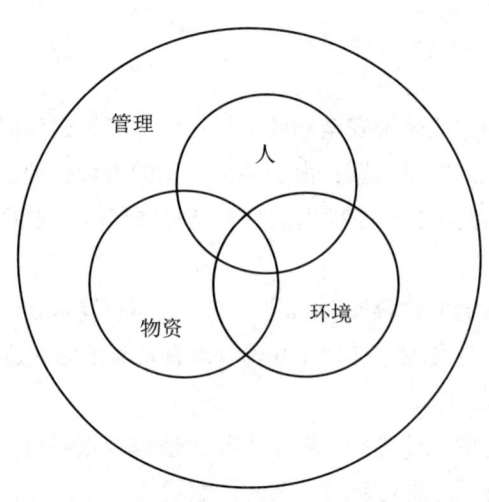

图 4-1 影响高校体育安全因素之间的关系

如图 4-1 所示，体育安全的影响因素主要有高校学校管理因素、人员因素、物资因素和环境因素四个分类，它们具有以下几个优点：一是学校管理因素、人员因素、物资因素和环境因素是构成高校体育安全的基本要素，具有普遍意义，它不仅适用于其他安全问题，同样适用于学校体育安全。二是该分类体现了高校体育安全不但是高校某个部门的管理责任，而且还是一个高校全体人员、物质及环境各方面相互作用、相互联系结合的过程。因为高校体育安全问题里的人员因素是指高校里的主体人（管理人员、体育教师、学生等），物资因素是指一切与体育安全有关的对象（资金、体育设施、体育场馆场地等），环境因素是指整个高校里特定的环境（包括内部环境和外部环境）；三是管理、人、物资、环境的划分，需考虑到四种因素对高校体育安全的影响，尤其是后三者相互间的作用，包括人—人、人—物资、物资—物资、物资—环境、人—环境及人—物资—环境。

上述分析中，似乎对人、物资、环境给予了过多的重视，而疏忽了一种更为重要的管理因素，事实上并非如此。人、物资、环境是管理的对象，而其中人又是管理的核心，则在对人—物资—环境三种影响因素的讨论中必然蕴含了管理因素。管理是相对于人、物资、环境而言的，它们是紧密相关的，不可分离的。只有把它们四种因素进行分析才能发现高校发生的体育安全问题，反馈到保障体系中，使保障体系顺利运转。所以将高校体育安全的因素分为管理因素、人员因素、物资因素和环境因素四种因素是具有可行性的。

（一）管理因素

管理对整个高校体育安全的作用是不可估计的。大家通过表面现象，认为高校发生体育安全问题是人员、物资或者环境等因素而导致的，其实通过对高校体育安全事故进行分析，发现大部分事故的发生都与管理问题有关。

1.学校体育安全管理的法律法规不健全

目前为止，我国针对高校体育安全保障的法规，只有部分条款与高校体育安全有所关联，但是针对性不够强。因此，在高校出现体育安全方面的问题时，就很难找到强有力的法律法规作为评判依据。这不仅对学校不利，而且对教师、学生、家庭及社会不利。

2.学校对体育教师的管理不严格

在高校的体育教学和训练中主导者是学校和体育教师，而主体者是参加体育教学和训练的学生。首先，学校没有很好地监督体育教师是否履行了他应该履行的责任；其次，学校因为疏忽等一些原因而聘用到一些不具备相关技术和资格的体育教师；最后，学校没有经常组织体育教师进行体育安全培训，增强体育教师的安全意识。所以，学校如果对体育教师的管理不严格，就会为体育教学埋下安全隐患。

3.学校对体育场地设施的管理不完善

现在体育器材的种类繁多，而不同的体育器材，都有其使用方法和注意事项。在体育教学结束后，教师没有监督学生及时收还器材，任凭一些有危险的器材随意摆放在操场上，无人看管，然而学生在不清楚使用方法和注意事项的情况下私自使用这些体育器材，容易造成体育事故发生。另外，很多体育器材都是长期放置在露天操场，每天日晒雨淋，年久失修又没有及时更换，以及体育器材安装不牢固、放置不合理等原因也会造成体育安全事故的发生。还有学校没有定期或不定期地组织人员对体育场地设施进行安全检查，有时发现了隐患没有引起足够的重视，没有及时排除、维修和增添器材设备，这样对学生参加体育活动增添了许多不安因素。最后，保护器材的不配套，如：体操垫太薄等，都是造成体育安全隐患的重要原因。

4.缺乏医务监督

由于大多数高校的校医院医疗条件和经费有限，高校新生的体检只进行常规性的健康检查，很难发现一些特殊的疾病。还有一部分新生因怕被同学嘲笑或被疏远等一些原因，对医生和体育教师隐瞒自己所患疾病，造成教师在安排体育课程时，没有特殊对待这部分学生，为体育教学过程中发生安全事故埋下了隐患；另外，体育场馆里并没有配备完善的医疗设备，体育场馆与校医院之间具有一定的距离，发生体育安全事故后，伤者不能得到及时的治疗和抢救。

（二）人员因素

高校的根本是"人"，没有"人"就不存在高校，更不存在高校体育安全问题。所以研究高校体育安全问题，主要就是研究"人"的安全问题。而高校是由教师和学生组成，所以关于人员因素分析主要是从教师因素和学生因素两方面入手。

1.教师因素

（1）教师对体育安全的责任心不强

大部分高校体育安全问题的发生，与教师的麻痹大意不无关系。对安全问题存在着片面认识或缺乏体育教学的安全意识，教师在体育教学前，没有对体育场地、器材的安全性进行检查，如：跳远时沙坑的沙子是否松弛、有无大石子等硬物；健身课时杠铃是否生锈、有无裂缝；场地器材的安装是否牢固；所用器材的大小、高低、重量是否合适等。还有上体育课时没有对学生的服装和鞋子是否符合体育课堂的标准，身上是否带有小刀、钥匙等危险物品等进行规范和检查。

（2）教师组织教学不严谨

因为体育的特殊性，教师在组织室外体育教学时应该比室内的课堂教学更加认真、严谨。但是，有的体育教师在体育教学中，示范体育基本技能的教学时组织方法不严谨、对动作基本规范强调不够或传授了错误的技术动作等，会造成学生对运动技术不熟练或对运动技术要领没有正确掌握等，这些都是引发体育安全问题的重要因素。

（3）教师在体育教学中安全意识不强

因为体育教师对教学过程中的安全性没有引起足够的重视，在体育教学中未能对学生实施有效保护措施或保护措施不当，就可能导致体育安全问题的发生。如：投掷项目进行练习时，学生被安排站立的位置不恰当；体操教学中未实施保护措施或措施不当等。

2. 学生因素

（1）学生安全意识不足

大多数学生容易片面理解"健康"的思想，认为只要进行体育活动就会对身体有好处，却忽视了在体育活动中的安全问题会给健康造成的伤害。然而，在体育活动中引发体育安全问题的一个重要原因是学生本人的安全意识不足，表现为：在进行体育活动过程中思想上麻痹大意，不注意检查场地和器材情况；在体育活动前缺乏准备活动和准备活动不合理；在练习中因畏难、恐惧而过分紧张和犹豫不决的情绪；在比赛中不遵守体育比赛规则，动作粗野等都是造成体育安全问题发生的原因。还有一部分学生组织纪律性不强，听课注意力不集中，对老师的再三强调不管不顾，这部分学生是体育安全问题的多发人群。

（2）学生心理控制能力差

现在的大学生是个特殊的群体，大部分都是独生子女，从小娇生惯养，心智发育相对滞后，还未完全成熟，并且现在大学生各种压力过大，表现为情绪的不稳定，甚至会产生攻击性行为。在进行体育活动过程中容易因自控能力的原因而造成自己或其他学生受到伤害。还有在体育活动过程中，学生在学习较难的技术动作时，由于胆小、害怕受伤等原因容易导致体育安全问题。

（3）学生身体体质弱

现在随着计算机的普及，学生的课余生活更多的是坐在电脑旁边，参加室外体育活动的机会越来越少，这使得学生身体素质比较弱，特别是肌肉力量差，并容易扭伤、拉伤等。还有在体育活动过程中，一部分身体或生理有疾病的同学，自己没有主动向体育教师上报，体育教师用身体健康学生的标准和要求来衡量他们，也可能导致体育安全问题的发生。

（三）物资因素

物资主要包括体育场地设施和资金，体育场地设施是否完善是影响高校体育安全问题的一个重要因素。而资金对体育设施的是否完善起着关键作用。

1. 体育场地设施不规范

很多学校在建设体育场地设施时，由于各种原因的存在，没有按照国家规定的要求进行建造，或施工时考虑得不够科学、全面和合理就会造成体育安全的隐患。

2. 体育场地设施紧缺

由于高校扩招，大学生的增多而造成高校体育场地紧缺，而学校能开发的地方有限，不能建设更多的体育场地设施，使得学生进行课外体育活动时，在同一个场地经常有多种不同的体育项目同时进行。并且因为体育场地紧缺的问题，学生为争场地等小事经常引发争斗。

3. 资金的缺少

由于高校是非营利性机构，高校把有限的经费都放在了重点学科的基础建设中。因此，当体育场地设施等需要进行维修和更换时，资金得不到保障，不能及时地对体育场地设施进行维修和更换。

（四）环境因素

环境因素是指一切对高校体育安全有影响的环境总和，可分为内部环境因素和外部环境因素。

1. 内部环境因素

这里主要是指学校对学生进行体育安全宣传、教育力度不够，没有让学生充分意识到体育安全的重要性等。

2. 外部环境因素

外部环境是由自然环境和社会环境组成。

体育安全问题多发生在冬夏两季，而春秋两季较少，学生在气温过高或过低、风雨冰雪天气等恶劣自然环境中进行体育活动容易造成体育安全问题的发生。如在炎热的夏季，学生长时间处于烈日下，或在通风不好的环境中活动，易发生中暑和疲劳；在寒冷的冬季，肌肉黏滞性大，神经系统的兴奋性低，若准备活动做得不充分，易发生冻伤或肌肉僵硬、身体协调性下降而引起肌肉拉伤。另外火灾、地震、洪水、干旱等自然灾害对学校体育活动安全问题有一定的影响，但影响不大。

社会环境有政治环境、经济环境、科技环境、管理环境、法律环境及社会风气、家庭环境等，它们对高校的体育安全也有着不同程度的影响。

三、提升高校体育教学中安全教育质量

（一）树立安全意识，正确认识安全问题

在高校的体育教学中存在着很多的安全问题，这是不可否认且客观存在的。许多体育项目都对学生的身体素质有着一定的要求，一旦学生无法达到标准，那么不可避免地就会出现安全事故。对于这种情况，学校必须要予以高度重视，但是处理手段一定要科学合理，要正视安全问题，不能只是单单以取消一些体育项目来保证学生们的安全，应该适当地对教学模式进行改革和创新，加强学生的安全意识建设，尽可能减少安全隐患的存在。

遇到安全问题不要害怕面对。学校从弱化体育运动项目的角度来解决安全问题是不对的，这样会使体育项目的积极作用大打折扣，严重阻碍了学生的健康成长。学校设置体育课的目的就是让学生强健体魄，如果取消了这些项目，最原始的教学目标根本无法实现，那么体育也就没有了意义。所以为了学生的以后发展，必须要以正确的态度面对安全问题。

（二）做好课前准备

检查运动场地，保证其安全性。运动场地是体育教学中最重要的角色。在教学过程中，最基本的安全防御措施就是准备好运动场地和运动器材，同时这两项也是引发安全事故的主要因

素，必须要严格保证其质量，从根源上避免安全事故的发生。开始上课之前教师一定要对运动场地和体育器材进行严格的检查，一旦发现问题必须立即处理，绝对不能应付，在确保安全隐患全部消除后才可以组织教学。同时要求学生一定要穿宽松的运动服，且避免携带一些尖锐的危险品上课，以免在运动过程中发生身体损伤。

运动前热身。学校对课前热身活动必须高度重视。在开始运动前一定要做好相应的热身准备，避免出现关节不灵活、肌肉伸张不开的现象，否则很容易造成抽筋和关节扭伤。根据相关资料显示，在学校体育课堂中40%的受伤者都是因为没有做好热身活动造成的。因此，在上课前体育教师们务必要根据课堂学习内容教授同学们相应的准备活动，除此之外，也可以适当延长一些热身时间，确保学生身体各个器官能够完全展开，以便更好地完成接下来的体育活动。

（三）设置科学的教学方法，拟定合理的教学内容

防止体育教学中安全事故的重要手段就是科学的教学方法和有效的组织管理。在教学过程中，如果教学方法不适合就会引起学生的乏味性，直接降低了学习热情，使得注意力无法集中，这样也会造成安全事故的产生。除此之外，在组织管理方面学校一定要做好安全预防相关工作，制定相关规章制度，一切按照标准办事，这样可以提高课堂教学的有序性，从而进一步保证教学过程的安全。同时，拟定合理的教学内容。根据高校学生的自身情况制定科学合理的教学内容和相关活动，其中包括：学生的心理特点、年龄层次、生理特征等。合理安排运动量，难度要适宜，不宜过简单也不宜过难，要难易结合，根据学生的实际能力对其加以引导，内容一定要在保证提高学生身体健康水平的同时也可以培养学生的意志力，保持自信，克服心理障碍。

（四）加强学生的思想与安全教育

在体育教学中，务必要加强学生的安全教育力度，主要有以下几点准则：全面认识自己，做事不逞能、全面锻炼自己，提高综合能力、经常运动并持之以恒、遵循规律，科学运动。这些行为准则，必须时刻遵守。

（五）提高学生自救能力

一旦发生事故，要立即采用科学的自救措施进行处理，并相应地对学生予以指点，教会学生如何将痛苦降到最低，如何将大化小。同时也可以在实际教学过程中进行演练，提高学生的自我保护意识及自救能力。

1.为什么要在体育教学中培养学生自救互救的能力呢？

因为体育与健康课程具有较强的学科优势。

充分利用场地优势。体育与健康课程，是以身体练习为主要手段，以体育与健康知识、技能和方法为主要学习内容，以增进学生健康为主要目的的必修课程，它具有鲜明的基础性、实践性和综合性。与其他课程相比，教学具有更广阔教学空间，更丰富的教学器材，更灵活的教学手段，更贴近生活的教学内容。在教学中实施应急逃生教育，还可以根据教学需要，灵活布置场地、器材，设计教学程序，安排模拟游戏。体育与健康课程的教学中培养自救互救技能，是对体育课程内容资源的开发，是"体育与健康课程资源的开发与利用"的重要组成部分。体育运动来源于生活，服务于生活，很多运动技能本身就是生活技能，就是应急技能。体育教学

内容生活化，是体育教学的根本目的之一，使体育教学联系生活，在体育教学中实施应急逃生教育，是实施素质教育，促进学生全面发展的一个重要途径。

利用体育理论课普及自救互救理论知识、学习自救互救相关的科学知识，对我们采用合理的应急逃生方法，也是非常重要的。例如，对水、电、可燃气体的处理、身体伤害的急救方法等。都需要我们加强对相关科学知识的学习。此外，学会如何求救，也是至关重要的，合理求救将为应急赢得时间，创造机会。如，匪警110、火警119、医疗急救120等。学生还应记住父母或监护人的联系方法，老师的联系方法，以备不时之需。大多数学生对于自救互救知识或多或少都有一些了解，但并不全面。体育课的应急逃生知识包括"灾害发生时的逃生方法""灾害发生后的自救和救人方法"这两个方面。现在网络信息发达，可以很容易从各个渠道获得相关知识。我们可以先对各种素材进行搜集、整理和精加工，然后再将它们做成课件或视频，最后利用体育理论课进行教学，达到向广大学生普及应急逃生知识的目的。自救互救知识不必太过深奥，只要普及一些必要的和实用的自我急救和救人知识即可。比如：心肺复苏、骨折、扭伤、身体外部创伤等常见外伤的应急处理方法，常用的应急止血方法，被蛇、猫、狗等小动物咬后的紧急处理方法等。

2. 在体育教学中如何培养学生自救互救的能力？

有效结合保健和防灾自救知识的训练，使学生掌握急救的知识和技能。体育课堂应把体育保健知识和防灾自救结合起来，并渗透于课堂训练中。挫伤的应急处理和包扎；救护溺水者的方法；人工呼吸的技能学习；伤者的搬运；被动物咬伤的急救处理；自救知识等理论知识的学习和实践动作的训练，使学生掌握救护知识和实践技能，能够提高学生在日常生活中的自救和防护，也大大提高了其在一些灾害事故中的生存能力和救护能力，最大限度地减少人员的伤亡。

强调技能学习中的自我保护和帮助，提高自救、互救意识和能力。在体育课上，教师要强调自我保护意识，如：技巧练习中的倒立学习，教师指导学生在支撑不住时，采用前滚翻安全下，这可以养成学生学会用"前滚翻"自救；设计掷沙包之类的投掷、躲闪游戏，养成学生在危险情况下的快速反应和躲闪意识等来提高学生的自我保护意识和能力。另外，在练习前滚翻技巧时，教师正确指导保护帮助的方法，强调在练习过程中的保护帮助，让同学们之间相互练习帮助与保护，并在保护与帮助中培养保护、帮助的习惯和能力。再如：篮球活动中经常有同学挫伤手指，这时就要教给学生如何正确处理运动损伤：先询问受伤部位，检查受伤情况，观察是否骨折错位，考虑是否去医院做进一步检查。对于受伤部位不要用手揉，也不要过多活动，可进行冷敷或用凉水长时间冲洗等。养成同学之间相互帮助、相互保护的良好习惯。

加强应急避险能力学习和训练，提高学生应急逃生能力。我们的中小学教育，过于注重文化知识的传授和学习，却对应急逃生教育缺乏必要的重视。碰到突发的危险事件时，人们往往安全意识淡薄，很少考虑事故防范应急措施，甚至连查看消防通道和逃生路线也常被忽视，又没有必要的生存知识和逃生技巧，遇到紧急情况惊慌失措。因此，我们应加强应急避险能力的学习和训练。在体育教学中应安排应急逃生方法和技巧，如：火灾注意观察火势，寻找安全出口，注意下蹲，尽量用东西捂住鼻子，防止过多吸入有害烟尘；水灾要找最高处转移；躲避暴风雨不要靠近金属和树等导电物体；集会时遇到人多时要找最外边活动；遇到歹徒要观察其目的、想法，往人多或开阔的地方逃跑或呼救；溺水呼救时，尽量把身体展开，扩大受力面积使身体浮出水面等。

开展必备防身运动技能学习，提高学生生存能力。遇到突发事件时，有一技之长的生存机会肯定比普通人要高，因此在体育课堂教学中安排一些防身运动技能学习是很有必要和有意义的。一到暑假，我们经常会听到某某溺水身亡的痛心消息，如果他们会游泳或掌握了一些水中自救的技能的话，也许悲剧就不会发生了。因此，水中自救技能纳入体育实践教学中很有必要。另外，我们可以教一些防身术、躲闪技巧等以备学生在遇到一些抢劫、诈骗等公共危害事件时逃生。在教学中，根据学生自身的特点，开展相关的生存必备技能技术或防身技能训练，以备不时之需。

3. 学校利用德育教育，怎样巩固和提高学生自救互救的能力？

首先利用校园广播和校园网络资源，定期对学生进行自救互救知识的宣传和讲座，使学生更进一步地了解自救互救的相关知识，加深对自救互救的理解。

其次，利用通俗易懂、便于学生理解和掌握的自救互救科普读物、张贴画、动漫课件等教育资源，普及应对自救互救的知识，学校利用班会、德育短课开设专题自救互救知识讲座，并要求班主任做好记录。

第三，向学生推荐优秀的自救互救影视作品，采取用多媒体教室集中播放和学生自己观看等多种方式，传播自救互救的成功案例。

第四，通过团组织、学生会等学生组织，采用征文、绘画、演讲、文艺节目、知识竞赛等多种形式，开展以"自救自护"为主要内容的专题活动，通过这些活动让学生在真实形象中掌握自救互救技能。

第五，充分利用黑板报、专题宣传栏、广播等宣传阵地，普及自救互救知识。

第六，学校组织以班级为单位的自救互救竞赛，理论联系实际，提高学生自救互救的实践操作能力。

第七，学校组织成立学生自救互救兴趣小组，吸引更多的学生参与到自救互救的活动中来。相信通过这些活动的长期开展，一定能培养和提高学生在紧急情况下自救互救的能力。

（六）加强对体育课堂的管理

为了使得体育教学能够安全顺利地进行，教师们必须要加强对课堂纪律的管理，这样才能充分利用好课堂时间，为教学任务的顺利完成提供有利条件，从而降低安全事故的发生概率，保证学生的人身安全。对学生进行严格要求，对于不守纪律、不听安排的学生一定要从严处理，奖惩有度。根据学生的个人情况采用合适的教育方法，帮助学生改正不良习惯，使得所有的学生都能严于律己，听从指挥，这样才能安全顺利地完成教学任务。同时，在学习中发现错误要及时纠正。一般在正常情况下，学生在日常的训练中很容易出现错误动作，这样很容易使学生的身体造成运动创伤，若是不及时纠正日后必定会变成安全隐患。因此，在教学的过程中，教师一旦发现错误必须要立即指出并帮助其纠正，以免造成不必要的损失。

第二节　有助于促进体育教学内容的丰富性

运动训练的相关项目是经过实践和经验的积累，具有一定的引导性和成熟性的，其教学内容具有科学合理性。为了能够调动学生参加运动训练的积极性，丰富体育教学内容，除了日常要开展引体向上、仰卧起坐、耐力跑等运动的训练，还需要引导学生培养良好的锻炼习惯，开展健美操、羽毛球、篮球、交际舞等项目的教学，不断提高学生的体育素质。因此运动项目的成熟使体育教学内容更具丰富性，从而确保体育教学质量得到有效提高。

一、现代高校学生的特点

（一）身心发展日趋成熟

高校学生的身体各器官已基本发育成熟，这为他们在大学的独立生活和学习提供了必要的生理基础，但心理还未真正成熟，他们的价值观、世界观正逐步确立。高校学生在身心的发展方面不是片面的、孤立的，而是全面的、完整的。

（二）具有主动性、积极性和创造性

高校学生作为已经掌握了一定社会规范，有着较强烈的独立意识，具有较高智力发展水平的个体，在教育过程中具有较强的主动性。他们有各自的兴趣、需要，对各种事物均会做出自己的分析、判断和选择。这不仅表现在他们对环境的适应和独立生活能力的提高方面，还表现在他们能够结合所学的专业知识，通过各种途径，积极参加校内外的社会实践活动，以期在活动中塑造和锻炼自己。

（三）以专业知识学习为己任

高校学生的学习是一种规范化的学习，它有学制和校纪、校规，有系统的课程安排，有按计划有组织的教学及实践，有明确的培养目标。这种规范化的学习使师生之间存在着一种制度化的关系，也使学生的学习形成一系列习惯化的行为模式。学生要成为一个合格的社会需要的人才，就必须经过学校的循序渐进的教学及自己坚持不懈的努力学习。

二、现代高校学生的体育需求

当代大学生具有强烈的自我意识和对个性的尊重。因此，在进行体育运动选择时呈现多样化和个性化，不同类型的学生的体育需求不同，进行锻炼的效果和目的也就不同。所以，为了总结当代大学生运动特点，并根据这些特点进行体育措施改革，提高学生的体育意识和能力，为大学生的健康打下良好的基础，本书探讨了当代大学生体育需求的一些特点。

（一）当代大学生体育需求特征的现状

从体育目的和体育时间、体育消费三个方面考虑当代大学生参加体育运动的现状。首先是运动的目的。男生的运动目的是通过体育锻炼身体，养成体育习惯，放松心情等，所选的体育

项目也比较激烈，有着很强的对抗性；而女生的运动目的则更加趋近于想要通过体育对自身形体进行塑造，所选择的运动方式都会比较舒缓，基本没有对抗性。而运动时间也可以分为两大类：即只在体育课上进行锻炼的人和课外也进行锻炼的人，根据某项调查结果，只在课内进行锻炼的大学生占有总体 71.8% 的比例。体育消费是指大学生体育消费占总消费的比例。花费主体主要体现在运动休闲设施的消费上，比如健身俱乐部办卡、购买运动课程等。

（二）影响大学生体育需求的因素

1. 体育课程落后影响学生的体育需求

当代大学生的体育需求越来越多样化和个性化，这就导致了平常的体育课程不能够满足所有同学的体育心理，体育课程的重复化和单一化，让学生不得不放弃自己的爱好、兴趣来进行一些不感兴趣的体育训练，这对当代大学生体育素养的培养是非常不利的。比如，我身边的一些朋友，在体育课程的选课阶段，经常会抢自己喜欢的课程，而在课程满员的情况下，为了修满学分，被迫选择一些自己不感兴趣的课程来学习，使得他们逐渐对运动失去信心和兴趣。

2. 体育设施落后影响学生的体育需求

目前大部分校园体育设施的建设，因为资金的不足和场地的限制，基本都没有达到国家所要求的大学体育设施标准，大多数的体育设施比较老旧，有的出现损坏，甚至还有安全隐患，导致学生在进行体育锻炼时，体育锻炼没有良好的环境，影响了学生对运动的需求。比如：有的同学喜欢足球，但是学校操场的足球场地长期被用来做一些其他的运动，真正留给足球练习的场地非常小，并且场地本身由于缺乏维护，野草疯长，地面不平，导致学生不能够进行真正的足球练习，影响学生体育思想和意识的形成。

（三）大学生体育需求的分类

1. 情感需求

在参加体育活动的过程中，大学生也可以调整自己的情绪，体验自我满足的快乐和成功的感觉，发展体育中的人际关系。这些都表达了大学生对体育的情感需求。例如，大学生观看体育比赛的动机主要是体育明星的崇拜，对祖国的热爱，以及对人际关系的需求。相应地，普通高校体育课程的内容不仅要关注大学生的外部性，体育锻炼的需要也应该满足其内心情绪训练的需要。在体育课程的内容设置中，注重体育与人文的融合教育，体育与爱国主义的结合，体育与美学的结合，以及大学生情感教育与培养的结合。

2. 休闲娱乐需求

娱乐是大学生参加体育运动的最重要的直接原因。以体育锻炼为目的的体育锻炼是一种愉悦、放松、调整和自我修养及丰富大学生活的手段，体现了大学生对体育的休闲娱乐需求。休闲娱乐体验，有利于为大学生营造高尚、健康、文明的生活方式，提高他们的生活质量。这也有利于大学生形成将体育运动融入日常生活的习惯，稳定的生活方式。在这方面，高校体育课程的内容应满足大学生的娱乐需求，将地理、气候、民族的传统特征与大学生的爱好和个性特征相结合，丰富大学生体育课程的内容。

3. 健身和健身需求

许多大学生喜欢参加健美操和跑步，主要是因为有氧运动和跑步有能力改善身体，增强肌肉力量和耐力，控制体重和增加灵活性。健身功能反映了大学生的健身需求。在这方面，大学体育课程的内容应使大学生掌握满足其需要的健身和健身知识，体验丰富的健身经验，积累科学的健身经验，为实现"终身体育"的目标打下坚实的基础。

4. 竞赛竞争需求

通过比赛，大学生可以体验到激烈竞争带来的兴奋和成就感，并能够满足学生的自我实现能力。同时，大学生还可以从体育比赛中建立道德、民主、合作、诚信等道德观念。它有利于提高大学生抵御挫折的能力，也可以为促进体育人文学科的提高发挥积极而深远的作用。它还可以使大学生密切关注体育运动，加深对体育的理解，激发体育运动兴趣。建立满足大学生情感需求，休闲娱乐需求，健身需求和竞争需求的体育课程内容体系，是实现大学体育课程多元化目标的必然选择。从四种体育需求的关系来看，它们不仅具有自己的特点和自成体系。同时，四种运动需求中的每一种都在自己的价值观中扮演着不同的角色，反映出它们的不同优势。整合这四种体育需求的功能群体在体育活动的不同阶段合理搭建，可以发挥各种体育需求的主要功能，发挥互补性促进的整体效果。

三、运动项目对体育教学内容体系的影响

进入21世纪以来，我国各项事业迅猛发展并逐步与国际接轨，许多国外的体育项目开始进入我国，如体育舞蹈、高尔夫、攀岩、轮滑、定向越野、素质拓展、网球、棒球、跆拳道等，这些项目深受大学生喜爱，在高校的体育运动项目中开始掀起一股热潮。而这些项目很大一部分是引自国外，在国外已经普及成一种大众运动。我们将这些在国际上比较流行，国内开展不久或国内新创的，深受青少年喜爱并适合在学校开展的运动项目称为新兴体育项目。那么，有哪些因素促使新兴体育在高校兴起？

（一）新兴体育项目在高校开展的现状

《浙江省高校新兴体育项目开展现状调查及对策研究》表明，95%的同学对学校开展新兴体育项目持支持态度，绝大多数学生非常愿意接受新兴体育项目，对新兴体育项目有较浓厚的兴趣。其开展最多的项目依次为：网球、跆拳道、轮滑、自卫防身，学生参与最多的五项新兴体育项目依次是：网球、轮滑、体育舞蹈、跆拳道、素质拓展；《湖南省高校新兴体育项目的开展现状调查与分析》中湖南省高校新兴体育项目设置种类有：跆拳道、网球、体育舞蹈、健美操、瑜伽、野外生存、攀岩、拓展运动、定向越野、轮滑、舞龙舞狮、双截棍等。调查中大部分学校体育教师对开展新兴运动项目持肯定态度；早在2008年的《安徽省高校公体课新兴体育项目开发现状与对策研究》中表明传统的体育项目已不占优势，越来越多的大学生把目光投向轮滑、攀岩、跆拳道、野外生存、瑜伽等新兴体育项目，另外拓展运动、定向越野、街舞、射击等项目也受到学生的关注。

1997年深圳大学就成立了高尔夫学院，而在2012年厦门大学开设的独具特色的"攀树运动"课程备受关注，选上课的学生也连称幸运。自2007年开始我国部分高等院校设置休闲体育专业，其技术课项目包括高尔夫、网球、瑜伽、攀岩、拓展训练、野外生存、定向越野等现代休闲项目，不同院校根据学校特色也相应开展优势项目为学生从众多项目中作出更多选择提供可能。

从以上可以看出，无论是高校的公共体育课，还是体育院系专业课，新兴体育项目都受到

学生、老师的认可和支持，各个高校新兴体育项目正如火如荼地开展。

（二）新兴体育项目在高校兴起的归因

新兴体育项目为何能在高校兴起，为何受到广大学生的喜爱。本文将从以下几个方面进行分析。

1. 社会因素

马克思主义的辩证法把自然界看作一种不断运动、不断变化和不断更新的状态，其中总是有某些东西在产生着和发展着，总是有某些东西在败坏着和衰退着。他认为社会不是由个人构成，而是表示这些个人彼此发生的那些联系和关系的总和。社会是人类所特有的产物，社会的发展是人的社会的发展，由个人到社会总体的延伸到社会整体关系面的发展并取得社会化的一致，包括经济、人文、政治等一系列社会存在的总体发展，由远古时期政治、经济、文化的极其低下到现在的兴旺发达。体育运动项目亦是社会发展变化的一部分，新兴体育项目的兴起是我国社会发展到一定历史阶段的产物，新兴体育项目进入我国体育项目中为我国体育项目的发展更丰富和为国民身体素质提升提供更多的选择性，因此新兴体育项目在我国的发展是必然的，并非是偶然的。

（1）经济

经济基础决定上层建筑，教育的发展需要一定的物质基础给予保障。国家的经济发达程度决定着国民的受教育程度，而经济发展水平制约着教育的发展规模和速度，经济结构的变化又引起教育结构发生变化。

新中国成立以来，特别是改革开放以后进入21世纪，贯彻科学发展观，实施可持续发展战略，中国的社会主义建设取得了举世瞩目的伟大成就。国民经济快速、稳步增长，综合国力明显增强，人民生活水平日益提高，推动着我国教育的发展规模和速度快速提高。体育在人们的全面发展的教育中占有一定地位，在当今知识经济时代，经济的发展要求教育向着信息化的方向发展，与时代同步，与国际接轨，促使课程内容多样化，体育课程内容亦是如此。现代教育学科已经日趋细化，体育项目的选择也不再局限于以往传统的体育项目，要丰富体育课程内容，就需要引入更多的项目供学生选择，以丰富学生的生活。新兴体育项目的引入为我国高校体育项目注入"新鲜血液"。

新兴体育项目在场地场馆及器械设施上必须有一定的规范，如高尔夫运动，最早的高尔夫运动在欧洲宫廷贵族中盛行，其场地设备昂贵，仅一套高尔夫球杆一般需要上万元人民币甚至更高，球场的选择和要求则更是精心设计，消费相对较高，又被称为"贵族运动"。网球、轮滑、攀岩等运动项目都需要专门的场地和运动设备。如果没有经济发展作为强有力的后盾，这些运动项目很难开展起来。为此经济的发展为新兴体育项目在高校开展打下坚实的基础和提供强有力的保障。

（2）文化

随着教育国际化趋势增强，在继承和发扬中国传统文化的同时也面对来自不同国家文化的冲击，在多元文化的背景下各方呼吁学习、传播西方文化，学会"师夷长技以自强"，甚至做到"师夷长技以制夷"。"教育特别是学校教育的任务之一，就是传授系统的、概念化的知识"，系统的、概念化的知识是对人类历史文化的提炼和组织，集中体现于课程内容。课程内容源自文化，是一定社会文化的缩影和象征。

体育文化与其他文化一样反映了一个时代、一个国家或民族的特征，同时规范着人们的体育行为，影响着人们的价值观念。不同的运动项目体现着其不同的文化特色。起源于苏格兰的高尔夫运动经过多年的发展，形成"自律、自尊、礼让、宽容"的绅士文化，代表着优雅、开放、休闲和友谊，并享有"绅士运动""时尚商务运动"的美称。体育舞蹈文化具有竞艺合一性、男女和谐性与多元统一性的特征。体育舞蹈的文化并非某个国家、某个区域或某个民族文化的产物，而是一种多元的文化。有动作流畅、典雅大方、雍容华贵的摩登舞，有婀娜多姿、节奏明快、热情奔放、充满朝气和活力的拉丁舞。高校是文化的栖息地，运动项目的多元化构成体育文化的多元化，从而使大学生的校园文化生活多元化。新兴体育项目的引入为高校的多元文化"增砖添瓦"。

2. 自然因素

地域自然资源特色为一些新兴体育项目在高校兴起提供条件。新兴体育项目除了一些是国外的大众项目，有的是国内创新或是对一些传统体育运动的重新认识和改造。我国各高校分布在全国各地，不同地域有其不同的自然资源特色，不同的地域自然资源特色构成各高校专业特色、文化特色、运动项目特色和办学特色。高校占地面积大，覆盖面广，学生人数多，结构复杂，学校保障学生的基本生活，有的依山而建，有的傍水而立，校园内树林、山坡、草地、广场等构成其美好的校园环境，一个良好的校园环境对学生有着重要的影响。这样的地域环境为一些对运动场地有一定限制的运动项目的开设提供便利。例如根据校园的地理环境开设的定向越野运动、野外生存；在少数民族地区建立的高校开设具有当地民族特色的民族传统项目，如兰州市高校的锅庄舞课；在宽阔的广场上教授轮滑等，最大化地利用学校的地理环境，同时学校的地域性给新兴体育项目的开展提供了可能。

3. 群体因素

（1）学生特点

大学生是社会的一个特殊群体，是指接受过各类形式大学教育的人，作为社会新技术、新思想的前沿群体、国家培养的高级专门人才，代表着最先进的理性文化，对国家的发展起着重要的作用。高校大学生进入学校后正处于青春期，他们青春活泼，勇于追求新鲜事物，敢于冒险探索，自我表现力强，当代大学生更具多元性的特点，价值取向多元，文化取向多元，更能接受而且愿意接受新的事物。新兴体育项目的引入正迎合了大学生的性格特点。"大学生必修体育与健康课程以及参与体育锻炼的过程逐渐向'求新'心理转变，参与动机及心理活动趋势为求趣、求知、求新、求动、求险"，为满足大学生的特点和需求，高校在体育课程内容设置上做出很大变革。

（2）项目特点

新兴体育项目的特点是其在高校兴起的一个重要因素。国内一些新兴体育项目引自国外的休闲健身运动，在国外已是一种大众项目，这些项目具有健身性、娱乐性、休闲性、时尚性、多元性和个体性的特点。如瑜伽运动，其运动量少，运动过程中要求人身心合一，对人的身心健康、塑形、美容、养颜、减肥、治疗疾病具有一定的功效，人们如今把参与瑜伽运动当作一种时尚，它无论是在高校还是在生活中都受到广大女性的喜爱。相对于瑜伽运动，素质拓展运动在运动的基础上更具有挑战性和娱乐性，能激发学生的个人潜能，培养积极乐观的态度和坚强的意志品质，提高学生的沟通能力、解决问题能力和团队协作能力，为学生进入社会、融入社会提供帮助；定向运动和野外生存运动实践性强，而高尔夫运动则更具有一定的休闲性。不同的项目具有不同的特点，但是这些项目的最终目标是促使人身心健康。它的这些特点既符合高校大学生的性格特点和心理特征，又符合对全国普通高等学校体育课程进行改革的需要。

四、课堂竞赛实施案例

现在的高校公共体育课程主要涉及评价学生的体育文化素养、运动技能、身体素质、运动参与四大块内容。这些充分体现了"教会"和"勤练"的要求，但是对于"常赛"的要求确实做得不够到位，而现在仅仅依靠校内体育竞赛并不能完全满足学生的竞赛需求，因此，在体育课程中，进行课堂竞赛是非常有必要的。

（一）高校公共体育课程中加入课堂竞赛的意义

1. 增强学生的竞技能力

课堂竞赛可以明显增强学生的竞技能力，比如，在排球课中开展比赛，那么学生就不单单是掌握垫球就可以了，还需要学习排球项目的规则和其他技术动作。课堂竞赛对于参赛人员的要求提高了，这就要求学生需要运用更多的技能和战术能力等。课堂竞赛的开展，只要是参与体育课程的学生，就可以将其吸引到课堂竞赛过程中，这就使得学生参与体育竞赛的人数增多，使得校内体育竞赛的覆盖面增大。在这里要特别指出的是，对于一部分由于身体原因无法参加正常体育课程的学生，还可以安排其担任课堂竞赛的志愿者，让其进行课堂竞赛的赛事服务工作，从而真正做到课堂竞赛的全覆盖。

2. 加强学生德育

人们在体育竞赛中遵守规则，相互协作，不断拼搏取得更好的成绩。课堂体育竞赛就是一场小型的体育竞赛。因此，可以在课堂体育竞赛的实施过程中，加强学生的德育教育，培养学生的规则意识、团结协作能力及顽强拼搏的精神。规则意识，其实就是培养学生遵纪守法的意识。团结协作又是现在最需要培养的一种能力，一个人在社会中生存必须学会与人合作。体育竞赛的艰苦性，就是对学生顽强拼搏精神的最好锻炼。由此可以看出，课堂竞赛可以实现真正的体育中的德育教育。

3. 调动学生学习的积极性

在运动训练中，我们常说"以赛代练"。同样的道理，课堂竞赛也可以调动学生课堂学习的积极性。在比赛中获胜，可以促使学生向更高更难的技术动作发起挑战；在比赛中失利，则要求其总结经验，继续学习、继续努力，争取下次获胜。更好的体能、更多的技能、使用更新颖的战术都是课堂竞赛取胜的关键，而这些的获得更离不开更多的体育课程学习和课外锻炼。常态性的课堂竞赛不但能激发起学生学习的积极性，更能使学生养成经常进行体育锻炼的习惯。

（二）高校公共体育课程中课堂竞赛实施案例

1. 课堂竞赛项目设置

同场对抗类项目：足、篮、排三大球，以少于标准比赛人数的小型比赛为主，便于组织，便于进行。例如，在篮球课程中，可以采用半场3V3的形式进行比赛；在足球课程中，可以尝试采用5V5小场地的形式进行比赛等。将比赛人数减少，将比赛场地也缩小，并且简化一些比赛规则，使得所有学生可以参与进比赛中来。排球项目比赛一般开展难度会更大，可以尝试采用降低网子的高度，使用颠球等的形式进行。

总而言之，就是想办法使得课堂竞赛便于实施。

隔网对抗类项目：乒乓球、羽毛球、网球、毽球等球类，以标准比赛为主。隔网对抗项目正规比赛中一般采用多局竞赛制，为了使得课堂竞赛更加便于实施，可以采用一局多分制的简化比赛规则来进行。比如，羽毛球比赛中，可以简化为一局决胜制，但是比赛分数为31分取胜的规则。

操化类：以创编表演套路的形式来呈现。操化类项目一般采用小组集体展演的形式来进行，将学生按等级分组，以小组为表演单位，从比赛的套路动作创编到比赛服装、比赛音乐、队伍名称等都由小组成员自己来组织和决定，让学生充分体验操化类项目的比赛模式。在最终展演时，采用评委打分制和观众投票制的方式，综合两种打分模式进行最后的评价，并根据小组内组员相互评价，得出学生在本次整个展演过程中的付出情况和努力情况，并对其进行综合评价。

以羽毛球课堂竞赛为例。在整个学期中，如果出现课堂节次较多的情况，首先进行课堂内竞赛。比如，羽毛球课共有4个单元的课程，一堂课单元中有30多位学生，则先进行课堂内的竞赛，可以采用分男女组，单局31分的方式进行选拔赛。每个单元课堂选拔出男女各8名运动员进入总决赛。其他未进入选拔的学生进行单元内的循环赛，并记录每个人对局的胜负情况。总决赛最终共计男女各32名运动员进行最终的角逐。为了加快竞赛节奏，可以在总决赛前两轮依然采用单局31分的竞赛方式。在进入前8名角逐时，采用标准羽毛球竞赛规则，每局21分，3局两胜制，这样既增加了比赛的激烈性，又提高了比赛的观赏度。在进入第二轮总决赛时，每个课堂单元的队员为一个团队，采用团队积分制判定团队的排名。积分规则为胜一场计3分，负一场计1分，弃权计0分。最终以团队积分进行团队排名。

学生最终成绩的评定分为两部分。一部分是未进入总决赛的学生，可以根据其整个比赛阶段的胜负场数进行评定（参见表4-1）。

表4-1　未进入总决赛学生成绩评定

获胜场数	最终成绩	备注
6~7	75 ~ 80	
4~5	70 ~ 74	
2~3	65 ~ 69	
1	60 ~ 64	
0	60以下	

另一部分为进入总决赛的学生的成绩评定，根据其个人总决赛排名、团体积分排名、种子选手排名及MVP加分进行评定。个人总决赛排名分数评定为1 ~ 3名90分，4 ~ 8名88分，9 ~ 16名85分，17 ~ 32名80分。团队积分排名得分规则为第一名加4分，第二名加3分，

第三名加 2 分，第四名加 1 分。种子选手排名得分规则为所有总决赛种子选手进行排名，男女各 12 人，排名 1～6 名加 5 分，7～12 名加 3 分。MVP 加分规则为团队 MVP 加 3 分，整场比赛 MVP 加 5 分。所有分数总值上限为 100 分。具体要求参见表 4-2。

表 4-2　进入总决赛学生成绩评定

总决赛名次	分数评定	团队积分排名	种子选手排名加分	MVP	最终成绩	备注
1～3	90	第 1 名 +4 分	1～6 名 +5 分	团队 MVP+3 分		
4～8	88	第 2 名 +3 分	7～12 名 +3 分	全场 MVP+5 分		
9～16	85	第 3 名 +2 分	/			
17～32	80	第 4 名 +1 分	/			

注：最终成绩上限为 100 分。

2. 课堂竞赛明星体系的构建

体育明星是体育赛事的精神领袖。在设置课堂竞赛时，可以设置一个竞赛明星体系，评选出每一场比赛的最佳运动员，每一个授课单元的最佳运动员，每个学期的最佳运动员。对于这些评选出来的竞赛明星，不但要从宣传角度进行包装，而且要对于他们的体育课程评价等给予奖励和鼓励。形成学生人人想做竞赛明星，个个争做竞赛明星的积极氛围。在项目允许时，可以在学期末组织一次类似于全明星赛的比赛，把项目中所有的优秀学生集中在一起，让大家欣赏一次高水平的课堂竞赛。同时，这样的竞赛明星体系还可以为学校运动训练队提供后备人才支持。从竞赛明星队伍中选才，这样可以使得学校训练队的选才更有针对性。

以羽毛球课堂竞赛为例。在进行完第一阶段比赛后，每一个课堂单元内的前 8 名，进入第二轮总决赛。这些学生都是羽毛球运动技能掌握较好的同学。可以将他们安排成以课堂单元为单位的团体积分赛（积分规则为胜一场积 3 分，最终以团队总积分判定团队排名），每个课堂单元的前 8 名是一个团队。要求每一个团队进行命名，并将所有课堂单元中的前 3 名作为种子选手。在竞赛结束时，进行种子选手排名。根据种子选手的最终排名对所有种子选手进行期末综合评价。每个团队在比赛中选出自己全队的 MVP（由本团队成员选出）。团队的 MVP 可以在期末综合评价时额外给予分数。这样就可以在羽毛球课堂竞赛中生成一个课堂竞赛明星体系。课堂单元前 3 名为种子选手，每个团队中均出现一个 MVP。最终评选出整个羽毛球课堂竞赛的 MVP（由全部参赛队员及裁判员选出，并且是从团体积分排名第一名队伍中产生）。

3. 标准比赛模式的实施

在进行课堂竞赛时，要注意采用比较规范的比赛组织形式，比如，在各种比赛开始时，组织一个入场式，让学生感受到正式比赛的庄重性，同时，也使得参赛学生心理体验感增强。在入场时，对参赛队员进行介绍，这样做，一方面有助于大家对比赛双方的关注度增强；另一方面，使得参赛人员更有赛场的紧张气氛体验感。在比赛后还需要组织一次很规范的颁奖仪式，评选整个比赛的最佳运动队、MVP 等，这样能够使参赛学生的荣誉感增强，同时，也使得学生更加具有集体荣誉感。

（三）高校公共体育课堂竞赛的实施

1. 降低竞赛项目的难度

在课堂竞赛的组织中，要适当降低项目的难度，保证课堂竞赛的可操作性。比如，篮球比赛标准比赛为 5 人制全场，可以尝试改为 3 人制半场的比赛。女生比赛能力较弱，就可以将走步违例的要求多加一步。这些方法的目的都是使比赛更好地组织与进行。

2. 运用分组的模式

可以根据学生的运动能力分等级分组，每个组都要有各个能力等级的人；也可以根据男女比例进行调整分组。在分组后多进行组与组之间的整体对抗，尽量不选择单人的对抗。比如，在羽毛球的分组对抗中，可采用混合团体赛的形式，以分组的整体进行对抗。

3. 选择循环赛制

在课堂竞赛的赛制上，一定不要选择淘汰制，而应该选择循环制，最后可用积分制来决胜。这样做的好处在于可以使多组之间比赛的机会增多，各个对手都可以进行一次对抗，增加面对不同对手时的比赛经验。

4. 注意比赛形式的标准化

在比赛中，要注意一定要使用标准的比赛模式，加入入场式、赛场礼仪、颁奖仪式等。这样的比赛模式可以增加学生的自信心和竞赛荣誉感。在课堂比赛进行的过程中，还可以安排和吸引一部分学生加入比赛的执裁过程中，让学生参与课堂比赛的执裁或者作为比赛的评委，这样可以使得学生更好地理解并执行比赛规则。

5. 综合进行竞赛能力评定

要综合整个比赛的过程对所有参赛的学生进行综合评定，比如，在比赛中上场队员很重要，但是作为参赛队伍的教练或者指导也是非常有必要的，同样，比赛的后勤保障也很重要。要引导学生参与和理解整个比赛的各个环节，充分认识到一场赛事的举行，离不开方方面面的工作人员的付出。在进行课程评价时要充分考虑到各个环节、各个角色的参与者的评价工作。

体育课堂竞赛可以检验体育课程学习效果，培养学生的良好品质，提高学生运动参与积极性，是养成学生的自觉锻炼习惯的有效途径。体育教师在体育教学中，要充分考虑项目特点、学生特点、场地条件等方面因素，合理设置体育课堂竞赛项目，简化规则，降低难度，让更多的学生参与到体育课堂竞赛中来。通过参与体育课堂竞赛培养学生健壮体魄和健全人格，为学生将来更好地适应社会和终身体育打下坚实的基础。

第三节　充分调动学生参加运动训练的学习兴趣

随着社会的发展，越来越多的人都重视身体素质的提高。作为在校大学生，为了能够更好参与到今后的社会工作，需要不断加强自身身体健康，这与在校期间积极参加运动训练息息相关。对于高校体育教学来说，其教学核心和教学目标就是有效加强学生的体质、身心素质，在提高学生运动训练意识的同时，为学生的运动训练提供科学合理的指导。众所周知，体育项目拥有各种各样的运动项目，而运动训练作为一种具有针对性的内容，能够对学生的运动进行规范、指导，充分体现学生的运动能力，在一定程度上激发学生积极参与运动训练，有效调动学生参加运动训练的兴趣，为学生今后的工作和生活奠定良好的身体基础。

一、高校学生身体素质下降的原因分析

高校学生身体素质下降的原因是多方面的，一方面是学生本身身体素质条件差：如体质弱、易生病等。另一方面是饮食不规律导致营养不良造成的体质弱，还有一个方面是学生运动意识薄弱很少参加日常锻炼和体育活动。其中第三个方面是大部分学生体质变弱的主要原因，因此如果想要提高学生的身体素质就要从以上几个原因入手。对于身体素质本身较弱的学生是可以通过加强日常的运动训练促进身体素质提高的，对于营养不良造成的身体素质差的情况，首先要通过教育引导改变挑食偏食的癖好，同时通过日常的运动训练来提高身体的新陈代谢，不断地提高身体素质，对于第三种原因，更是要通过加强日常锻炼不断地提高学生的身体素质，但是不是所有的运动训练方式都是对身体有益的，如果学生采取了不科学的盲目的锻炼方式不但不能够提高学生的身体素质还会因为错误的锻炼方式对身体产生负面的影响。因此只有开展科学的合理的运动训练才能够对身体有益。高校大学生运动训练行为缺乏的原因是多方面的，主要有下列几个方面：

（一）学习忙，没时间

由于当前大学生具有较大就业压力，大部分学生更加关注自己的学习行为和学习目标，更多的是在考虑就业问题，不少学生还同时选修了第二专业的课程。在这种情况下，他们为了学习更多的知识，为了考研和考级考证（如计算机等级考试、英语四六级考试及一些行业证书等），而奔波在图书馆、教室或者网络上，无暇顾及非当前紧要问题的运动训练。并且，令人不安的是，因大学扩招，多年来教学设施紧张，导致课外活动乃至双休日都排满了课，挤占或打乱了学生的业余锻炼时间。因此有学者认为："这些因素使学生很难有真正空余时间来锻炼。学习忙是制约学生不锻炼或不能经常锻炼的首要因素，现在我们都在呼吁中小学生要减负，但有谁为大学生减负而呐喊。"

（二）缺乏兴趣，锻炼目的不明确

由于受市场经济及某些社会化环境因素的影响，大学生对体育活动产生一些不正确的认识，不同程度地存在着轻视体育的现象，这使之健康意识差，缺乏现代健康观念和保健常识。不少学校的体育教学模式、方法、内容及过程都还存在不少问题，学生很难从体育学习中产生乐趣和情感体验，导致他们运动训练目的不明确，不能形成正确的体育价值观，从而不仅对体育课，而且对业余体育运动也不感兴趣。有的还认为锻炼对健康影响不大，所以也很难持之以恒。而有的学生，因缺乏运动训练知识而又无人提供较系统的业余指导，不知道如何去进行运动训练。

（三）缺乏运动场地、设施和器材

也是由于学校规模不断扩大，学生人数不断增多，但体育运动场地、设施和器材跟不上，导致许多学生不能实际参与。有的学生有某种运动项目的特长或爱好，也因这种因素的限制而不得不放弃。

（四）缺乏组织或无人相伴

不少调查都涉及因学校对运动训练的组织管理不力，教学及课外活动安排不当，运动氛围不浓，无伙伴等，影响了大学生的运动训练行为。此外，大学生的运动训练行为与家庭的关心和支持也很有关系。有数据显示，对自己的孩子参加体育活动不关心、不支持的家庭竟达到90%。

二、科学的运动训练对学生身体产生的积极作用

（一）恰当的运动训练能够促进骨骼和肌肉的协调性和柔韧度

在一定程度上，恰当运动训练的进行会使学生的肌肉更加发达，增加肢体力量、促进骨骼的发育和骨骼的生长等，强化学生的体质。骨骼的健康生长和人体高度的直观反映就是身高这一指标，肌肉发育的情况和体脂二者的综合反映显示为体重。长期的、恰当的运动训练会使学生的身高、体重比例有一定的增长和提高，增加身体的协调性和均衡性，促进肌肉的发达生长和肢体力量的增加。

（二）恰当的运动训练能够保护呼吸系统的健康

运动训练方法的不同对机能的影响也有所不同。高强度的运动训练会对学生的心肺系统的发展产生不利影响，在一定的特殊情况下，甚至会使心脏细胞受到损伤，引发呼吸困难、心脏衰竭等一系列不良反应。而适当强度的有氧运动可以改善且提高学生的心肺功能，例如慢跑、打乒乓球等有氧运动会对心脏的跳动频率有明显改善，增加血液中的红血球、白血球和血红蛋白，增加它们在血液中所占的比重，身体的免疫力、环境适应能力、营养水平和代谢水平都能有所提高，此外，它对于心肺系统的发展和呼吸系统的构建具有十分重要的意义。

（三）恰当的运动训练能够改善学生的形体

适当的运动锻炼可以对身体的形体和形态进行改善，改善形体，重新塑造身形，均衡体态，协调身体中各部分的比例使之向人体黄金比例发展，均匀、协调、平衡身体各部分，形成优美的身体肌肉曲线。体态是指身体各个部分共同呈现出优美、和谐、端庄的形态，通过一些运动项目的训练，比如瑜伽和健美操会对学生的形体形态有明显的改善。提高学生身体素质，塑造理想的良好的身形、优美健康的体态，增强学生外在自信心。

（四）恰当的运动训练能够提升大学生神经机能的作用

由人体结构研究分析可知，大脑皮层作为人体的总指挥官起着支配、调节运动神经的作用，可以对体内的所有器官神经系统进行支配和调节，控制人体内部维持在一种平衡状态，控制内外部平衡。恰当的运动训练能促进体内中枢神经系统，提高专注力和学生学习集中力，提高学生耐力和学习能力。神经中枢系统的提升还将对学生身体平衡能力、灵活度、耐力、适应性等产生积极影响，从而促进身体的环境适应力，改善学生身体状况。

三、通过运动训练提高学生身体素质的方法

（一）培养学生运动训练的习惯

高校的体育教学中最重要的是要根据不同学生的身体机能、兴趣和特点，为每一位学生安排不同的运动训练计划，将运动训练融入每个学生的日常生活中，使运动训练成为习惯，从而培养学生的运动训练认识，在开展教学中挖掘学生在运动训练方面的特长和运动训练方面的兴趣，通过兴趣教学培养学生终身锻炼的意识。

（二）丰富运动训练的项目

不同的运动项目对身体机能的锻炼作用和效果各不相同，此外，学生的身体状况也各有不同。因此，要有针对性地结合学生的身体情况来设置运动项目和训练内容，这就需要学校增设丰富的运动训练项目和课程。但是需要注意的是这并不意味着就要忽略基础的运动训练项目，而是要在进行基础运动和基础训练的条件下再对运动训练项目的内容种类进行丰富。同时将项目的特点与学生自身的身体条件和健康情况相结合，合理地科学地安排计划训练的时间、项目和强度，激发运动训练使其训练效果达到最佳，训练效果最大化，这样才能够更好和更快地促进学生体质健康水平的提升。

（三）正确引导学生进行运动训练

运动训练中如果使用不恰当的、错误的运动训练方法将严重影响训练的效果，更会影响到学生的体质水平和健康水平，更严重的是导致身体不适，损伤到身体。因此，只有进行科学、恰当的运动训练才会对体质健康产生积极的影响和作用。训练方法、训练强度的正确性是提高学生身体健康的重要保障。教师是教导学生的指导者，要认真对待学生运动训练过程，并给予专业指导和进行有效的训练，提高学生的运动效果和成绩，增强学生的体质健康。

（四）注重学生的运动心理

教师在指导学生运动训练的同时也要充分了解学生的运动心理，结合学生兴趣完成运动锻炼指导，这种方式的运用不但可以促使学生体能的发展还可调节学生心理。恰当的运动训练会使学生身心放松，享受运动的过程，起到愉悦身心的效果。因此，教师要充分了解学生的运动心理，结合学生兴趣给予引导。

1. 心理健康的定义及重要性

论述体育运动对学生心理健康的促进作用，首先必须明确健康的定义是什么，心理健康的标准是什么？

传统的体育观是"无病即健康"。其只注重生理健康，而忽视了心理健康的成分。世界卫生组织给健康下的定义是："健康不仅是指没有疾病和不虚弱，而是指身体、心理和社会适应方面都处于一种良好的状态"，即以"生物—心理—社会"医学模式为基础的健康观。

我国心理学家认为，心理健康是指一种持续的、积极的、发展的、能对社会作出良好适应，充分发挥身心潜能的心理状态。应有以下六条标准：智力正常；自我评价适当；情绪愉快稳定；意志品质坚强；人际关系融洽；环境适应力强。

随着工业文明高度发展，现代社会对现代人提出了更高的要求，激烈的社会竞争要求现代人不仅要具备高智商条件，还要有非常好的心理调适能力，适应高强度的工作环境和瞬息万变的社会环境。在这样的现实生活环境中，如何促进在校学生进行积极的心理调适，具备较好的心理健康状态，是教育工作者应当高度注意的问题。

2. 学生群体心理健康的特殊性及现状

学生时代正处在身心发展的重要时期，心理健康则在一个人成长过程中占有举足轻重的作用。一方面，全球工业化的急剧推进和我国特殊的计生政策的大环境，决定了现阶段以独生子女为主体的学生群体，在学习、生活、人际交往和自我意识等方面不可避免地会遇到或产生各种心理问题。另一方面，随着年龄增长，社会竞争压力增大，社会阅历的扩展及思维方式的变化，学生的心理虽然逐渐成熟，但还不完善，往往表现为看问题片面，自我控制不强，情绪易急躁，遇到挫折易灰心丧气，心理承受力较成年人弱，并且受到遗传、教育、环境等多种因素的影响。

有些问题如不及时解决，将会对学生的健康成长产生不良的影响，严重的会使学生出现行为障碍或人格缺陷。

相关研究资料表明，我国目前有 10% 至 30% 的青少年学生都存在着不同程度的心理障碍和心理疾病。学生群体心理健康水平普遍低于社会成人，这具有特殊性，他们既要承受学习的压力，又要承受外来的压力。主要表现为焦躁不安、抑郁、情绪失常、自暴自弃，有的甚至离家出走、轻生等。学生由于受身心发展和社会阅历等方面的限制，自我抑制能力不强，情绪易急躁，这时如果内心的压力得不到及时、正确地引导，就会严重影响学生的身心健康，往往引发打架、斗殴、精神失常、自杀、违法犯罪等社会问题，给社会、学校、家庭都造成严重的经济负担和沉重的精神压力。

由此可见，促进学生生理心理的全面发展，培育学生勇敢顽强的意志品质与集体主义精神，以发展的眼光看待素质教育，看待学生心理健康问题，从习惯的狭小的思维模式中跳出来，才能够充分认识到学校体育教育在提高学生心理健康水平方面的重要作用。

3. 体育运动对学生心理健康的促进作用

（1）树立自信

一个人具有正确的自我观，就意味着他能客观地认识自己和对待自己。体育运动有助于认识自我。体育运动大多是集体性、竞争性的活动，自己的能力的高低，修养的好坏，魅力的大小，都会明显表现出来，从而对自我有一个比较符合实际的认识。竞争的成功可以提高自信心和抱负水平，可以获得同伴和集体的承认，从而可以正确地认识自己的社会价值。体育还有助于自我教育，在体育运动中暴露自己的缺点发现自己的优点，不断修正自己的认识和行为，开发自己的潜能，将长处发扬光大，对自己的缺点和不足努力改正和克服，正确对待成功与失败。

相关研究表明，体育运动后运动者的自我概念清晰度明显提高，这有助于学生正确认识自我，树立克服困难、持之以恒的精神，同时参加体育运动的学生其选择的内容绝大多数是根据自我兴趣和能力进行的，他们一般都能很好地胜任其运动的内容，从而有利于增强自信心和自尊心，在运动中展示自己的才能和实力。

（2）行为协调

行为协调，指人的行为是一贯的统一的，而不是反复无常的，也表现为在相同或类似情况下的行为的一致性。反应适度,指既不异常敏感,又不异常迟钝,刺激的强度与反应的强度之间有着相对而言稳定的关系。体育运动大多是在规则的规范要求下进行的活动,是在"公正、公开、公平"的宗旨下进行的活动,在体育运动中,每一位成员都会受到规则的约束,个人的行为要符合规则要求,因此,体育运动对一个人形成良好的行为规范有着重要和积极作用。

(3) 坚强意志

行动的自觉性、果断性、坚韧性和顽强性是意志健康的重要标志。学生参加体育运动,既是对身体的锻炼,更是对意志的考验,一曝十寒、"三天打鱼,两天晒网"、懒散、懈怠、无所作为,为体育运动所不齿,而敢于向困难挑战、坚持不懈、锲而不舍、勇于拼搏,这是体育精神的充分体现。如果学生能在紧张、激烈的运动对抗中,敢于向自身运动极限冲击,则必定产生强烈的生理、心理负荷,它要求参与者必须动员较大的(有时是极大的)意志力,克服自身心理、生理与运动项目的矛盾,完成预定的任务。而在这一运动过程中,学生的意志品质在潜移默化中得到了发展和完善。

一个心理健康的人应有明确的学习和生活目的,并有达到目的的坚定信念和自觉行为,其行为表现出果断、坚忍、自制的毅力。体育运动一般伴有艰苦、疲劳、激烈、对抗、竞争等特点。在参加运动时,总是伴随着强烈的情绪体验和明显的意志努力。因此,通过体育运动有助于培养学生的勇敢顽强、吃苦耐劳、坚持不懈、克服困难的思想作风;有助于培养团结友爱、互相帮助、集体主义和爱国主义精神;有助于培养机智灵活、沉着果断、谦虚谨慎等优秀品质,使人保持积极向上的心理状态。

(4) 缓解焦虑

情绪是对心理健康产生影响的主要因素之一,不良的情绪是导致生理、心理异常和疾病的重要因素。通过体育运动可使不良情绪得到调节,学生从中得到乐趣,振奋精神,陶冶情操。这种积极的情绪状态可以使学生自信、自尊、自强,并使烦恼、寂寞、不安、自卑等不良情绪得以解除,从而促进心理健康。

健康、稳定的情绪能使人对现实保持积极的态度,有效地从事学习、工作。经常参加体育活动可以为郁积的各种消极情绪提供一个发泄口,尤其可使受挫折后产生的冲动得到升华或转移,可以消除轻微情绪障碍,减缓和治疗某些心理疾病,如抑郁症等。当学生学业负担重、心理压力大产生疲劳时,可通过适当的体育运动进行心理调节,使情绪处于积极良好的状态,从而有助于消除疲劳,强化学习效果。

(5) 融洽人际关系

一个心理健康的人应具有宽容、热情、友爱、合群等品质,能妥善处理人际关系。体育运动过程中存在着人与人之间、个人与集体之间、集体与集体之间的相互交往,具有集体和公开的特征,它首先为学生提供了一个活动空间,在这一空间中,学生的心理与身体、学生心理与学校环境、学生与教师之间、学生与学生之间能够充分地交融在一起,从而促进学生对环境的适应,使某些有心理缺陷的学生达到身心平衡,获得身心健康。其次,在体育运动中相互影响、相互作用,产生情感上的相互感染、沟通,从而增进彼此之间的了解,促进良好人际关系的发展,融洽关系,团结协作,有助于心理健康。

合作与竞争是现代社会对人才的要求。体育运动是在规则的要求下,使双方在对等的条件下进行的体能和心理等方面的较量。这种竞争就是追求卓越成绩的努力，证明自己或本队比对手更强，更出色。同时，体育运动又包括个人和集体项目，在一个集体中，每个成员为达到共同的目标而相互合作。因此，每位成员的一切行为都要有整体意识，要从全局出发，抛弃个人的私心杂念，为增强和发挥整体力量而努力。当然，这种合作不局限在同一个集体，还应包括对手、观众、裁判等方面的合作。不尊重对手、观众，不服从裁判的判罚，比赛就无法进行。因此，在学校积极开展各项体育活动，锻炼身体的同时有效地培养学生的合作与竞争意识，身心并进，是现代教育的重要理念。

四、高校开展运动训练的组织形式、师资培养及注意事项

（一）开展运动训练的组织形式

考虑到运动训练丰富多样的训练形式与内容及大学生日常活动的规律，可以将体育课与课外体育俱乐部作为开展运动训练的主要组织形式，根据大学生的不同情况合理选用运动训练形式与内容，以针对性地改善大学生体质健康问题。

1. 以体育课为组织形式开展运动训练

以体育课为组织形式的运动训练能够在一定程度上预防大学生不良身体形态的形成，对大学生身体素质的增强也有一定的促进意义。在体育课中开展运动训练，体育教师可以将一节体育课分为准备部分、基本部分与结束部分3个阶段，然后在不同的阶段选择不同的训练内容与形式。在准备部分，时间应该控制在 5~10min，以支柱力量练习、全身性动态拉伸练习与身体本体感觉的平衡性练习为主，其中，支柱力量练习可以选择一两项难度不同的背桥、俯桥与侧桥等，全身性动态拉伸练习以 2~3 项为宜，身体本体感觉的平衡性练习也应该以 1~2 项为宜，这样的训练方式既能够对学生进行热身练习，又能够预防学生不良体态的形成。在体育课的基本部分，体育教师应该根据教学内容与教学任务，选择运动训练中的动作技巧、能量系统发展模块、爆发力/肌肉力量模块练习，以对学生的肌肉力量、爆发力、速度素质、耐力素质等身体素质进行强化练习，改进大学生的基本动作模式，促进大学生动力链传递效率的提升。在体育课的结束部分，体育教师可以采用按摩棒等小型器械来对大学生进行放松练习，时间为 3~5min，以缓解肌肉的疲劳感，促进机体快速恢复。将运动训练应用于高校体育课程中，既能够保证教学任务的完成，又能在一定程度上预防学生不良体态的形成，促进大学生身体素质水平的提高。

2. 以课外体育俱乐部为组织形式开展运动训练

以课外体育俱乐部为组织形式的运动训练能够在很大程度上改善大学生已经存在的体质健康问题，能够对大学生的不良体态进行针对性纠正。

首先，学校应该根据学生不同的体质健康情况将其分成不同的组别，例如，肥胖组、耐力不足组、力量不足组、动作模式效率不足组等，然后由教练员对不同组别的学生进行针对性训练，以有效改善大学生各种体质健康问题。

其次，如果一些学校因为受到场地、器材、师资等多种因素的限制，而不能利用课外体育俱乐部开展运动训练，相关行政管理部门则可以充分发挥自身的职能作用，定期组织这些学校

中需要进行强化训练的学生到附近具备训练条件的体能训练中心或者体育俱乐部进行针对性训练，以对大学生的体质健康问题进行有效改善。

（二）运动训练师资的培训及目标定位

运动训练是一项实践性非常强的活动，其开展不仅需要体育教师或者教练员具备丰富的理论知识，更重要的还需要专业的实践技能，因此各个地区应该加强运动训练师资力量的培训，具体可以从精英师资培训、骨干师资培训、普通师资培训和体育教师全员培训这几个层面来对运动训练师资进行培训。

精英师资培训是由国家体育总局、教育部与相关体育院校联合组织的高级培训活动，培训对象为全国各个省市及自治区的优秀人员，然后由专业水平高、经验丰富的备战奥运会的优秀教练员来对其进行训练。精英师资培训的目标在于所培养的人员能够完全胜任各个省市与自治区骨干教师的培训工作，同时也能对基层学校的运动训练工作进行检查与监督。

骨干师资培训是各个省市与自治区以基层人员为对象所开展的中级培训活动，由已经结业的精英师资来对这些基层人员进行培训。骨干师资培训的主要目标在于所培养的人员能够完全胜任自己所属行政区域中的普通师资培训工作，同时还能够在体育俱乐部或者体能训练中心开展运动训练工作，以对那些运动训练条件不足、体质健康存在问题的学生进行针对性训练，从而促进大学生体质健康水平的提升。

普通师资培训是各个省市与自治区以基层人员为对象所开展的初级培训活动，由已经结业的骨干师资来对这些基层人员进行培训。普通师资培训的主要目标在于所培养的人员能够完全胜任本校的体育教师培训工作，同时也能在本校的课外体育俱乐部担任大学生运动训练工作，以对本校大学生的体质健康问题进行改善。

体育教师的全员培训是各个省市与自治区以基层人员为对象所开展的入门级培训活动，主要由已经结业的普通师资担任培训工作。体育教师全员培训的主要目标在于所培养的人员能够充分掌握运动训练的理念、方法与手段，并根据每节体育课的教学内容与教学要求来对学生进行基本的运动训练，以预防学生形成不良的身体形态，同时使学生的身体素质水平与身体机能水平有一定程度的提高。

（三）高校大学生进行身体功能性训练的注意事项

1. 注意科学性

在体育课与课余体育活动中，体育教师应科学运用运动训练理念与方法，并根据大学生的身心发育特征合理选择训练内容与训练形式，同时还应该充分体现肌肉力量、柔韧性、心肺耐力、灵敏性等体育课程要素。

2. 注意时效性

在体育课与课外体育俱乐部中，除了要注重体育基本知识与基本技能的传授之外，还应该保证运动训练的实效性。特别是在课外体育俱乐部中，进行适当的运动训练，保证有效改善学生的体质健康问题。

3. 注意趣味性

兴趣是学生参加运动训练的内在动力，能够显著提升训练的效果。因此，体育教师与教练员在选择运动训练形式与内容的过程中，应该体现一定的趣味性，可以利用瑞士球、平衡垫、俯卧撑轮、腹肌轮等多种训练器材来吸引学生参加训练，以使学生对不同训练器械的功能、使用方法进行了解，充分调动学生参加运动训练的自觉性与积极性。

五、案例分析

教学是一种双向活动，教师的任务是向学生传递社会累积的有价值的知识，而学生的任务是学习这些知识，当学生可以掌握并运用这些知识时，教师的任务才算完成，学生认知发展的益处才得以产生。在学科教学中，知识的传授往往会抽象化和去情境化。学科教学与实际生活会保持一定距离，在学科教学中习得的知识可以转化运用到实际生活中，然而，这些知识并不一定是解决问题的唯一方案。抽象化和去情境化的学科教学在学校系统中很受重视并占据主导地位，因为它构成了涉及文明理性和政府权威性话语体系的重要组成部分。

学科教学要求学生要以规定的思维方式来思考问题，逻辑理性是主导，非理性思维往往是没有立足之地的。学校系统对抽象化和去情境化教学的重视，对体育教育这类实践性强、对情境依赖性大的课程教学提出了更大的挑战。然而，当前体育教学面临的最大问题并非来自外部，而是源自自身的去情境化。传统体育教学也存在抽象化和去情境化的问题。例如，运动技能被割裂开来孤立地教授，运动技能的练习通常脱离比赛或类似比赛的情境，学生缺乏对运动策略的选择与执行。

在传统体育教学中，赋予运动项目以意义的仪式、价值观和传统甚少被提及，更不用说让学生以体验运动项目的方式来学习了。在正式运动项目训练与竞赛中，个体与球队的联系可以为个体的成长和责任的养成提供环境，体育教学要注意运动项目训练与竞赛的这种效用。孤立地运用技能教授可以提高学生掌握运动技能的效率，但这种教学方式的运用时间不能太长，要尽快过渡到情境教学，否则会让学生感觉到无意义，因为孤立的运动技术、运动技能和幼稚的体育游戏根本无法体现出运动项目本身的价值和意义。但去情境化的体育教学并非一无是处，它是组织学校体育教学活动的一种重要方法，它主要适用于多元的体育教学，特点是每个活动单元的课次时间较短，持续授课的机会较少，而需要学习的内容较多，需要完成的任务较多，活动单元之间的学习迁移比较弱或者根本不存在，参与学习的人数较多难以区别对待，以及基于教师权威的维护等。去情境化的体育教学对女性学生、技能缺乏学生、体质较差学生可能比较有利，能够降低他们对运动技能迁移的焦虑，多元的活动内容会降低对特定运动项目技能的要求。然而，去情境化体育教学的弊端也非常明显，例如学生很难真正掌握某个运动项目的技能，也很难对某个运动项目产生深刻的理解，技能不具备、心理不认同会阻碍他们在无强迫的情况下继续参与该运动项目，体育教学孜孜以求的终身体育目标就难以实现。

（一）基于运动项目的情境教学

情境教学的概念是从社会中广泛存在的学徒制教学引申出来的。学徒制教学对情境的思考与运用非常普遍，特别是对那些操作性技能的教学特别有效。学徒制教学是融入情境之中的教学，实践性强、情境化。学徒都是新手，学习的目的是要成为师傅那样可以熟练操作实践技能的人，学徒的学习涉及参与完成既定的任务，并通过与他人互动来获取知识。显然，学徒制环境下学习，不存在技能迁移的问题，因为学习已被嵌入真实实践环境之中，这与纯理论的学习是有差别的。体育教学更接近学徒制教学，对实践环境有着天然的需求，实践环境对情境教学至关重要，因为这个实践环境包含着实践、认知和互动反馈。实践环境中的活动为学习者提供了一个框架，使他们可以理解在这一特定的实践环境中为什么要这么做。

实践环境对学习的内容和方式产生着重大影响。实践环境中的社会关系和权力结构定义了学习的可能性。实践环境赋予学习者相对于其他成员的身份界定，让他了解自己的身份，了解自己在环境的位置。运动项目训练与竞赛的实践环境相对单一聚焦，但体育教学的实践环境相对多元发散，原因在于体育教学不仅需要解决体育的问题，还需要解决教育的问题，体育教学可能涉及众多运动项目，还可能会新创许多体育活动，同时体育教学还涉及大量知识的学习与掌握。学科教学往往是高度理论化、抽象化和去情境化的，运动项目训练与竞赛往往是高度实践化、具体化和情境化的。而处于学科教学与运动项目训练与竞赛之间的体育教学，会出现左右摇摆的现象。

情境教学的理念对体育教学非常有用，但设置何种情境非常关键，而基于运动项目的情境教学为情境的设置提供了方向，它可以使师生共同探索不同运动项目的实践形式与文化形式之间的复杂关系。通过探索，不仅可以识别在运动项目实践中得以再现的公共话语形式，而且可以探索运动项目实践对学生生活的影响。而且，基于运动项目来设置情境，可以保障实践环境的真实性，促使学生成为体育教学的共同构建者，即学生既是体育教学知识的接受者，也是体育教学知识的转化者。

体育教学的实践环境实际上并非只有运动项目一个领域，还包括健身锻炼领域和娱乐休闲领域。这些不同的领域有时并非泾渭分明，而是既有所区别也有所重叠的，它们共同构成了体育教学实践环境的参考素材，以运动项目为基础的体育教学，与运动项目的实践环境之间存在着密切关系。体育教学虽然不是简单地复制再现运动项目的话语体系，但其话语体系明显存在运动项目的痕迹。但就去情境化而言，体育教学在借鉴健身锻炼和娱乐休闲领域时不存在什么明显问题，问题主要出在体育教学在借鉴运动项目时，体育教学似乎是在努力对运动项目进行抽象化、理论化和去情境化，体育教学努力将运动项目进行改头换面、肢解重装。当然这种有意的改变并不是不可以，因为运动项目中也有一些问题，例如存在的故意侵犯、作弊犯规等，体育教学中借鉴运动项目时，需要摒弃运动项目中的这些消极方面。然而，问题的根源在于，体育教学在借鉴运动项目时，把运动项目的有些本质内容也砍掉了，而这些正是运动项目的根本价值和意义所在。将失去生命力的部分运动项目内容移植到体育教学中，使得学生难以对运动项目产生完整的认知和积极体验，这会影响他们在离开学校以后的运动参与。基于运动项目的情境教学的要旨，就是要在剔除运动项目部分消极因素的情况下，尽力保留运动项目的本质内容。

基于运动项目的情境教学，要重视运动项目训练情境、比赛情境和文化情境的创建，让学生有机会成为学习的主体，这种实践情境的创建，不仅能够促进知识、技能的迁移，也能促进权力关系的迁移。基于运动项目的情境教学旨在通过一些关键的真实情境来为所有学生带来积极的运动项目体验。基于运动项目的情境教学具有以下一些典型特征：花费的时间要比大多数常规体育教学多；学生成为"隶属于某个运动队的运动员"，他在整个"赛季"中都隶属于某一支运动队,以促进成员资格和同盟关系的建立;每个赛季都受到正式比赛的限制,而正式比赛过程中穿插着定向的运动训练;每个赛季结束时都有一个标志性的活动进行结尾;有大量的记录保存和统计数据收集;在赛季中和标志性结尾活动时,要通过使用队名、徽标及特定的运动传统习俗活动来烘托节日气氛。

基于运动项目的情境教学的积极效果包括:情境教学的体验对某些学生而言更可取,支持了以学生为中心的模式;学生享受基于运动项目的情境教学带来的社交益处,归属感更强;学生会更认真地对待自己的角色,知识更为丰富;有些学生的参与度会更高;技术水平较低的学生会更积极,并受到队友的重视;技能水平高的学生变得更加宽容,更加支持他人;增强了学生在对抗性比赛中的比赛能力;一些学生正面评价自己体验的真实性和意义;比赛能力更强;大部分体育教师支持该模式。

(二)对体育教学的促进

首先,基于运动项目的情境教学的内容和组织与运动项目实践环境非常相似,包括赛季的形式、项目训练、传统习俗、比赛、球队和节日,它提供了常规体育教学通常缺乏的真实性,这会极大地促进体育教学内容的重新配置、革新体育教学的组织形式。其次,运用基于运动项目的情境教学,会促进体育教学过程中权力关系的重组,因为在整个赛季中,学生们开始以各种角色担负起自己的职责,而这些角色已经超出了"运动员"的范畴,包括球队经理、教练、裁判、设备官、计分员、后勤保障人员、啦啦队等。教师的直接指导减少,更多的是起到协调促进作用。这些方面的变化对提升体育教学质量非常重要,因为它们为学生提供了参与真实体育运动项目的实践机会。基于运动项目的情境教学必须为体育教学的教育目标达成服务,这些教育目标包括学习有用的技能、培养毅力、促进合作、培养集体主义精神及达成公共卫生目标等。体育教学要想实现这些目标,就必须尽可能地包容各类学生、对各类学生产生吸引力,根据学生的身体、技能、才能和精神变化进行修订,而基于运动项目的情境教学可以帮助体育教学实现这些目标。

此外需要注意的是,体育教学还有一个促进体育精英发展的目标,但追求这个目标有时会产生一些不利影响,例如导致过度训练、作弊、滥用药物、慢性疲劳、运动损伤等。促进体育精英发展的目标,也会导致学生之间产生相互排斥,促进体育精英发展的目标可能仅符合极少部分学生的需求。虽然追求体育精英发展的目标会产生一些消极影响,但体育精英发展目标是体育教学不可推卸的责任。在传统体育教学中,追求体育精英发展目标和追求大部分学生的运动需求之间往往是矛盾的,但运用基于运动项目的情境教学,可以在一定程度上化解这种矛盾,让有能力的学生到真实的运动项目实践环境中去磨炼,也让缺乏能力的学生有参与运动项目实践的机会和途径。追求卓越是竞技体育的核心价值观之一,也是运动项目实践的主题之一,体育教学通过基于运动项目的情境教学提供的实践检验机会,可以为学生进行客观的自我判断提供标准。

实际上,追求体育精英发展目标和追求卓越带来的消极影响并非运动项目本身的问题,因为包括运动项目实践在内的所有实践活动都兼具外在价值追求和内在价值追求,外在价值追求包括金钱、利益、名望等,内在价值追求包括运动项目的文化价值(礼仪、规则、尊重)和工具性价值（技术、战术、策略）。追求运动项目的外在价值对运动参与、运动能力提高有刺激作用，但这种作用不够持久，追求运动项目的内在价值才能产生持久的动机，除了全身心参与才能获得外，别无途径。追求运动项目的外在价值实际上依赖于追求运动项目内在价值的实现，因为追求外在价值需要竞争，竞争就有输赢，如果想获得胜利，就必须强大自身，而强大自身首先需要追求内在价值的实现。追求运动项目外在价值不是促进体育精英发展的本质目标，但追求运动项目的外在价值是产生负面影响的根源。因此，体育教学要取其所长、去其所短。

体育教学环境有助于摒弃对运动项目外在价值的追求，因为在这种环境中，对运动项目外在价值追求的重视程度并没有运动项目领域那么高。

（三）案例启示

基于运动项目的情境教学是一种有效的教学模式，它可以重新配置体育教学的内容、组织形式及各种权力关系。体育教学环境有助于把学生定向为追求运动项目的内在价值，这为规避可能产生的负面影响创造了条件。

第五章
高校运动训练和体育教学发展的障碍

第一节 缺乏高素质水平的专业性师资团队

由于高校的体育教学存在一些复杂性,因此需要涉及的内容比其他学科多。而作为体育教学引导的师资团队,其中有些人缺乏相关的体育专业知识,严重影响了师资团队的素质水平,从而在开展教学的时候无法避免存在一些问题,制约了高校运动训练和体育教学的共同发展。

一、高校体育教师基本情况

(一)性别情况

高校体育教师队伍的性别组成与体育专项有关,有些体育专项比较适合女生,而有的体育专项比较适合男生。举个例子,进行篮球运动的大多数都是男生,而进行健美操运动的大多数都是女生。所以在教学中,不同性别的教师的教学实践、教学能力水平的影响值得分析,也能直接反映出当下教师队伍性别的组成。

(二)年龄情况

高校教师的年龄可以显示学校的教育方式是否先进。随着我国高校发展方向的提出,我国要建立更多的一流高校,并且要彰显出我国高校独有的个性,以及尽可能地提高自身教学能力,从而达到世界一流的目标。这样我国的大学就能够在世界上崭露头角,焕发新的面貌。高校教师门槛高,缺口大,青年教师的汇入给高校教师带来新鲜血液的同时也带来了实践创新意识。目前,高校体育教师队伍呈现蓬勃发展状态,在教师队伍的建设上青年教师成为高校体育教学的主力军。

(三)学历情况

高校体育教师的学历水平是直接体现教师知识储备和教师能力的指标。高学历的教师往往在教学、训练和科研方面具有更高的潜力,而且往往在教学实践创新和科研创新方面更有标准先进的想法。通过分析得出,高校体育教师的学历大部分为本科学历,研究生学历的体育教师相对较少。但是由于社会对教学需求日益增强,现如今的体育教师的学历无法满足学生对教学的需求,因此高校需要招聘更高学历的高校体育教师。而体育教师在提高学历的同时,还要多进行实践来丰富自身的知识储备。高校对体育教师的招聘可以根据两个方面来选择:教师的学历高低及教师在实际教学中的教学水平。但是教师的学历占比更多。

（四）教龄情况

体育教师的教龄情况不仅说明该高校是否拥有先进的教学技术，还能体现出该高校是否具有强大的师资力量。因为越年轻的教师所接触的新事物就越多，进而教师的思想就越活跃。体育教学不仅需要扎实的理论基础，更需要更长时间的实践积累，不断从教学中获得经验，从而提高自己的教学水平和教学实践能力。

随着高等教育的不断推进，学校扩招，高校教师缺口大，1~10年教龄的青年体育教师占据了教学的重要部分。由此可以看出，高校的体育教师大多数都是有经验的体育教师，这些体育教师不仅可以在新体育教师不懂得如何教学的时候提供有力的帮助，还能快速地解决学校内有关教学的问题。这是因为有教龄的体育教师在多年的教育生涯中积累了大量的实践经验，从而能正确面对所遇到的困难。而年轻的新体育教师虽然没有丰富的教学经验，但是刚从学校毕业的他们拥有最先进的教学技术，也能够想出更有趣的教学内容。总体来看高校体育教师教龄情况呈现均衡态势，形势尚好。

（五）高校体育教师收入情况

高校教师自身会因为职称、教龄和科研能力的不同而得到不同的薪酬待遇。而高校可以根据教师是否称职、教师的教龄长短及教师的教学水平来给教师发放不同的薪酬，这样不仅有利于学校对教师的管理，还有利于激发教师们的好胜心，从而使教师更注重教学质量。高校保障教师权益和提高收入水平对于激发教师踏实科研和教学实践创新有重要作用。

（六）高校体育教师身体健康情况

高校体育教师保证教学质量的前提是拥有一个健康的身体。当教师拥有一个健康的身体后才能全身心地投入教学当中，然后才能更积极地给学生讲授更全面的教学知识，从而保证学生的教学质量。而当教师的身体出现问题时，不仅会在教学过程中出现萎靡不振的状况，还有可能耽误自身与学生的进步，从而影响自身和学生的发展。

总体而言，高校体育教师健康状况良好，但是仍有少数教师身体健康情况堪忧，体育教师的职业化特征决定了会有长年累月的运动伤病，教师自身身体健康是教书育人的前提，也是实现教学实践的前提。

二、高校体育教师对实践教学的态度

高校体育教师对实践教学态度的分析主要从职业荣辱感、职业满足感和职业价值观等多个方面进行。学校还可以通过体育教师对体育本身的看法及认为体育有何意义来间接地分析。

（一）对实践教学重要性认知的分析

高校体育教师对实践教学的认知是决定实践教学能力高低的先决条件，是教师自身的主观评价和行为的倾向性，是对实践教学能力的深层理解和认同，一定程度可以反映教师实践教学能力的水平。整体来看，高校体育教师对实践教学的认知较好，多数体育教师有意识地把实践教学放在最重要的位置。

（二）对职业信念的分析

当教师具有职业信念后，就会对教学充满激情与斗志。具有职业信念的教师在遇到困难时不会放弃，更不会妥协，因为强大的职业信念会给教师带来强大的力量，从而带动教师克服困难进而解决面前的难题。就算在教学中会经历失败，但是坚定的职业信念会给教师带来无穷无尽的力量，让教师能够积极向上地面对失败。具有职业信念的教师会以学生的学习为人生目标，立志教授给学生最全面的知识，从而确保学生能够真正地掌握知识。而对于这样的教师而言，学生的良好发展就是教师最想要的礼物。因此观察教师对职业的热爱、对学生的态度和对工作挫折的克服可以反映高校体育教师的职业信念情况。

教师对职业的认同感和归属感直接影响着教学质量和职业成长，积极正面的工作态度是促使教师教学进步的催化剂，是实践教学的基础。数据显示，接近98%的教师对现阶段职业的态度是正面向上的，1.8%的教师对职业的态度呈现消极状态，有可能是目前正在面临着更多的挑战或者之前碰到了挫折。

作为教师，必须用爱来教育学生。教师要用爱来呵护学生，并且在学生遇到困难的时候要及时提供帮助。教师不仅要在学生产生自我怀疑的时候及时地开导学生，还要能够尊重班级里的每一位学生。而当学生感受到教师的爱时，不仅会更加地敬爱教师，还会更加地热爱学习。

大学生自身活泼好动而且不同专业不同年级学生自身性格特质不同，在学生管理上也会有所区别。整体来看高校体育教师对学生都是积极热爱的态度，极少数的教师有可能因为教学过程产生的挫折或者是摩擦促使教师对个别学生产生不一样的看法。教师的个性在决定和影响学生个性方面起着重要的作用。当教师非常开朗时，学生就会受到影响从而营造一种积极向上的班级氛围；当教师比较跳脱时，班级的学生就会比较大胆且擅长创新。因此作为体育教师必须具备强大的知识储备及健全的人格品德，这样才能真正地带领学生全面发展，并以正确的眼光看世界。

三、高校体育教师知识储备的分析

高校体育教师不应只懂得体育教学、运动训练和体育科研等体育学科知识，还应具备全面的社会科学知识和人文素养，教师只有具备这些能力才能培养适应新时期的全面发展的大学生。

当前环境下，高校体育教师不仅要掌握体育学科知识还要掌握科学文化、人文艺术和哲学历史等知识。体育学科知识包括体育教学、运动训练和运动保健等知识，是进行体育教学必备的知识，但是如果培养全面发展的新时代的大学生，高校教师不仅要有丰富的体育知识，还要掌握一些与体育无关的科技知识。这样的教师才能够对于学生人生观价值观的形成有重要指导示范作用。整体来看，高校体育教师科学知识素养较高。

表 5-1 教师具备专业知识分析表（n=112）

/	人数	百分比（%）
符合		79.5
比较符合		11.6
一般		7.1
不符合		1.8
总计		100.0

如上表所示，79.5%的教师认为自己具备专业的知识，认为自己"比较符合"具备专业知识的教师有13人，占总调查人数的11.6%，只有1.8%的教师认为自己专业知识欠缺。高校体育教师通过高等教育的熏陶然后献身高等教育事业，随着时代的发展和自己忧患意识不强导致专业知识不能满足日常教学。整体来看，高校体育教师专业知识储备水平较高。

四、高校体育教师技能储备情况

高校体育教师技能储备包括科研能力和现代技术应用能力，是与体育知识无关的一些能力。高校体育教师技能储备与高校体育教师的教学实践能力不同，高校体育教师的技能储备能够为教师带来丰富的想象力。当教师具备了丰富的科研能力，就能够借用科研的力量来提供新颖的教学方式。而且教师还能够通过学习科研方面的知识来提高自身的知识储备，从而教授给学生更全面的知识。同时新时期高校体育教师应当顺应潮流，能独立实现电教化教学，并且能制作新颖有创意的电子课件。

（一）高校体育教师经常申报课题和指导学生科研创作情况

高校教师课题申报是衡量教师科研水平的重要指标，也为学生的提升提供了方向。作为教师不仅要拥有最全面的相关专业的知识储备，还要具备强大的科研水平，这样才能保证学生的全面发展。而教师要想提高自身的科研水平，就必须提高自身的教育研究能力。教育研究是指教师先通过自身的想象力来提出一个课题，在课题研究的过程中对自身进行分析后找到自身的知识漏洞，从而不断地提高自身的教学水平。然而有些高校因为自身的经济水平有限，不能为教师或者学生提供大量的科研器材，因此教师无法进行想要的科研项目。在这种情况下，教师可以从教学方面来弥补科研方面的不足。比如教师可以研究如何创新现有的教学方式及怎样为学生提供更有趣的教学内容。因此高校要根据自身实际情况来判断应该进行什么样的研究项目，要在自己的实力范围内开展最多的科研项目。

整体而言，大部分高校体育教师都在课题和科研指导上有积极踊跃的态度，教师创新实践能力较好。因为科研项目的成功能够为学校及教师带来很多方面的好处，因此有的学校会开展许多科研项目，甚至超出了学校的实力范围。在这种环境下，高校开展的科研项目越来越多，进而忽略了学校的教学研究。然而教学研究是高校开展其他研究的基础，如果高校不重视自身的教学研究的话，那么就无法保证自身的教学水平。为了保证高校的教学质量，首先应该确保自身的教学研究水平，其次根据自身的实力情况来开展适合的科学研究，避免出现盲目开展科研项目而无法保证自身教学水平的状况。但是，高校也应该顺应时代的发展，多多提高自身的教学研究水平及科学研究水平。

（二）高校体育教师制作新颖创意电子课件情况

传统的纸质教学方式已经被淘汰，如今的教学方式已经变成无纸化的教学方式。学生更多的开始在手机、计算机等互联网上学习知识。体育课程不只是单一的户外教学活动，电教化教学在体育赏析、体育绘图、动作技能教学回放等体育拓展方面大量应用。因此为了适应新型教学方式，教师要先树立电子化教学的思想，在多方面了解电教化教学内容后学习如何使用多媒体等电子用品来进行上课，进而做到熟练地掌握电子科技的使用方法。当教师学会如何使用电子科技进行授课时，就能通过自己制作课件来将想要讲授的知识进行总结，进而用自己的方式来将知识讲授给学生。这样做不仅能够将教师自己的观点传给学生，还可以非常直观地将知识分享给学生。所以教师必须主动地吸取新科技知识，从而用更直观的形式教授给学生知识内容。

目前，一些高校教师专注于体育技能的传授教学，渐渐忽视了更直观更形象的电教化教学，部分教师计算机技术和现代科学技术不高。另一方面是由于不同学科教师教授方式不同，技能教学上教师更倾向于用手把手的演示和模仿来教学，更多的体育教师把电教化教学作为课下一种拓展方式，多媒体的播放使学生更能直观地看到动作的阶段和体育的魅力。

五、高校体育教师教学能力情况

高校体育教师的教学设计能力是高校体育课程教学质量的保证，是衡量教师教学水平和评价教学现状的重要指标之一，是高校体育教师提高实践教学能力的基础，也是实现教学创新的重要前提，更是高校体育教师能力结构中必须具备的最基本的能力。

（一）高校体育教师教学能力整体情况

为了解高校体育教师教学能力整体现状将有关教学能力的六个维度的所有题目用SPSS软件把六个维度的题目计算变量进行描述统计分析，得出以下数据，1~4分平均值越低代表此维度得分较高，教师对应的此能力越强。

表5-2 高校体育教师教学基本能力描述统计表（n=112）

/	频数	平均值	标准层	题目考察项数
教学开发能力	112	1.79	0.658	7
教学组织能力	112	1.44	0.480	2
教学实施能力	112	1.64	0.587	3
教学指导能力	112	1.21	0.330	1
教育评价能力	112	1.50	0.723	1
教学评估能力	112	2.08	0.840	4

由表5-2显示可知，高校体育教师的教学基本能力水平依据数据赋值的原则，分数越低代表得分越高，平均得分都在2.1分以下，居于中等偏上的水平，还有提升的空间。具体到六个维度来分析，高校体育教师最为欠缺的就是教学评估能力2.08分，明显低于其他五个维度的能力水平。高校体育教师教学指导能力是六个维度中得分最高的，达到1.21分。这说明高校体育教师在动作的讲解和示范上比较优秀，普遍专业技能较高，能正确形象地对学生动作示范讲解，这也是作为教师最基本的技能。其次高校体育教师组织能力是仅次于教学指导能力的一个维度，为1.44分，这说明高校教师普遍能较好地完成组织学生队列队形，并且能激发学生兴趣和积极性。另外高校体育教师的教学评估能力是六个维度得分最低的，说明高校体育教师在教学内容的效果和经验的课后总结方面能力较为欠缺，对于课堂中未知的安全隐患和突发事件大部分教师没有做到提前预估评判。根据数据整体来看高校体育教师普遍注重教学的"教"这一环节，过分注重课堂知识的灌输，而忽视了学生的感受，此外高校体育教师忽视了教学前和教学后的准备和反思评价环节，相比"教学中"这一环节较为薄弱。

（二）高校体育教师教学开发能力情况

教学开发能力指的是教师在教材以外对于学生知识、技能和情感目标的培养能力，是教师对于体育学科知识的理解和应用。而且教学开发能力的高低可以评估出该高校是否具有全面的教学能力，而教学开发能力本身不仅能够影响体育教学质量，还是决定能否培养全面发展的新时代的大学生的关键。

1. 教师教学计划制订情况

教师在制订教学计划时必须参考该专业的课程内容及课堂次数等方面情况，以及依赖于学生对课程的接受程度和心理素质。数据表明，高校体育教师教学计划的制订情况一般，制订教学计划是教学准备工作的基础，是精心设计教学对象、教学内容、教学方法、教学目的和教学器材等要素的关键。高校体育教师应正视教学计划的价值，以教学实践为起点，以实践创新指导体育教学计划的制订，才能以最适合学生接受学习的速度进行授课，进而最高效率地传授给学生丰富的知识内容，从而确保学生能够真正地掌握所学的知识及培养学生全面发展的潜能。

2. 教师对学生知识、技能和情感目标的培养情况

"情感目标"是让学生在学习过程中体会到体育的乐趣，从而进一步形成正确的价值取向和人生态度。整体而言，高校体育教师对于学生知识、技能和情感目标的培养情况较好。

3. 教师对学生终身学习意识的培养情况

未来的社会中，知识就是人们最宝贵的财富。只有掌握了足够的知识，才能生存于社会中。知识能够为人们带来工作、食物及财富，因此知识的储备大小几乎可以决定一个人的工作类型、衣食住行及过着什么样的生活。并且在未来的社会中，人们必须不停地丰富与补充自身的知识储备，只有这样才能紧跟时代的步伐。因此，作为学生我们可以不断更新自己的观念，拓展自己的知识面，完善自己的知识结构，磨砺自己的思想品格，积淀自己的人文底蕴，提升自己的整体素质。

4. 教师教学理念选择情况

体育教师的教学理念对学校的体育教学具有重要的意义，俗话说"思想决定行为"，意思是体育教师的教学理念决定了体育教师会用什么样的教学方式来教授学生知识。目前高校体育教师在教学理念上做到了树立学生主体意识，顺应学生的禀赋，提升学生的潜能，把"以人为本"的教学理念始终贯穿于教学过程中。但是对于培养学生体育兴趣、自我锻炼意识的"终身体育"的教学理念执行得不够，没有养成学生体育的自主性，还是一味地灌输教学。

5. 高校体育教师性别在教学开发能力中的情况

表 5-3　高校体育教师性别在教学开发能力中的情况表（n=112）

性别	频数	平均值	标准差
男	68	1.75	0.650
女	44	1.85	0.674
总计	112	1.79	0.658

由表 5-3 可知，高校体育教师性别在教学开发能力中男体育教师的教学设计能力均值低于女体育教师，说明男教师教学开发能力优于女教师，并且男教师标准的数据与均值的描述差异性小，说明高校男体育教师教学设计能力普遍优于女体育教师。

6. 高校体育教师年龄和教龄在教学开发能力中的情况

高校体育教师教龄和年龄代表的是教学经验和经历，不同教龄的教师教学开发能力水平高低有所差异。

表5-4 高校体育教师年龄在教学开发能力中的情况表（n=112）

年龄	频数	平均值	标准差
30岁以下	42	1.68	0.611
31岁～40岁	50	1.75	0.653
41岁～50岁	18	2.06	0.665
50岁以上	2	2.42	1.295
总计	112	1.79	0.658

由表5-4可知，高校体育教师"30岁以下"组教师在教学开发能力中平均值最低得分最高，为1.68，并且标准差最低，说明"30岁以下"的教师教学开发能力最高，教学开发能力最低的是50岁以上组，标准差同样最高，说明"50岁以上"的青年教师教学开发能力呈现两极化现象。可以发现随着年龄的增长，教学开发能力整体逐步降低，年龄越年轻接受新鲜事物的机会多，对于教学开发会有更多天马行空的创意，富有激情活力的年轻教师逐渐成长为高校体育实践教学中的中流砥柱。

表5-5 高校体育教师教龄在教学开发能力中的情况表（n=112）

教龄	人数	平均值	标准差
1～3年	37	1.61	0.559
4～10年	55	1.84	0.694
11～20年	19	1.94	0.676
21年以上	1	2.67	0.000
总计	112	1.79	0.658

由表5-5可知，高校体育教师教龄在教学开发中"1～3年"教龄的均值小于其他教龄的体育教师，并且标准差也明显低于其他教龄段的教师，说明"1～3年"教龄的体育教师教学开发能力普遍比其他教龄阶段的体育教师能力强。21年以上教龄的体育教师在各个教龄阶段中均值最低，说明21年以上教龄的体育教师教学设计能力需要提高。教龄与教学设计呈正相关，4～10年教龄的体育教师的教学设计能力达到最大值。

7. 高校体育教师学历在教学开发能力中的情况

高校体育教师学历主要集中于本科和研究生，不同学历的教师接受的教育层次不一致，研究生学历教师知识储备丰富，通过纵向的比较，不同学历的高校体育教师教学开发能力的水平可以反映出学历对于教师教学开发能力的影响。

表5-6 高校体育教师学历在教学开发能力中的情况表（n=112）

学历	频数	平均值	标准差
专科	21	1.84	0.490
本科	67	1.74	0.631
硕士研究生	18	1.67	0.624
博士研究生	6	1.51	0.623
总计	112	1.69	0.592

由表5-6可知，高校体育教师队伍中专科的均值大于本科、研究生学历的体育教师，说明专科学历的高校体育教师的教学开发能力在调查对象中是最低的。博士研究生学历的体育教师

均值最小，且标准差同样明显低于其他学历的教师，说明博士研究生学历的体育教师的教学开发能力普遍高于其他学历教师。可以推出教学开发能力与学历之间存在正相关的关系，学历越高，教学开发能力越高。

8.高校体育教师职称在教学开发能力中的情况

表 5-7　高校体育教师职称在教学开发能力中的情况表（n＝112）

职称	频数	平均值	标准差
助教	37	1.76	0.664
讲师	54	1.55	0.443
副教授	14	2.15	0.671
教授	7	2.50	0.850
总计	112	1.79	0.658

由表 5-7 可知，职称为讲师和助教的高校体育教师教学开发能力平均值低于整体平均值，职称为讲师的高校体育教师平均值最低为 1.55，说明讲师职称的高校体育教师教学开发能力强于其他教师，并且标准差最低，说明讲师教师队伍整体教学开发能力较强。职称为教授的高校体育教师平均值最高，标准差数据高，说明教授的教学开发能力不足，因此教授队伍可以根据自身情况吸取新型科技知识来开拓自身思维，进而培养自身的创新意识和创新能力。

（三）高校体育教师教学组织能力情况分析

教师教学组织能力是教学能力中最基本的能力，它包括教师对教学常规、教学对象和教学器材的组织和管理。

1.高校体育教师性别在教学组织能力中的情况

表 5-8　高校体育教师性别在教学组织能力中的情况表（n＝112）

性别	频数	平均值	标准差
男	68	1.40	0.498
女	44	1.49	0.451
总计	112	1.44	0.480

由表 5-8 可知，高校体育教师中男教师的教学组织能力得分略低于女教师，为 1.40，所以可以说男教师的教学组织能力较强于女教师，但是女教师的教学组织能力的标准差低于男教师，说明女教师队伍整体组织能力趋于平均，离散性较小。

2.高校体育教师年龄和教龄在教学组织能力中的情况

表 5-9　高校体育教师年龄在教学组织能力中的情况表（n＝112）

年龄	频数	平均值	标准差
30 岁以下	42	1.75	0.449
31 岁～40 岁	50	1.45	0.537
41～50 岁	18	1.40	0.401
50 岁以上	2	1.47	0.354
总计	112	1.44	0.480

由表 5-9 可知，30 岁以下的高校体育教师教学组织能力平均值高于其他年龄教师，说明 30 岁以下年龄段教师教学组织能力较年龄较大的教师相对弱，41～50 岁年龄段的教师随着工作

时间和年龄的增长，凭借丰富的教学经验，形成自己的教学风格，在教学组织能力上明显强于其他年龄段教师，其次是31岁~40岁的教师，大多为工作10~15年的教师，且多为中青年教师，早已成为学校体育教学工作的主力军，教学组织能力仅次于41~50岁的教师。30岁以下青年教师要多向中年教师取经，找到自己的薄弱环节，善于发现自己问题，逐步提高自己的教学组织能力。

表 5-10　高校体育教师教龄在教学组织能力中的情况表（n = 112）

教龄	频数	平均值	标准差
1~3年	37	1.51	0.565
4~10年	55	1.47	0.379
11~20年	19	1.31	0.353
21年以上	1	1.50	0.000
总计	112	1.44	0.480

由表5-10可知，高校体育教师工作年龄在11~20年的教师平均值最低，标准差最小，所以这个教龄段的教师教学组织能力普遍较高，1~3年的新入职教师教学组织能力相较于其他教龄段的教师教学组织能力较为薄弱，且标准差较大，呈现两极化趋势。高校应当对于新入职的年轻教师给予关注和结对子帮扶，1~3年教龄的教师应当主动向11~20年教龄的教师讨教，查缺补漏，保证将知识完整地讲授给学生及学生能够真正地理解与消化，从而达到学生对教学水平的需求。教学组织能力是随着教龄的增长而慢慢增长的，工作后11~20年时，教学组织能力达到峰值，这就要求新入职教师要坚持岗位不断进步，同时11~21年以上教龄的教师也不能对自己降低要求。

3.高校体育教师学历在教学组织能力中的情况

表 5-11　高校体育教师学历在教学组织能力中的情况表（n = 112）

学历	频数	平均值	标准差
专科	21	1.55	0.520
本科	67	1.45	0.501
硕士研究生	18	1.25	0.354
博士研究生	6	1.50	0.316
总计	112	1.44	0.480

如表5-11所示，在高校体育教师中，在教学组织能力一项评分最高的是学历为硕士研究生的教师，为1.25分，并且硕士研究生学历的教师教学组织能力标准差低，得分相对集中，说明硕士研究生学历的教师队伍整体教学组织能力高于其他能力，得分最低的是专科学历的教师，他们往往是年龄偏大，入职时间比较早的教师。

（四）高校体育教师教学实施能力的情况

教学实施能力指的是教师在为达到教学目标的教学过程中采取的一切有利于教学目标完成的手段和措施，教学实施能力考查的是教师在教学机制和教学风格方面的能力，也是直接和学生联系密切沟通的能力。

1.高校体育教师性别在教学实施能力中的情况

表 5-12　高校体育教师性别在教学实施能力中的情况表（n = 112）

性别	频数	平均值	标准差
男	68	1.88	0.523
女	44	2.03	0.700
总计	112	1.94	0.587

由表 5-12 可知，由表中的频数及平均数可以得出，在高校任职的教师中实施教学的女性高于男性。由表中的标准差可以得出，在高校任职的教师中女性的教学实施能力高于男性的教学实施能力。

2.高校体育教师教龄在教学实施能力中的情况

表 5-13　高校体育教师教龄在教学实施能力中的情况表（n = 112）

教龄	频数	平均值	标准差
1～3 年	37	3.00	0.586
4～10 年	55	2.03	0.587
11～20 年	19	1.89	0.570
21 年以上	1	1.93	0.000
总计	112	1.94	0.587

由表 5-13 可知，高校体育教师教龄在教学实施能力中平均值最低的是 11～20 年教龄的高校体育教师，也就是说此组的教学实施能力最好。而平均值最高的是 1～3 年教龄的高校体育课教师，因此教龄为 1～3 年的高校体育教师的教学实施能力最差。但是出现这种现象是因为此组的高校体育教师没有丰富的教学经验，因此无法真正地发挥自身的教学实施能力。而 11～20 年教龄的高校体育教师因为常年在学校教学，因此懂得如何将自身的知识储备运用到教学实施当中去。

由此可见，教学实施能力并不是生来具有的，而是通过不断地积累与学习，从而逐渐形成的一种特殊的能力。所以新老师不要着急，多多锻炼几年就能提高自身的教学实施能力了。

3.高校体育教师职称在教学实施能力中的情况

表 5-14　高校体育教师职称在教学实施能力中的情况表（n = 112）

职称	频数	平均值	标准差
助教	37	2.43	0.525
讲师	54	2.09	0.599
副教授	14	1.85	0.609
教授	7	1.91	0.572
总计	112	1.94	0.586

由表 5-14 可知，在高校体育教师中，平均值最低的是副教授，由此可以得出副教授职位的高校体育教师的教学实施能力最强，其次是职称为教授的高校体育教师教学实施能力，排在第二名，职称为助教和讲师的高校体育教学实施能力较低，教学实施能力有很大的进步空间。

（五）高校体育教师教学指导能力的情况

在教学中，体育教师所具备的教学指导能力能够使教师指导学生做体育动作，并且能够及时纠正学生错误动作和正确示范等，是体育教师的最基础的技能能力。

1. 高校体育教师性别在教学指导能力中的情况

表5-15 高校体育教师性别在教学指导能力中的情况表（n=112）

/	频数	平均值	标准差
男	68	2.17	1.053
女	44	2.27	1.003
总计	112	2.21	1.030

如上表5-15所示，高校体育教师教学指导能力中，男教师的得分平均值低于女教师，说明男教师的教学指导能力较强于女教师，但是女教师整体标准差低于男教师，所以说明女教师的整体能力较为中等。

2. 高校体育教师教龄在教学指导能力中的情况

表5-16 高校体育教师教龄在教学指导能力中的情况表（n=112）

/	频数	平均值	标准差
1～3年	37	2.11	1.068
4～10年	55	2.00	0.950
11～20年	19	2.19	1.207
21年以上	1	2.47	0.000
总计	112	2.21	1.030

如上表所示，在教学指导方面4～10年教龄的教师平均值最低，同时标准差低，说明4～10年教龄的教师整体教学能力要强于其他教龄的教师。21年以上的教师平均值最高，说明他们的教学指导能力在所参与调查的高校体育教师中最低。21年以上教龄的老教师年纪会偏大，运动能力会下降，可能伴随有运动损伤，所以在动作表现上要比中青年教师低。1～3年的青年教师朝气蓬勃，他们的教学指导能力略低于4～10年教龄的教师，说明在运动能力相差不多的情况下，1～3年教龄的新生代教师在教学经验上有所欠缺，所以教学指导水平要低于4～10年的教师。可以看出教学指导水平提高只有出色的身体素质、运动能力外是不足够的，还需要长时间的教学积累的经验。

3. 高校体育教师职称在教学指导能力中的情况

表5-17 高校体育教师职称在教学指导能力中的情况（n=112）

/	频数	平均值	标准差
助教	37	2.09	0.891
讲师	54	2.04	1.081
副教授	14	2.82	1.030
教授	7	2.93	1.239
总计	112	2.21	1.030

如上表5-17所示，高校体育教师虽然有丰富的教学经验，但是自身年龄增长、身体素质下降，所以与青年教师相比教学指导能力略微下降。

第二节　忽略运动训练和体育教学间的联系

高校在开展体育教学的时候，运动训练是重要的组成部分，而进行运动训练需要有教师正确的引导和教学。但是目前大多数的体育教师却忽略了两者之间的联系，无法理解运动训练和体育教学之间存在的异同性，导致无法引导学生正确处理好学习与训练之间的关系，从而影响了学生的学习成绩，又无法提高学生的运动训练水平，严重影响了学生身心的健康发展。再加上竞技体制的不完善，在进行体育教学和运动训练的时候缺乏一套规范化的训练管理体系，而少数学生对管理缺乏一定的认同性，导致无法积极地投入运动训练中，从而无法有效提高自身的运动水平。

一、在课程体系方面存在的问题

（一）课程体系与培养目标存在偏差

课程体系的设置存在不合理性，课程内容的分类细化不清。体育专业的发展离不开合理的课程内容设置，这对于课程的发展至关重要。在高校运动训练专业的设置中，内容在一定程度上影响了专业建设和研究范围及研究深度，使得课程体系的设立和培养目标的确定都存在一些偏差和不足。

（二）课程内容重复堆积

课程体系的内容有待完善，内容复杂，过分强调对细节的划分。随着课程体系的不断变化，课程内容也在随着社会的不断变化而不断更新。社会的变迁也在课程设置上有所体现，增加了一些新型的课程，但是同时也出现了一系列的问题。

例如课程内容的重复堆积，课程体系的过度细化。对课程内容划分过分强调，使得一些课程重复地讲授。新旧事物演变是时代发展的趋势，体育科学知识也是如此。专业课程内容累赘制约了专业的发展。增加新的知识能够帮助专业发展，但内容的重复会增加专业课程的负担。学校专业内容的更新，靠的是老师课堂上的补充，课本方面仍在使用旧版本进行教学，培养方案落伍。由于在设置学科内容和知识时，不注重其总结和归纳，在原有课程内容的基础之上，新加了很多新时期的特色内容，导致在整体的课程内容设置上显得有些凌乱和繁杂。随着社会的不断进展，特别是近几年，在社会就业压力大的今天，学校的培养目标也发生了很大变化，导致了课程设置的变化。

在新时期背景下，学院增设了很多课程，导致课程平台堆放的东西太多，杂乱复杂，分类也不整齐，这些课程对于学生学习热情提高不是很大。怎样建立一个既深又宽的课程体系，是运动训练专业相关方向的一大研究难题。

二、在课程培养目标建设方面存在的问题

高校体育学院目前对于运动训练专业学生的培养目标与要求主要包括以下几个部分：第一，该专业学生需要灵活掌握其专项运动的训练与教学、组织竞赛与管理的基本原理及方法。第二，在完成自身专项要求的基础上发展其他专项的运动技术及掌握相关专项的训练与教学方法。第三，要求学生掌握组织其专项训练中的训练与教学实践活动、赛事的组织与裁判工作、项目管理的基本工作实践能力。

但目前高校体育学院在运动训练专业学生的培养工作中学生了解我国竞技体育运动相关方针政策还有所欠缺；学生在专项训练管理及竞赛组织方面的前沿理论知识还有待加强；学生自

身的专项科研能力及批判性的思维能力需要进一步培养。

三、在课程结构方面存在的问题

（一）课程设置存在结构性不合理

运动训练专业课程设置的核心在理念与实施方面还存在一定争议，该专业课程制定的重点以高水平运动员、专业教练员及专项教师三者为培养目标。有些高校从竞技水平、地域特色、学风传统等出发来对其重点进行理解和施行，由此可能会导致在课程设置中出现二者无法兼顾的局面，往往解决了一个问题而忽略了其他问题的存在，使得课程结构不合理、不平衡、不协调。

（二）必修课和选修课的比例不均衡

高校运动训练专业课程设置的必修课和选修课的开设比例不均衡，专业必修课在全部课程中所占的比重过高，超过了全部课程的八成，选修课的占比较低。从两个方面来分析，第一个方面是学校的课程配套设施和开设相关专业课程的老师短缺，缺乏特色选修内容，导致学生无法进行选修课的学习；第二个方面是因为必修课的开设占据了大部分的学时，学生们无法配置更多的时间来进行选修课的学习，因此学生的积极性、主动性与创造性得不到充分的激励与发挥。

（三）公共必修课占比不均衡

相比较而言，公共必修课选择的范围也较为贫瘠，以政治课、外语课、计算机课为主，其余选择较少；选修课与必修课的比例悬殊，必修课的比例大于选修课的比例，其贯穿于学生整个学期的学习导致学生需要较多的时间、精力来投入其中，因而学生在选修课方面只有较少的学习时间与实践机会；选修课主要以本学科的专业、外延知识为主，较少有与其他学科交叉的学科供学生学习、讨论。

（四）术科与学科开设比例不均衡

在术科课程实践与理论课程开课比例方面也存在一定问题，具体表现为理论课占比小于术科练习课占比，而运动训练又强调对技战术的熟练掌握与应用，因而容易出现学生理论知识储备较差、理论知识联系实际应用水平不够的情况；高校运动训练专业过于注重该专业知识理论、技战术的学习与应用，而忽视了当前社会所要求的人文素养，没有专门的课程培养学生的意志品质、情感需求、自我价值等方面。

（五）实习环节范围小，周期短

进入新的时代，随着培养目标的不断更新，高校运动训练专业现存的实践方式相对传统，以毕业论文和实践实习为主，且实践实习活动与体育教育专业接近，无法体现专业实践特色；在实习授课方面，由于学校规定安排的实习环节时间较短，导致大多数实习学生往往刚体会并进入教师的角色就已经提前结束，与此同时，在实习培训期间由于学校对实习学生的实习教育不到位，大多数实习的学生认为在实习单位完全可以依靠所实习学校教师能力授课就行，自己没必要跟随参与，没有对实习过程引起足够的重视。最终导致学生的能力锻炼不够充分，积累的上课经验较少，授课能力略微缺失。

（六）产教融合不够

在运动训练专业的实践教学环节中，没有充分将地方体育资源融入教育实习的课程之中。实践实习的特色课程体系构建的需求与实际的实践实习开设存在差异。

（七）缺乏运动训练专业相关的精品课程

从运动训练专业来看，构建有本地特色的课程体系，高校运动训练专业在加强专业建设上的特色定位不足，没有与自身实际情况相结合，忽略了本身的办学特点，运动训练专业精品课程需要完善。继续开发具有区域特色的运动训练课程体系，来适应时代的进步，满足人才培养的需求。在精品课程的构想、设计、打造和实施过程中，我们始终要以创新教学课程理念为指导，培养创新性、高质量、高品质的专业课程，全面促进科教融合和产教融合的进程和程度，在教学资源方面加大支持，提高现代教育方法和技术在教学过程中的比例，增加课程的丰富性。最终建设能够帮助研究生掌握坚实的理论基础及学习到专门知识的示范性课程。精品教材建设管理力度不够。精品教材的建设并不是无标准的，而是需要在制定专业的教学计划、教学大纲、课程标准基础上进行编写，并要对编写的资格、条件、立项及核准作出明确规定，还应建立相应的教材编写、审定分离制度，把好编审两道关，并按照行业最新发展动态进行相应教材革新，尤其是实训教材更应紧跟市场、岗位变化情况，有必要的情况下需要将行业专项人才引入教材编写团队中，以尽可能提高教材编写的实用性。

四、高校竞技体育发展的有效制度缺失

制度文化居于上位精神文化与下位器物文化之间，常为我们所忽视，高校竞技体育对制度文化缺乏深入认识和研究。制度文化缺失现象不同程度地表现在高校学生运动员招生管理、学习训练管理、竞赛管理各环节中，反映了高校竞技体育在制度规范、人本主义、制度理性、制度诚信、制度创生各方面的缺失。

（一）制度文化的基本内涵

要理解制度文化应从制度谈起，何谓制度？制度或者是现实社会中实际存在的规章制度和建制结构，或者是"典章化"与"法典化"的过程。也有学者定义为：通过权利与义务来规范主体行为和调整主体间行为的规则体系。道格拉斯·诺斯定义为：那些使人与人重复互动结构化的规则、执行规则的特性和行为规范。广义的制度可以包括体制、机制、律法、规章条例、行为规范等，狭义的主要是指规章条例。人们一般习惯地将文化分为精神文化、制度文化、（行为文化）、器物文化三（四）个层次。制度文化居于中介层次，具有承上启下的意义。文化各层次之间必然产生有机的衔接和交融，层次之间并没有清晰的界线。在此基础上，以制度为核心对其上、下位文化（精神文化与行为文化）所进行的关联与融合就形成了制度文化。如道德伦理与制度法则的融合则产生法理精神，等等。

制度文化的研究起源于企业管理，如"企业的制度文化是由企业的法律形态、组织形态和管理形态构成的外显文化，它把企业文化中的物质文化和精神文化有机地结合成一个整体，是

企业文化的中坚和桥梁。其内容有三个部分，法律形态、组织形态和管理形态"。也有学者概括为：领导体制、组织结构、管理制度三个部分。此后制度文化的研究广泛地扩散到其他领域，并越来越成为热点。例如，在学校领域，制度文化就被定义为："是学校以体制、机制、政策、规章等确定的制度环境，它对师生的思维、言行方式及生活行为习惯具有引领、约束和定型的作用。内容包括：制度理念、制度价值取向、制度管理准则、执行方式等"。诸如此类。

现代制度文化不只是一个呆板的概念，在历史的演进与现实的运用过程中，它形成了一系列的核心内容，它们都具有一定的特性以区别于文化层次中的其他内容。这些内容相互作用形成了一种环境，即制度文化的情境化表达。概括起来它们是一系列规章、规则、规范体系。

与人性有关：由人性善、恶而推导出制度伦理，而后制度文化不断衍生发展。无论中西，由尊重人性而在一定程度上产生了"人本主义"情结。只是现代社会要由我们将人本主义提升到显要与首要地位。尤其体现在企业文化中，"建立以人为本的企业制度文化内涵是，企业应将人的全面发展作为企业的发展目标之一，并通过顺应人性的制度建设凝聚人心的制度管理，来实现人和企业的共同发展"。

与理性有关：在西方由契约精神发展到契约理性，是一种工具化的理性。而后由工具理性发展到有限理性是一种人文精神的进步。在中国传统封建社会，宗法社会伦理秩序维护也是靠一种理性在起作用，只是它更多地表现了价值理性，或者说就是伦理理性。现在人们对这些理性都有了比较客观的认识，也将它们合理地融入制度文化之中。理性也许是精神文化与制度文化之间的一个模糊界线，前者更多地强调先验性的价值判断，逻辑经验难以发挥作用。后者逐步进入实证的领域，可检验性清晰起来。

有高度的法理要求：法理学即法的哲学，是法理的智慧与基本认识论。它由一系列基本要求构成，现代法理最鲜明的基本要求就是"公正"二字，或如罗尔斯所言"公平正义"。在此基础上派生出公平、公开、诚信、正义等。公平竞赛（fair play）是基本的体育精神。这是体育的生命力所在，失去这一点，竞技体育无以生存。

一种创生秩序：制度文化的目的在于构建一种秩序，传统的制度文化在于维持君权秩序，而现代制度文化更多的是要创生并保持民主秩序。制度文化是一种创生秩序，是后天形成的。正所谓："企业文化是一种自生秩序，而企业制度更多的是一种创生秩序"。创生秩序是制度文化创新性的体现，是现代制度文化不同于传统制度文化的另一个明显特点，它不再只是固有秩序的维护者，而是新生事物创造与自身完善的促进者。

通过对以上中西传统文化的比较及制度文化的引述，可以看出制度文化的基本内涵应以以下核心内容为构架，即契约、秩序、理性、三公（公正、公平、公开）、人本主义、诚信、创新等。由于当今世界的科学范式是以西方科学为根基的，在论证的过程中难免要对照西方科学成果来评判自身的缺陷。所以并不存在有意识的民族虚无主义偏见。明确了以上这些，制度文化"缺失"，在此特指与现代制度文化内涵相比较，高校竞技体育制度文化中某些基本观念的偏颇，基本元素的缺乏或某些基本功能的缺陷。

（二）我国高校竞技体育制度文化缺失的由来

1. 我国制度文化缺失的历史传统

在文化层次体系中，制度文化为我国传统文化所缺失是有深厚的历史积淀的。概括梳理前人研究成果，就我国传统文化来讲，儒家文化：主张德治、仁治，以宗法仁礼约束天下，强调等级秩序，维护君权专政体制，形成了温良恭俭让、礼义仁智信的社会规范。它们大体属于精神文化与行为文化的范畴。但制度文化的发展却止步于羞恶之心，不屑于谈法律制度；道家文化：主张清静无为、生态还原，以无为而治为纲要，强调自然之法生生不息，以自然性为人性，以自然规律为社会规范。制度文化建设方面早早就止步于无为，无以繁衍；法家文化：主张依法治国，强调强权控制与威慑，实行严刑酷法。制度文化的发展却止步于功利主义，社会乱于法术盛行，没有道德正义的约束，为了达到目的不择手段，为所欲为，最终导致无法无天；如此等等，以及数千年的封建专制体制：为维护对天下的统治，对制度文化的许多理性因素进行了有意识的过滤，不断"挤出"理性，"压积"非理性因素，超长期恶性循环流变成今日重重缺陷。

在这样的背景下，我国高校竞技体育制度文化难免存在各种各样的问题，借这样一个逆光视角，我们少谈成绩与优势，多讲不足，来唤起大家对高校竞技体育发展的忧患意识。

2. 高校竞技体育制度文化缺失的现实背景

"高校竞技体育"是一个合成概念，从文化意义上讲，是高校校园文化与竞技体育文化的结合，即"体教结合"的一种形态。在书中"高校竞技体育"概念，是在传统"高水平运动"概念基础上的拓展和包容，是在社会转型期的历史条件下的发展与创新，是对我国普通高校开展培养高水平运动员工作20年发展历程的理性反思，是对高校开展培养高水平运动员工作性质、特征和地位的重新认识，体现了进一步深化我国高等教育和竞技体育管理体制改革的需要。

我国高校的体教结合是校园文化与竞技体育文化从扩散到碰撞并逐步融合的过程，客观地讲，当前的体教结合，尚处于碰撞为主到融合的过渡阶段，问题很多，这些问题必然会在制度文化层面表现出来。"高校竞技体育制度文化"是高校竞技体育的一个下位概念，是高校竞技体育的体制、机制、政策、规章等确定的制度环境，它对广大参与者的思维、言行方式及行为习惯具有引领、约束和定型的作用。它与制度文化原概念之间，既有区别也有必然的联系。

（三）我国高校竞技体育制度文化缺失现象的表现形式

制度规范体系是制度文化的本体部分，通过中国传统文化的推论，我国制度文化必定是存在缺陷的，那么在高校竞技体育中具体表现在哪些方面呢？通过调研，如表5-18，概括得出9个方面的制度相关问题（缺陷），"三公"、规范性、严肃性、连续性、项目特点、制度改进、竞技提高、文化学习、片面竞技化。同时，高校竞技体育简单而言分为招生管理、学习训练管理、竞赛管理三个环节，各环节再形成一定的若干细小管理环节，因而也各自需要制度体系来保障工作的顺利进行。通过管理环节与制度缺陷进行交叉表评价，并逐一进行加权赋值，5分~1分程度依次降低，经统计运算得到各指标的权重值，以此衡量各种制度缺陷的严重程度。

表 5-18 高校竞技体育制度文化缺失现象调查一览表

制度缺陷现象	招生管理			学习训练管理			竞赛管理		合计	排序
	招生权重	配套政策权重	注册权重	转学转会权重	学训管理权重	学籍管理权重	参赛资格权重	竞赛组织权重		
"三公"缺陷	52	29	56	51	10	6	105	64	373	2
规范性缺陷	43	14	60	53	31	35	52	65	353	
严肃性缺陷	3	2	40	14	5	8	46	29	147	4
连续性缺陷	32	55	41	17	37	33	24	27	266	7
项目特点缺陷	32	32	14	7	12	17	2	10	126	5
制度改进缺陷	35	65	46	21	52	64	40	56	379	
竞技提高缺陷	74	72	28	11	66	74	27	18	370	9
文化学习缺陷	22	25	22	22	70	41	3	9	214	1
片面竞技化缺陷	26	13	8	13	30	23	13	21	147	3
权重合计	319	307	315	209	313	301	312	299	/	6
排序	1	6	2	8	3	5	4	7	/	7

结果表明：

从管理环节而言，招生政策、注册、学训管理、参赛资格管理问题较严重。招生政策是高校竞技体育的起始环节，但政策与制度往往相互贯通，并凌驾于制度之上，具有高度的全局性与强制性；注册是指"向有关部门登记备案，取得某种资格"。它本身即一种制度，与参赛资格紧密联系，并有权属的界定；学训管理是学生运动员在校学习、训练、生活的具体环节。以上环节都是高校竞技体育的关键环节，问题较严重，原因当是深层次的。

从制度表象而言，制度改进、"三公"、竞技提高、规范性缺陷程度较为突出。制度改进不力是指两个方面，一是制度缺乏改革的力度，因循守旧。二是主观篡改现象严重，缺乏制度演进与修订的合理路径；"三公"既是竞技体育的根本，也备受院府学术文化的推崇。但在市场化、商业化背景下，高校竞技体育很难独善其身；"竞技提高"不利表现在高校竞技水平不高（高水平运动引入机制）与高水平培养机制不足两方面；"规范性"是制度严谨、科学的保障，其缺陷是制度本身的致命伤。

（四）高校竞技体育的制度文化缺失的内在实质

1. 制度规范体系建构不足

制度不是一个笼统的概念，对制度作出评价必须要有一系列观测点，通过文献研究与专家甄定，我们选定为 8 个评价指标，它们具体地反映了高校竞技体育制度规范体系的多重属性。如表 5-19，结果如下：

表 5-19 高校竞技体育制度规范体系主观评价情况一览表

制度缺陷现象	意识程度——主体性	刚性程度——原则性	弹性程度——灵活性	程序化程度——规范性	沟通程度——交互性	监督程度——检验性	效率程度——快捷性	效益程度——收益性
很好	0	0	0	0	0	4.8	0	0
较好	16.7	21.4	31.0	19.0	4.8	11.8	16.7	7.1
一般	61.9	50.0	59.5	57.1	59.5	42.9	50.0	57.2
较差	21.4	28.6	4.8	23.9	35.7	35.7	33.3	35.7
很差	0	0	0	0	0	4.7	0	0
缺失值	0	0	2.4	0	0	0	0	0
合计	100.0	100	100.0	100.0	100.0	99.9	100.0	100.0

意识程度（16.7%）：是指当事件发生时，人们能主动联想到制度规则的程度。它取决于人们对制度的认同程度和熟悉程度。一个高度认同制度文化的人，凡事都会自觉地以制度为基准来规范自己的行为。反之则不然。同样，一个熟悉制度的人，当相关事件出现时，就能更自动地在头脑中映射出制度条款。

刚性程度（21.4%）：是指执行制度的严格程度。制度贵在落实，大家很痛心，我国许多领域其实不乏好的制度，但缺乏的是制度的落实，高校竞技体育领域也一样。比如学生运动员的学分管理，各校都做出了相应的规定，如果能认真执行相信能在很大程度上促进运动员的文化学习。各高校都有竞赛加分标准，各档次各名次加分都很明晰。即使如此，许多运动员也不能顺利通过。

弹性程度（31.0%）：是指执行制度时的灵活性大小。是与刚性程度相对的一个概念。制度有一定的弹性是人性化的要求，制度过于死板会导致"死制度卡死大活人"的不良后果。但制度的灵活性必须建立在原则性的基础上，否则制度就失去了制度的意义。如某高校对运动员学习作出如下规定："凡属我校体育班本科学生，在学习期间，必须严格遵守××大学学习守则，遵守学籍管理条件，必须刻苦学习专业文化知识"。然而这些条例没有对学生的"课程学时"作任何规定，那么普通学生的课程学时理当是不少于2/3，而事实上多数运动员学生根本不可能达到这个规定。管理条例中就只是设置了"遵守学籍管理条件"这样一个虚框架，而只字不提普通学生的学籍管理具体规定，没有了具体操作标准，因而让人可灵活把握，也无人追究责任。离开了制度刚性这个前提，恰恰说明我们的制度弹性太高，以至于常常要偏离制度的法理精神（公正）。

程序化程度（19.0%）：是指执行制度的程序是否规范完整。大凡好的制度都有一个规范完整的程序，这也是法学的理性条件。在西方都有"程序正义"的法律规定，意思是非法取得的证据，即使它是事实，在法庭上也不予采信。我国没有法律程序的传统，更强调效果（实体法）而不问程序，往往一个问题没有解决，由于程序非法可能会导致另一个问题。如前面提到的运动员学分问题，毕业时学生运动员的学分够了，但学分的取得过程问题很多。再比如，有人发现其他高校有人在运动员资格上作弊，发现者往往不是启动制度程序来进行投诉监督，而是通过效仿来分享非法利益。

沟通程度（4.8%）：是指执行制度的相互交流情况。交流沟通是信息社会的一个基本特征，也是制度能否透明合理合法的一个前提。但由于我国在制度生成时缺乏交流，出现的问题很多。

监督程度（16.7%）：是指制度在执行过程中可以接受众人的监督，以保证制度的正确性与合法性。这其实是沟通制度的一个特殊方面。没有沟通就不可能有监督。这种制度文化根深蒂固，还将深远地影响我们。

效率程度（16.7%）：是指制度执行的快捷程度。俗话说：时间就是生命。而现实情况不容乐观。一些制度执行起来很快，近于草率，更多时候非常缓慢以至于不了了之。

效益程度（7.1%）：是指执行制度的收益程度。这是一个与效率程度相对的概念。效率与效益很难做到双优。往往必须取其一。一般情况下效益优先。需要提醒的是，要双优不容易，要双劣却很简单。即效率与效益都很低下，这也是一种常见的经济学现象。

2. 法理精神的迷失

法理学即法的哲学，是法理的智慧与基本认识论。它由一系列基本要求构成，现代法理最鲜明的基本要求就是"公正"二字，或如罗尔斯所言"公平正义"。在此基础上派生出公平、公开、诚信、正义等。法理精神就是要我们在是非善恶面前有正义感。竞技体育领域中许多事件涉及是非善恶原则，而我们做得的确不够。

以下是人们对于高校竞技体育中违规、违纪现象的态度调查，客观地体现了人们对于制度文化的价值取向状况。如表5-20，结果不容乐观："坚决制止"代表着人们的正义感强度，仅占14.3%，如此之微弱令人不得不痛心。"深恶痛绝"代表着人们正义感的立场，比率最高，却也只有35.7%。"见怪不怪"代表着人们的冷漠，却占到23.8%，排序第二。

由此可见，我们在法理精神方面的危机是很严重的，体育比赛的恶劣事件层出不穷，与我们的正义力量不足大有关系。

表 5-20 对高校竞技体育中违规、违纪现象的态度调查一览表

竞技体育中违规、违纪现象的态度	频数	百分比 %	比率排序
深恶痛绝	15	35.7	1
可以理解	4	9.5	5
见怪不怪	10	23.8	2
无能为力	7	16.7	3
迫不得已	0	0	6
坚决制止	6	14.3	4
合计	42	100.0	/

3. 制度理性失位

（1）制度认知的闭塞或扭曲加工

心理学认为，"认知能力是指接收、加工、储存和应用信息的能力"。制度的认知理性取决于我们对制度的基本认识，要能明确制度的目的意义所在，之后理性地处理制度事件。中国人长于直观思维，而弱于抽象思维。对事物的认识不求精准清晰，而讲整体笼统。事物之间没有了边界也就没有了规则，由此而衍生误读曲解太多。

（2）制度认同的外在服从与内在排斥

认同的解释是："在心理学上指认识与感情的一致性"。其几个关键词是感情、内化、同化。中国传统文化讲求道德仁善（精神层次）的修为内化，却不强调制度规范的同化，只是告诫人们要服从于各种礼仪规范。更有君主专权文化的威慑，让人们习惯于威服。人们不愿参与制度规范的设计，制度规范一旦形成，则无原则服从。但内心中充满恐惧与排斥，所以人们对于制度规范很难做到认识与感情的一致性。这种恐惧与排斥心理，在条件成熟时就会转化为对制度规范的蔑视与破坏。制度规则失效，潜规则盛行。

如表5-21，体育竞赛中，自律程度（正、负评价比2.4%/47.6%）"正"远不及"负"。违纪程度（轻、重评价比11.9%/69.1%）也不容乐观。制度认同上的不足，一定程度也反映了人们的价值取向问题，但此时更多地应看到对于制度在理性认识上的不足。

表 5-21　高校竞技体育制度文化缺失情况调查一览表

/	制度规范面前自律性缺失程度 %	体育比赛中违纪性严重程度 %
不严重	0	0
不太严重	2.4	11.9
一般	50.0	19.0
较严重	47.6	64.3
很严重	0	4.8
合计	100.0	100.0

4.诚信危机不可忽视

诚信是一种传统美德，是理想人格的重要方面，也是现代市场社会运行机制的重要基础之一。它包括三方面内容：诚实就是要对于是非善恶能真实表达自己的观点；信用就是能忠实地履行自己的承诺，言必行，行必果；责任就是对于自己的言行要有责任感，遇事不宜随意承诺，而一旦承诺就要勇于承担相应的责任。

第三节　体育教学缺乏正确的体育教育理念

现阶段部分高校在开展体育教学的时候，缺乏正确的体育教育理念，无法正确意识到开展体育教学对运动训练的积极作用，甚至有的还是采用传统的教学理念，忽略学生在学习过程中的主体地位。

一、对学校体育教学的认识及现存问题

体质教育论是我国最具争议的现代学校体育教育思想之一，产生于 20 世纪 70 年代末至 80 年代中期，这种教育思想认为，体育教育的一部分其特质表现在"体"字上，因而学校体育的根本目的在于增强学生体质，把"最根本的是看学生的体质是否有所增强"作为评定学校体育工作成绩的标准，而且一切体育教学活动必须以增强体质为中心。这种教育思想强调体育教学对人体的生物学改造，坚持生物学评价标准，在教学中推崇超量负荷原理、适应性原理等多人体运动的原理的运用。"以增强学生体质"为目的的体育教学对我国的当时的学校体育起到了一定的促进作用，它的提出使我国的学校体育改正了以往的只侧重于抓竞技运动的作风，在体育教学的内容、形式和方式方法等方面开始寻求自己的道路。

由于现代社会、科学、教育和体育等事业的飞速发展和大量的新兴学科的产生，人们对学校体育的认识越来越深刻，对学校体育的教育功能也有了新的开发和拓展。这种多功能开发和综合利用，使学校体育教学产生多方面的效益，整体效益论就是在这种情况下产生的，它认为学校体育要在体育教学的过程中取得育人的整体综合效益，并将学校体育作为横跨教育和体育两大系统的一个子系统看待，它力求促进学生个性的全面发展，将教学与社会的需求结合起来。这时的体育教学的目的已经不仅限于满足学生锻炼身体的需要和传授一般的体育技能，而是结合了生物、心理和社会等多类学科对学生进行意志、情感、社会责任等多方面素质的培养，在教学的内容和方法上也趋于多样化。

将前两种教学思想加以总结和发扬的是终身体育教育思想，是随着我国"素质教育"思想

的提出而产生的，它认为体育是使人类适应未来挑战的全面素质中的基础素质之一，提倡终身教育可以使人们在一生中都充分发展和锻炼身体，解决成人因为年龄等诸困难造成的体质和健康的问题。将终身体育作为学校体育的指导思想，是因为学校体育承担着家庭体育和社会体育的职责，是终身体育的重要组成部分，对终身体育起着承前启后的作用。它提出在学校体育教学中必须重视向学生传授终身享用的体育保健知识和方法，重视人生关键期的学生体质的形成，体育教育的最终目标是培养终身体育者。终身体育思想将体育教学当作体育文化的传播手段，除了掌握基础的体育知识和运动技术以外，它还要使学生掌握一定的自我锻炼和保健的技能并在成人以后得到持久发展。

当前除终身体育思想之外，另外一个呼声较高的体育教育思想是主动体育思想，它是指从全面育人和终身体育出发，在体育教育中充分发挥学生的主体作用，促使学生自觉、主动地进行体育学习的一种体育思想。它是对我国学校体育长期以来强调以教师为中心，体育教学程式化、成人化、训练化状况的反思，并借鉴了日本"快乐体育"和运动目的论的思想，使学生的体育学习动机建立在自身需求和对社会的责任感上，把运动中的乐趣作为追求的目的之一。

上述几种体育教育思想几乎是同时出现在我国体育教学论坛上的，它们分别代表了体育教学对学生不同发展方向的影响，虽然关于它们的争论一直都没有停息过，但与之有关的大部分内容都只停留在理论阶段，只有很少一部分相关理论被运用到体育教学实践中，这些被运用的部分虽然使当前的体育教学在目标、形式和内容等问题上发生了一系列的变化，但仍没有彻底打破我国体育教学改革中的一些僵局，难以满足体育教学日益增长的需要。长期以来众多体育工作者在体育教学内容"竞技化"的问题上做了大量的工作，但至今没有取得重大的突破，这并非是努力或是重视不够造成的，而是一个难以调和的矛盾迫使当前的体育教学必须处于这样一种状态下。体育教学具有体育活动的普遍特征和教学活动的普遍特征，作为学校教育的一部分它除了担负着提高学生体质的任务之外，还必须向学生传授体育知识和相关的技术、技能。学生要"强身健体"就必须从事一些枯燥乏味的重复性练习，这会占用较多的课时，否则难以取得健身的效果，但同时体育知识的传授也绝非做几个简单的游戏就能完成的，体育文化是人类几千年的文化结晶之一，对它的系统掌握必须采用相对稳定的组织形式并占用一定的时间和空间，这就势必引起"体质"与"知识"在时间与空间上的争夺，迫使它们必须吸收先进的力量来弥补自己在时间与空间上的不足。"竞技化"的体育教学恰好能满足这种需要。现代竞技运动的发展十分迅速，由于竞技的科技含量逐步升高，竞技运动已经表现出某些"速食"的特征，运动员与教练员们在先进科学的推动下狂热地追求着最短时间内的最好成绩，"体育科学"的突飞猛进积累了大量的先进科学知识，这些高科技知识的掌握与运用为教练员和运动员们节省了大量的时间与空间，取得了更好的训练效果。竞技运动在运动训练的过程中表现出的这种"速食"特征使它在众多体育活动中脱颖而出，成为现代体育教学借鉴运用的首选，对它的借鉴与学习同样也为体育教学节省了大量的时间与空间，避免了矛盾的进一步激化。

无论是"体质教育论"还是"整体效益论"或者是"终身体育论"，它们提出的目的和议论中心都是对"体育教学"目的的研究与分析，随着时间的推移，通过传授体育知识来提高学生的综合体育素质的论点显得越来越重要。大家所要解决的一个共同的议题是正确体育教学究竟应该是怎样的？作为一种自身功能日益显著且不可或缺的教学活动，发掘体育教学的本质特点和其他活动的内在规律显得尤其重要了。

二、对竞技运动训练的认识及现存问题

我国运动训练水平是随着竞技运动的社会功能的发展而发展的。在我国竞技运动发展的过程中广大的体育工作者对竞技运动训练工作不断地进行总结与完善，并结合运动员的训练实践总结并制定出了符合运动训练规律的科学训练方针，逐步发展形成了现在的一套具有中国特色的运动训练方式方法，成为我国竞技运动在许多重大国际比赛中取得优异成绩的坚实后盾。竞技运动在传入我国的初始阶段，专业化的运动训练在体育活动中并没有占据较大的比重，其活动方式少，范围狭窄。

（一）高校发展竞技体育的优势条件

高校的高水平运动队是促进竞技体育发展的原动力，高校具有此方面的优越条件，竞技体育本身具有促进人们拼搏向上、奋发进取的精神功能，竞争性是它的本质特征之一，在高校展开竞技体育不仅可以丰富校园文化，提高学生对体育的深入了解，同时让奥林匹克"更快、更高、更强、更团结"理念植根于同学们的心中让它变成一笔财富来激发高校大学生的潜力来成就一番事业。同时这对未来社会体育的发展也大有裨益。

高校发展竞技体育也有力地带动了高校体育活动的开展，体育是高校一门必修课程，通过运动队来培养学生对体育的兴趣，积极踊跃地参与进来，他们在亲身体会到体育带来的乐趣和魅力的同时达到了健身的目的；体育也是培养人们团队精神和积极创新的另外一个途径，特别是一些集体性的项目，让学生在相互的协调配合中来完成体育活动，这是大学生步入社会必备的一种思想素质：凝聚团队的力量解决困难问题和推动事业的发展。在科研方面，高校也拥有得天独厚的条件，高校是知识汇集的天堂，任何一门学科之间都存在着相互的关联性，在高校不同的专业，学生可以从不同的方位为体育发展出谋划策，更加有力地促进竞技体育的快速发展。

（二）目前我国高校高水平运动队的现状及问题

在新的历史时期，如何全面而有效地培养高水平运动员已经成为一个亟待解决的问题。目前我国的高校高水平运动员已经具有了一定规模，教育部批准的可以招收高水平运动员的高校已经达到了100多所，所涉及的项目基本上涵盖了世界大学生运动会的要求，包括：田径、游泳、篮球、排球、足球、体操、健美操、网球、冰雪等16个项目。

（三）高校发展竞技体育面临的问题

1.基础物质条件得不到保障

经费是维持高校竞技体育得以运行的基础，目前看来很多高校都面临资金短缺的问题，教育部门只是拿出很少的一部分经费给运动队，而把大部分投入教育文化的投资上面，这对发展高水平的竞技体育来说是远远不够的，由于经费不足，运动队从事训练的体育设施和运动训练场地相对落后，有的甚至不能适合最基本的训练要求。据有关统计资料表明，就目前高校运动场地中，室外场地有90%多，室内体育馆10%不足，这种状况在一定程度上影响运动训练的开展。

经费不足还使得教练员津贴较低，运动员的训练补贴不足等，作为高校高水平运动员，首先必须保证的是他们的衣、食、住、行，因为运动员是一个特殊的群体，每天几乎都要有大运动量的训练，为了保证体力的恢复，合理的营养和休息安排是一个重要的环节，同时他们面临着学习的压力，如果这个问题都解决不了，难以培养出优秀的运动员。

2. 高校运动员的学习和训练之间存在的矛盾

这是高校运动员中一个很普遍的、严重的问题，如何协调好二者的关系与竞技体育在高校的未来发展前途密切相关，高水平运动员作为一名高校的大学生，所肩负的任务比普通高校学生更加繁重，既要搞好训练又要掌握一定的文化知识，为以后的就业打好根基，现在我们所热烈倡导的"体教结合"对我国竞技体育的发展有深远的意义，是文化教育与运动员训练和成长过程的结合，但由于他们在训练时已经占用了大量时间，由于比赛的日程安排又会耽误不少课程，这使知识的连贯性和系统性被打断。有的高校为了给学校带来荣誉，只重视运动员的运动成绩而忽视了文化的学习，造成很多运动员结业后尽管拿到了文凭，只是徒有其名而无其实，不仅给高校的声誉带来负面的影响，同时影响了运动员将来的继续发展，国外在此方面做得很好，比如美国在保证运动员学习时间的情况下，在规定的时间里采用科学训练方法和手段来提高训练的质量与效率。向单位时间要效益这点值得我们借鉴。

3. 高校运动队的教练员素质欠缺

教练员在训练中发挥着主导作用，一个优秀的教练员对运动员的成才发挥至关重要的作用，高校教练员大多为亦教亦训的体育教师。缺乏带队经验，尤其是对带高水平运动员训练经验不足，并且参加高级教练员培训学习和再提高的机会不多。加强教练员专职化是高校竞技体育发展的必然趋势；清华之所以能培养出很多优秀的跳水运动员和于芬教练的科学训练是密不可分的，北京理工足球队同样在著名教练金志扬带领下才取得了不错的成绩，这只是个别成功的案例，全国大多数高校教练员素质偏低，造成这种现象的原因是多方面的，经费的短缺，很少参加高级教练的培训，另外，缺少适当的激励机制，也是重要原因，教练员没有训练的热情。

4. 高校运动员缺乏参加大赛的锻炼机会

国家体育总局各项目的管理中心对参加全国比赛的运动员都有明文规定，他们必须以各省体工队或各俱乐部为代表队的名义进行注册，高校不具有代表参赛的资格，这严重阻碍了高校参加全国大赛，这个规定是高校竞技体育发展和运动员水平提高的拦路虎。当前，高校要想在世界大学生运动会比赛中取得好的成绩，担当起未来竞技体育发展重任，其运动员参加全国高水平的赛事是必不可少的，这是他们运动生涯中成长的一部分。所以要尽快完善我国的竞赛制度，制定适合我国高校运动员的发展措施，为竞技体育更好发展服务。

三、体育教学过程中学生主体性问题

教学过程是教师与学生以课堂为主渠道的交往过程，在交往过程中通过教师、学生、教材（教学内容）、环境四要素互动构成学习的共同体，这里的体育教学过程按照层次的划分属于课时体育教学过程，即属于具体的、真实的日常课堂教学过程。虽然强调在体育教学过程中发挥学生主体性，能够激发学生的学习意识并自主地、主动地参与到体育学习和运动中去，打破传统体育教学中学生被动学习的弊端，但是，作为体育课程与教学论研究者却要思考这样一个问题：

即体育教学过程中学生主体性的发挥是否是真实有效的。这个问题的理性回答需要对体育教学过程展开深度的思考和反思，因为学生主体性的有效发挥可以提高学生的学习水平和提高教学质量，若是虚假的主体性则会导致课程与教学目标实施的虚化。故此，反思体育教学过程中的"虚假的学生主体性"可以更加辩证地看待学生学习的有效性和真实性，目的在于扭转部分存在的"虚假的学生主体性"而走向优质有效的教学。

（一）虚假学生主体性及产生的原因

1. 何谓虚假的学生主体性

体育教学活动中的学生主体性界定为"作为学习主体的学生在教师的教授、指导和引导下所表现出的积极态度和有独立性的、创造性的学习行为"，学生在体育学习中的主体性一般表现在他们在体育学习过程中的选择性、自主性、能动性和创造性方面。可以看出，作为主体的学生在体育学习中主体性的发挥应该以一种态度和行为来表现，但是需要明确学生主体性发挥并不是纯粹的自主性和能动性，因为主体性属于一个对象性范畴，主体人通过对象性活动建立和确定同客体的关系，若没有活动的发动者（主体），就没有活动的客体，若没有活动的对象（客体），就会失去活动的意义和价值，也就不会有活动的发动者（主体）。所以，主体存在是与客体相互规定而存在的，就比如体育教学中教师以学生和课程内容为对象，而学生却以教师和课程内容为对象，教师和学生可以是主体，也可是客体，即教学中作为主体的学生要处理好与教师、课程内容、同伴之间的关系。虽然明确了学生主体性在教学活动和学习过程中的含义，但是学生主体性在体育教学过程中的表现还不清晰。学生的主体性一定是在教学过程的课堂实践中表现出来的，而课堂实践的体育教学过程是一个系统有序的整体，课堂实践过程包含了教学目标的预设制定与实施、教学内容的组织、教学策略的运用、教学评价的选择及课时教学设计等诸多要素的统一，学生的主体性在教师教授和指导下所表现出来的能动性、选择性和创造性就应该具体地体现在教学过程各环节和要素之中，如学生参与到课堂教学目标制定和内容选择之中，教学的方法的使用如何契合学生的主动性和能动性，学生真实评价自身与同伴之间互评学习情况等。

但什么又是虚假的学生主体性？虚假一般指的是不可能存在或者不真实的人或事，根据上文体育教学活动中学生主体性的概念可以理解为作为学习主体的学生在教师的教授、指导和引导下未能够或未真实地表现出的积极态度和有独立性的、创造性的学习行为。如在学习内容的组织和设计上，教师应根据学生的兴趣和主体需要运用适合的教学模式或者教学理念来组织、设计学习内容，但课堂上以运动技术的传授和枯燥的身体练习为重心的学习内容设计普遍存在；又如在学生的学习评价上，学生自评、学生互评、组内互评等形式应成为学生学习评价的重要内容，但是在课堂中却发现，学生自我评价的不真实性、学生互评流于形式普遍存在，看上去学生的学习评价多元化和全面了，却常常因为教师课堂中监督的缺位、评价内容的模糊导致学生学习评价的虚化，学习目标难以有效落地。这些都是在体育课堂教学活动中可能且已经发生的虚假学生主体性。故此，本书将深度分析课堂教学活动中诸如此类的问题。

2. 虚假的学生主体性产生的原因

于宏观处而论，虚假的学生主体性产生与相关教育学理论在我国的传播关系巨大，最为主要的是受苏联凯洛夫的主智主义教育思想和美国泰勒目标课程模式的影响。凯洛夫的《教育学》主张系统学科知识的传授，突出的表现是以课堂、教师和教材为中心，以掌握基本的技能和知识为核心，强调教师的指导和管控作用，知识的获得是学生直接被动接受的结果，此种理念对体育教学渗透表现为课堂上教师对学生的动作技术训练为主和运动技能掌握为主，身体的单一枯燥的重复练习和教学对学生要求的统一和整齐性，使得学生主体性被遮蔽。泰勒的目标课程模式在于通过"过程—产出"模型使得教与学的过程被视为价值中立的技术性过程，教学成为一种追求效率的"技术性实践"，并以学生的行为目标为教学评价的中心，于教学而言就是过于重视教学目标的实现和结果的有效性，而忽视体育教学过程中学生的能动性和作为主体人的自我需求，体育知识的学习对于学生而言只是一种"拿来主义"。这两种教育思想对我国体育课程与教学的实施产生了巨大的影响，体育教师的权威性和成为主导者、学生是知识的接受者，课堂上知识的获得成为无需加以确定的既定结果，再加上中国传统教育的师道尊严等观念，学生在教学中的主体性发挥一直处于未被完全解放的状态，此种教育思想对体育教师教学实践的影响是深远的，即追求体育教学过程的控制和管理，学生、运动知识、教师之间的互动成为生硬的技术性过程，学生的学习只是在完成一定的学习任务，至于学生在运动学习过程中的主动性、积极性、思考性如何，则缺少体育教师的关怀。

于微观处来讲，虽然素质教育和不断修订的义务教育、高中体育课程标准提出"以人为本""尊重学生的主体地位""倡导自主、合作和探究的学习方式"，可体育教师所形成的传统教育观念得不到更新和转变，体育教师对教学理念的把握不到位，以及学生传统体育课程学习方式的惯性，致使在日常的体育教学活动中，虽然在教案和教学计划中处处提及学生的主体性，至于如何落实、落实得怎么样、如何构建教学中发挥学生主体性的框架等问题，却没有得到有效解决。长此以往体育教学过程中学生的主体性是有形而无实质的，如有的体育教师把学生的自主学习理解为"自由学习""自己学习"，且不知道自主学习是有一定的条件和前提的，否则自主学习将陷入目标的虚无和虚置。

又如在体育课程改革中提倡用比赛、游戏等手段将学习内容串联起来发展学生的学科核心素养且尊重学生的兴趣和主体需要，但陈旧的教师教学观念如果得不到更新，还将比赛当成学生自己玩方式的"放羊课、自由课"，学科核心素养的目的将会落空。所以，虚假的学生主体性产生的缘由既有传统的教育思想对体育教师产生的影响，又有身处教学现场的体育教师的教学观念得不到更新，原因是复杂的和综合的。

（二）体育教学过程中虚假学生主体性剖析

有别于批评，是"人之为人"这一独立思想主体的超越精神，其方法是使用合理的反思、理性的质疑和辩证的扬弃。

对体育教学过程中存在的虚假学生主体性作以批判性反思，也不是简单地发现问题和否定问题，而是对体育教学过程学生的学习参与、学习互动、学习理解和学习评价等内容进行客观深度的分析，目的在于去蔽浮于表面和形式化的教与学的形式，从而建立真实的学生主体学习场域，以培养学生更为积极主动和有效进行学习的主体精神。但是在分析之前，有必要对体育教学过程进行简要的说明，因为教学的发生过程就是学生虚假主体性可能产生的过程，所以明确体育教学过程的组成要素有利于深度分析学生的主体性表现。一般而言，体育教学过程是一种教学主体有目标有计划的教学实施过程，在教学实施过程中包含了教学目标、教学内容、教学方式和教学评价等基本要素，各要素借助师生主体的有效选择和实施来顺利完成事先的教学预设。

1. 学生教学目标参与的虚假

体育教学目标是通过教学活动所欲促成的预期的身心变化，是在实施教学活动之前就必须确定的问题。在体育教学的日常实践中，教学目标的确定一般由体育教师根据教学计划从行为目标、表现目标和形成目标等视角来针对性地安排和设计，教师是教学目标制定直接主导者，这样的常规意识得出的一个直接结论就是课堂教学目标的制定与学生的主体参与并无关系，课堂上教什么和达到什么样的学习目的多是由教师决定的。

但是，学生是直接参与课堂教学活动的主体，应该尊重和关注学生的参与，将学生的态度、意愿、想法等主体性意愿纳入教学目标中去，真正做到在课堂教学过程中围绕师生协商共构的教学目标来开展学生的学习活动，但是现实中由于教师陈旧的教学观念及实施存在的难度，学生的主体性被遮掩了。

需要说明的是学生的参与并不是否定和替代教师的地位和作用，而是作为参与者介入其中。一方面，体育教师根据模块教学目标或者单元教学目标的安排并结合学生意愿和想法来设计目标，可以提高教学的有效性，因为兼具教师根据教学计划与学生想法的教学目标可以让教师和学生共同明确学习活动的内容；另一方面，学生在学习活动实施之前大致明白课堂上的学习任务与学习目标，更能有利于提高学习的质量和效果。

虽然提倡学生主体性将学生的主动意识纳入教学过程的各环节，现实中体育教师是把目标的实现和达成作为唯一根本目的的，达成的过程中缺少了对学生主体性参与的思考和理解以至于产生了一种虚假的学生主体性，虽强调学生主体性的论调一直不绝于耳，将学生主体性的精神结合教学各环节的需要落到实处却鲜有成效。

诚然，在教学目标中强调学生的主体性，并不是说将每一个学生的意愿和想法都纳入其中，这也是不可能和不现实的，作为体育教师可以课前与班级体育委员、体育班干部或者在一节课的结尾时段，通过短时间的交谈、询问、协商等手段将能够代表学生意见的有利建议融入课堂目标之中，尊重学生的意见和课堂建议，避免体育教师单一性的"霸权主义"。

2. 学生学习内容体验的虚假

体育教学内容是体育教学中传授给学生的体育基本知识、技术和技能的总称，不同于其他学科的教学内容的是，学生体育教学内容的学习和获得需要通过自身肢体的反复操练、强化体验来完成。但由于运动技能学习的开放性、复杂性与互动性，学生学习过程中主体性的发挥也是多元的。

体育教学内容来源一般都是教材规定的并以运动项目技能的掌握和传授为核心，虽然学生的主体性发挥并不能参与到或者说决定教学的内容，但是面对课堂上运动技术学习和运动技能掌握的自我学习过程，学生的主体性表现在对学习内容的选择和学习内容的感受上，这两方面是学生主体性发挥的重要场域。

关于学习内容的选择是学生面对学习对象（运动技能）产生的自我选择的权利，这里的选择融入了学生对学习内容的兴趣、态度与评判，因为课堂教学活动一展开学生就会对学习内容产生本体反应，如体育教师若通过比赛来展开学生运动技能的学练，学生可能就会喜欢和迎合，若是原地枯燥的单一技能的学练，学生就会反感，况且学生个体之间存在差异性，面对同样的学习内容学生的选择也不可能一致，需要体育教师认真分析个体之间的差异。

由于当前体育教学过于注重运动技术学练和运动技能的掌握，课堂教学变成军事课、规训课与训练课，学生的主体诉求和愿望得不到有效应答，学生对学习内容所拥有的选择得不到有效回应，虽然学生作为教学过程的主体而存在，但是是一种虚假的主体性存在；另外就是学生对学习内容的感受，在运动技能的学习、体能的练习等过程中会伴随着学生一系列的身心感受，会遇到挫折，产生消极的学习情绪，产生竞争等心理，无论是积极的感受还是消极的感受都是正常的，学生有权利诉说自己的体验。作为体育教师要倾听学生的感受，将学生个体产生的消极体验通过各种教学手段转化为积极的体验，而不是出于教师的权威、教学的控制的需要不去理会学生的感受，为了教学目标的完成而不顾及学生的身心体验，使学生自我的学习感受得不到表达。虽然活生生的个体都在运动技能的学习过程中自我表达着，但个体运动的感受需要被教师关注和引导，因为这也是教学的重要关注部分。

3. 学生学习方式运用的虚假

现代教学论认为学生存在着主体性的巨大潜能，他们有能力在一定程度上做自己的主人。新课程改革以来一直倡导教与学方式的转变，要求教师改变教学过程中对学生实施和采用控制性的学习方式，提倡以学生主体为中心的学习方式。就体育课堂活动而言，注重学生主体创造性、能动性发挥的自主、合作与探究学习成为教学过程中学生学习的主要方式，但现实中体育教师传统教学方式存在与新形势下学生学习方式的变革要求，二者难免产生冲突，冲突表现在学生的学习可能是一种虚假的自主性、探究性学习，也是一种虚假的学生主体性学习。自主学习并不是简单的学生自己学习和自由学习，学生前期的运动基础、一定的自律能力、明确自主学习的目的等都是开展自主学习的前提，在满足前提的条件下才能开展。但由于体育教师教学观念的陈旧及自我理解的偏差，一谈到自主学习就变成学生自己学习，至于对学生如何自主、自主学什么、怎么学、学到何种程度却没有深入思考，如此一来体育课经常会变为放羊课和自由活动课，虽然体育课显得热闹非凡，却是一种漫无目的不真实的课堂教学，学生的主体性也只是虚假的存在。有的体育教师理解学生自主学习的内涵与意义，在课堂活动中让学生根据教学提示自我研究动作学习，但是对学生在学习过程中的表现、需求及遇到的问题却漠不关心，看似井井有条的学习却难免陷入一种不真实的状态，因为学生的疑问得不到解答、需求得不到满足，这将会导致课堂教学目标的搁浅。

至于学生的合作与探究学习也存在同样的问题，针对学生合作学习的分组是同质分组还是异质分组，合作学习的目标是教师给定还是学生自己设定，学生的合作角色如何安排等问题。很多教师将合作学习理解为简单的同伴练习和小组学习，讲解示范完一个技术动作就让学生同伴合作，殊不知学生的合作学习需要确定合作学习的目标、教师要做合作学习的设计、新授课是否可采用、创设什么样的教学情境等问题。虽然提倡学生的合作学习，若停留在学生间简单的同伴合作与分组合作上，以此强调学生的主体性也将陷入虚假学习的境地。

4.学生学习评价内化的虚假

评价是体育课堂教学需要解决的关键问题,传统的体育课堂教学一般依据课堂目标对照学生体育学习的达标程度,评价的主体主要是体育教师,学生无权参加。随着体育课程改革的深入,评价的主体从教师评价转向教师评价与学生自评和互评相结合的方式,基于学生主体的自评与互评也是体育学习评价的重要方式。虽然强调学生主体参与到学习评价中去,但是学生的评价一定是真实的吗?学生的自评如何做到自我反思和自我表现的客观性、真实性,同伴互评的方式采用什么样的形式进行,就是简单学生间说说话而已?这样的关于学生主体进行学习评价的现象或者内容也大量充斥着如今的课堂教学,以此产生的学生学习评价也只是一种虚假主体性的评价,并没有促进学生真实的体育学习,具体表现在评价的客观性与反思性难以得到保障。

学生自评与互评的客观性是指学生能够在运动学习过程中正确地、真实地评价自己的表现及同伴课堂上的优缺点,但往往由于学生自尊心、课堂时间不足及评价工具缺位等,评价的客观性难以保证。如教师课前并没有制定简易的学生评价量表或者课堂时间不足,学生自评和互评只是"走过场"以致难以落到实处,这样的学生评价意义不大。学生自评与互评的反思是说学生通过运动学习一定会产生积极或消极的身心体验,学生在评价的时候一定要基于评价事实进行自我反思,比如课堂上同伴学习让学生感受到合作的意义、比赛中的团队合作让学生感受到团队和集体的作用,这就是反思而学习深化的结果。而现实课堂教学中往往由于教师引导的缺位、课堂时间不足等原因失去了这一环节,不能够将同伴之间、学生自己的学习评价结果上升至自我的本体感受,并没有真实地或者未充分地反映学生自评和互评的实质。

学生自评与互评作为学习评价的重要参与主体,在正确认识自我体育学习的基础上,也是发展学生的一种主体间的交往过程、认识过程与提高学生判断力的过程,若体育课堂活动上体育教师不能够很好地设计与引导,将很容易发生学生评价的不真实,会产生一种虚假的基于学生主体的学习评价。

第六章
高校运动训练和体育教学发展的策略

第一节 组织一支具有高素质水平的师资团队

对学生来说，教师除了起到传道授业解惑的作用外，还对学生日常习惯的形成产生一定的影响。高校需要组织一支具有高素质水平的师资团队，要重视师资团队专业知识和素质水平的建设。

一、认识深化

（一）重塑体育教师学术观和教学观

受到传统的学术观与教学观的影响，部分高校体育教师轻视教学并一味地追求科研成果、论文的数量，使教学与科研成为一种矛盾关系，而不是相互促进的关系。传统的学术观与教学观有其自身发展的局限性，它们的诞生也是在一定的文化环境中，随着时代的变化，高校体育教育教学不断变革，高校体育教师的学术观和教学观亟待革新。高校体育教学学术的提出，对于丰富和拓展学术观和教学观具有革命性的意义，关注新的学术观和体育教学观念，时刻更新和发展学术观与体育教育教学观念，亦是高校体育教师教学学术能力的体现与存在方式。新旧观念的交替，让高校体育教师看到了希望，拥有了实现人生价值的舞台，提供了对高校体育教师的关心和探索自己的教学实践的新范式。重塑学术观与教学观有利于引导和激励高校体育教师改善体育教学的要求，并对体育教学实践中的各种影响知识传播效果的问题或因素给予有效的关怀。

在体育教学实践中展开研究，在研究中改善体育教学，以实现高校体育教学质量的持续动态提升，进一步促进高校体育教师教学学术能力的提高。

（二）为体育教师提供教学学术指引

目前国内的体育教学方式是以体育教师讲课为主，这样枯燥无味的课堂教学模式造成学生被动学习，老师也会产生疲劳的感觉。因此以体育教师为主导、学生为主体的教学模式亟待革新。在传统的教学模式影响下及传统学术观念的根深蒂固，学校对体育教学研究并未有足够认识，导致一直没有给予体育教学学术对等的地位，高校应引导体育教师了解什么是教学学术，深刻认识体育教学学术，并指导体育教师适应新的教学理念。体育教师一旦适应且认同体育教学学术概念，便会用实际行动表现出来，通过高校体育教学学术的氛围，基于体育教学学术理论，指引高校体育教师完善教育教学理论体系。

在进行体育教学时，可能会因为学校对体育教学学术的限制和氛围的不浓厚，以及对不同学科的熟悉程度，使高校体育教师对于该概念的看法有所不同。所以为体育教师提供教学学术的指引，可以促使高校体育教师的教学表现出较强的创造性和学术性并正确地认识体育教学学术。

（三）应当营造崇尚体育教学学术的氛围

高校体育教师受外在大环境影响，无法专心进行学术创作，这就需要高校专门准备一个展示的舞台，营造崇尚体育教学学术的氛围，使高校体育教师能保持愉悦的状态，让每个体育教师都崇尚体育教学学术。高校应为体育教师着想，充分调动体育教师的教学热情和积极性，而且可以营造高校重视体育教学学术的氛围，从外部保障上让高校体育教师无后顾之忧。树立体育教学工作的中心地位意识。教学学术能力发展具有动态稳定性，其长期的发展过程必然离不开体育教师的创新和努力，为了尽可能地推动高校体育教师积极地研究教学和与他人进行教学交流，需更换之前严格的管理方法，以赋予高校体育教师一定的教学自主权，为高校体育教师提供更多的学习和培训机会。

大环境影响下，需多鼓励高校体育教师从不同视野主动思考探究体育教学，将自己的内心想法与同行们交谈，这不仅可以为体育研究开辟新的境界，且有助于体育教师看清当今体育存在的盲区，这一新的视野也必将在体育研究中产生新的话题，形成新的范畴，解决新的问题，可以对一些知识进行合理整合，用适应学生的方法教给学生，因此营造崇尚体育教学学术的氛围，达到提升教学学术能力的目的。

（四）体育教师应重视自身教学学术能力的提升

专业基础扎实并且具有丰富的体育教育教学知识对体育教师自身教学学术能力发展而言至关重要，可使体育教师对于学科知识及体育教育教学知识有更进一步的认识和理解，有助于体育教学学术研究的开展。体育教师在扎实的专业知识能力基础上，不断对自己遇到的问题进行研究反思。体育教师具有扎实的体育专业知识，对所教的知识内容便会很熟悉，有利于提升高校的体育教学质量，更能在体育活动中灵活运用体育教育理论知识。体育教师需经常与同行进行交流探讨，一方面可以及时发现体育教学中存在的问题，另一方面可以让其他教育工作者不出现相同的情况。所以，高校体育教师需要关注体育教学的本身，并且时刻注重反思的过程。

大部分高校体育教师经历过研究生阶段的学习和训练，所以基本上具备了学术研究能力。但是高校的体育教师容易忽略自己体育教学学术中的反思能力，只是了解了一些表面的内容，要想对体育教学学术深入认识，这就需要提高自己本身的反思研究能力和基本素养。因此，体育教师应该将自己具备的反思探究能力及素养运用到体育教学中去，在体育教学过程中注重反思，提升自身教学学术能力，这样才能促进高校体育教师教学学术能力发展。

二、知识拓展

（一）组建体育教师专业学习共同体

"学习共同体"是指由学习者及其辅助教师、专家等共同构成，通过资源的共享，众人合作完成某一特定任务，并互相成就的一种团体。而高校体育教师专业学习共同体则是指体育教师与同行及专家共同构成的团体，为了使体育教师快速变强，以互动性学习理念为主，经大家探讨学习，互相进步的团体。在传统体育教学中，教师、学生同时在一个教室中参与教学活动，彼此之间可以很容易进行面对面的交流，可以自然而然地形成一定的学习共同体。但高校体育教学的活动是多变的、特别的和烦琐的，单靠个体无法产生新的火花，因此，建设学习社区，提供敞亮干净合作的教学学术沟通平台，将于无形中促进高校体育教师之间形成"同成长、共发展"的氛围。高校体育教师可以尽情同优秀教师探究，无私地共享教育资源，互相发展，这也成为高校体育教师自由沟通的活动成果，每位体育教师依托专业学习共同体，可以获得更全面的知识体验。所以构建体育教师专业学习共同体是对高校体育教师教学学术意愿的激发、对教学学术素养与潜能的挖掘及对全身心投入教学实践的激励。

（二）拓宽体育教师教育教学培训内容

据了解，高校体育教师教育教学培训的内容单一，仅仅对如何教学及如何与学生相处等进行培训，并未对教育教学内容进行深入培训，有的甚至只是走走过场，这使得各高校体育教师对教育教学内容了解甚少，在正式进入岗位后难以进入教师角色。而高校体育教师教育教学培训内容应当增加教育教学的相关知识理论，包括心理学等知识，以便体育教师在进入该职位后可以迅速适应身份的转变，所以，高校体育教师需熟悉学科的专业知识和相关学科的教学知识。换句话说，在教育教学培训中，体育老师除了要不断学习该学科的专业知识，还需要学习与教育教学有关的理论。高校体育教师教学学术必须注重目的性、针对性、系统性，如果缺乏针对教学学术专业有关的课程，高校体育教师有可能会因为能力和理论层次低而处于落后地位。知识在不断更新和变化，要想高校体育教师教学学术理念得到发展，只能经过不断地更新观念，学习新知识，熟悉掌握本专业知识，拓宽体育教师教育教学培训内容，丰富体育教师教育教学知识，使高校体育教师树立终身学习的观念，从而促进高校体育教师教学学术能力的发展。

（三）丰富体育教师教育教学培训形式

具有渊博的教育教学专业知识对体育老师自身发展非常关键。高校体育教师高学历不等于高教学水平的现实也证明，专业发展和教学发展的平衡，不仅要实现学科专业知识和能力的提升与发展，而且还要加强教育教学知识的丰富和完善，达到二者的有效融合。通常融合后带来的可能是需要不断地磨合，丰富高校体育教师教学的培训形式，争取带来更好的效果。如果培训形式过于局限，容易使体育教师形成固定思维，认为优秀的教学经验就是好的，就是适合于自己的教学经验。这时在培训内容上也需要有所变化，增添部分契合和特色的体育教学学术内容，提升教育教学理论高度，从而更好地指导和参与自身教学实践。满足高校体育教师多元化需求及符合自身发展的特色条件，举办高校体育教学研讨会、与其他教育工作者共同评审等更专业化的培训形式,以提升改善高校体育教师的教学实践与传播教育教学知识。为什么如此重视培训形式?是为了经过系统专业的培训后,高校体育教师自主研究体育教学学术,激发体育教师开展教学实践的积极性和主动性,促进高校体育教师教学学术能力的发展。

(四)关注体育教学学术前沿问题研究

体育教学学术前沿问题就是指世界体育教学学术领域目前研究的热点问题和今后的研究方向。由于体育教学学术思想与已有的学术观、教学观有差距,学术界乃至一线的高等教育管理者和高校体育教师对它难以接受。

另外,就体育教学学术自身的理论领域来说,需要不断关注体育教学学术前沿问题,并对目前存在的教学问题及今后的研究方向进行深入探讨。从现有的研究成果来看,学术界虽然对体育教学学术的研究小有成效,但是由于内涵、构成和标准等还存在些许争论,对这些基本理论问题需进行深入探究。因此,高校体育教师应注重体育教学学术的前沿问题,查阅相关资料。体育教师提升教学学术素养时,拥有坚固的专业知识能力及教育教学理论知识,可以极大地推动体育教学学术研究。高校体育教师学科专业知识的积累与发展需要时刻关注体育教学学术的前沿热点问题,这样才能不断更新和丰富自己的学科专业知识。多年以来,一些高校体育教师的课堂内容、教学方法及教学计划都没有变化,也没有与时俱进,这导致专业学科知识与能力及体育教学学术能力慢慢衰退,体育教学学术得不到更新与丰富,又何来高水平的体育教学。因此,关注体育教师教学学术前沿问题有利于高校体育教师教学学术能力的发展与提高,并进一步提高高校体育教师教学学术素养。

三、组织支持

(一)强化体育教研室的学术职能

对于体育教研室的定义是:体育教研室是按照体育的各个专业或课程设置的教学研究组织,即体育教学在院系中的核心地位获得深入发展,不只和体育教师本身的专业技能有关,还和体育教研室对于教学问题的集体研究密不可分。而体育教研室的学术职能是指完成学校的科研任务,经常组织学术活动等,高校体育教师教学学术教研室的成立其实就是给予体育教师成长的空间,是让体育教师将这种内在的教学需要进行释放并得以共享。

高校体育教研室是一种知识群落,知识具有互动性和交流性,高校体育教师这个群体在一个动态的环境中更容易获得体育教学研究灵感,推进其发展。作为体育管理机构的最底层,必须加强其学术性,虽然高校体育教研室的工作职能一开始是负责研究体育教学,但实际只是"中间人",专门完成学校布置的各项工作任务,有充足时间进行研究的体育教师并不多。因此,它无法完美地处理高校体育教师碰到的情况。所以,需要强化体育教研室的学术职能,使体育教师的体育教学观念及知识技能全面提高,通过体育教学研究部门的性质来提供给高校体育教师深入交谈的机会,增强体育教师反思能力,这样才能提高高校体育教师教学学术能力。

(二)培育体育教师教学学术共同体

高校体育教师教学学术共同体的培育有利于打破学科、院系之间的壁垒,体育教师教学学术要获得认可并走向制度化，变成影响高校体育教师发展的专业基础，需要依靠共同体的建设。因此，高校应以教研室、实验室等为基础，构建体育教师教学学术共同体，换个方向看，体育教研室、实验室实际上是高校体育教师教学学术共同体的初始形式。同时还应注重以跨学科创办高校体育教师教学学术学会或期刊、开展学术研讨会等形式，为高校体育教师提供展现体育教学研究成果、交流体育教学思想的机会，促进体育教学公共性的提升，使体育教学真正成为一种"公共财富"，赋予体育教学全新的内涵与生命意义，在体育教学与科研的鸿沟之间架起一座融通的桥梁，缓解体育教学与科研的对立与矛盾状态，培育体育教师教学学术共同体，鼓励体育教师反思性教学，提升高校体育教师教学学术水平。

（三）搭建体育教学学术成果的展示平台

由于当前高校进行探索开发网上课程，传统的体育教学方式也发生了变化，搭建体育教学学术成果的展示平台也变得更加刻不容缓。学校应该致力于为体育教师教学搭建更大的展示平台，当前缺少合适的途径将教学学术成果分享给更多的同行，旨在教学学术上有所发展的体育教师也难获得有价值的参考资料。因此，学校应该为体育教师搭建更广阔的体育教学学术分享与传播平台。许多高校都有开展网上公开课，能够学习的资源越来越多并且容易接触到。

随着大数据时代的到来，高校体育教师必须适应新的学习方法，建立符合时代进步需要的学习方法。高校利用大数据这类的数字科技，更容易展示体育教学学术成果，让越来越多的同行学习优异的成果。构建高校体育教师教学成果展示平台，促进高校体育教师记录自己的成长历程，让其看到自身的进步，能够增强体育教师教学的成功体验，增强他们投入体育教学的内在动机。此外，高校的出版社，包括校刊校网等地方都可为体育教师开辟专门的体育教学学术专栏，帮助校内的体育教师分享并学习体育教学学术成果，同时可充分利用现代教育技术，共享高校体育教学学术资源。

（四）开展基于教学学术能力的体育教研活动

体育教研活动是指体育教师把教学过程中碰到的问题和困难进行探讨研究的活动。有效的体育教研活动在体育教学实践中可以做到事半功倍，实现有效合作，了解学习学科前沿知识，提高课堂效益。而大部分体育教师，最缺乏的则是将理念转化为行为的方法和策略，基于体育教师教学学术能力，开展体育教学研究活动时，体育教师将会在特定的教学实践中发现问题，以协助体育教师解决好问题。要想解决体育教学学术问题，有必要开展体育教研活动，让高校体育教师通过向有经验的体育教师取经的方式来学习如何教学，清晰准确地界定问题。通过反思教学，开展基于高校体育教师教学学术能力的体育教研活动意味着将体育教学实践和科学研究进行整合，并于其中产生学术性成果，这是一个由体育教师通过系统观察和调查进行的持续的、累积渐进的智力探索过程。因此开展基于教学学术的体育教研活动是非常迫切的，高校体育教师还可以通过撰写教学研究备忘录，定期开展教学总结，形成体育教学学术报告或论文等，并与同行分享交流，与专业体育教学研究者开展合作研究，互相评价，集思广益，为共同提高和发展体育教学学术提供参考。

（五）推动体育教师跨学科教学学术交流与合作

跨学科的本质是通过整合自身资源的某一特征和其他表面不相干的资源进行随机搭配。这个新出现的名词在中国已经越来越被更多的人关注，中国作为一个教育大国，对高校体育教师影响尤其大，因为这个名词意味着教育界的又一次改革已经初露端倪，那就是学科融合，跨学科教学学术交流合作。体育教学学术的跨学科实施可以推进高校体育教师不断去学习新的知识和新的技能，在交换过程中，新的教学火花出现在高校体育教师和其他学科老师之间，不仅拓展了高校体育教师的眼界，也提升了教育工作者的综合水平。交流是高校体育教学学术的生命线，教学学术只有通过交流才能为同行所用，这也是教学学术发展的必要过程。高校要建立并完善学术交流制度，不断鼓励体育教师参加各类教学学术交流活动，让体育教师走出去，了解体育教育教学改革的最新动态和基本趋势。在了解本学科新的理念、跨学科新的发展动向的基础上，体育教师对所涉及的其他学科知识参与整合、系统集成，最终重建学科之间的交融，这是一个复杂的过程。因此需要体育教师对跨学科的知识及素材有着敏锐的感知意识，有着充满情感理智的领悟能力，推动体育教师跨学科教学学术交流与合作，从而达到提高高校体育教师教学学术能力的目的。

四、制度保障

（一）建立全面多元的体育教师学术评价制度

受高校体育教学学术的影响，高校体育教师发展途径走向多元，高校体育教学不仅要评估体育教师的课程研究情况，还要评估体育教师的教学质量。高校应以学生为中心，推进体育教学研究和改革，注重体育教学学术研究，以提高新一代学生的主体性，革新体育教学评价的方式。在高校中，体育教学是第一任务，但在目前的评价制度中，是以论文发表数量、教学职称等来评定高校体育教师的学术能力，长此以往，体育教师便会为了其他的目的来进行学术研究，将会严重影响体育教学的质量。因此，建立全面多元的体育教师学术评价制度，使体育教学学术成果与科学研究成果具有同样的价值，学校才会加大对体育教学学术的投入。而且，体育教学学术属于跨学科的研究，从事体育教学学术的教师需要具备多样的知识基础与综合的能力。因而，不需要对体育教师做出教学与科研的划分，这样的分类方式反而割裂了体育教学与科研两者的关系，在对体育教师进行评价的时候，引导不同领域的教师共同学习与合作，发挥体育教师整体的潜能。全面多元的体育教师学术评价制度，将有效推动体育教师教学学术能力的发展，解决教学与科研的矛盾。

（二）构建合理的体育教师教学学术能力评价制度

目前的评价方式，仍然是重研轻教，评价的标准也一直未有大变动。今后，需扩大学术的评价范围，构建合理的体育教师教学学术能力评价制度，在学术评价的标准和制度中充分肯定教学学术，对评价体系标准进行细化，使高校体育教学学术评价逐步合理，在新的评价体现中应突出体育教学学术的特点，让大家觉得体育教学学术这一理念值得被认可和拥有一定的地位。高校体育教学不稳定，并且时刻在变换着，使得体育教学效果很难体现，毕竟是因人而异，每个体育教师的教学风格都各不相同。所以对于这种情况，单一的教学学术评价标准不能满足体育教师教学学术的发展需要，需要更加精准多元化，尽可能地顾及所有的体育教师，资源合理配置。在评价制度中，不仅要评价体育教师在体育教学中的表现，还要评价学生的情况，不光采纳学生的意见，还将结合各位体育教育工作者全方位的观察，对高校体育教师的教学过程进行评价，快速将评价情况告知体育教师本人，促使其改进体育教学，变得更加优秀。

高校体育教学以评价体系为导向，是高校体育教学中出现的许多基本问题和实际问题的焦点。高校体育教师教学学术能力评价制度作为一种新的评价制度，为此提供了契机，由此以教学学术观为统领，构建分类、分阶段、多元主体、多种形式的体育教师教学评价体系，以制度的方式保障了体育教学的中心地位。

（三）完善体育教师教学知识和能力的培训制度

教育教学知识是关于教育教学的基础理论知识和方法，高校体育教师应在学习的基础上，将其应用于实践，指导自己的教学活动，达到理论指导实践，实践促进理论的良性循环。掌握扎实的教学理论知识，丰富学科知识，需长期不断地积累和总结，在独立完成科研的同时，以开阔的胸襟，吸收相关研究成果，进一步提升高校体育教师教学学术的水平。高校体育教师的职业特性决定了其需要储备深厚的学科教学知识和具备一定的能力，通过这方面的培训，可以使体育教师的教学知识和能力不断提高，并走向成熟。一般而言，在接受由浅入深的教学知识和能力的培训的同时，也受到其他体育教师不同教学风格、教学方式等多方面的熏陶，在潜移默化中积累教学知识。而教学知识和能力是教学学术能力的基础，研究工作离不开教学，教学又离不开教学知识和能力作为支撑。

因此，完善体育教师教学知识和能力的培训是根据科学教育理论的指导，将学科知识转化而来的，需要在培训过程中不断反思与总结，并向其他体育教师学习，在培训中提升高校体育教师教学学术能力。

（四）建立体育教师教学学术的激励机制

高校体育教师教学学术激励机制与职称晋升、学术资源分配等密切相关，而体育教师教学学术最有价值的资本是符号意义的声誉和学术地位。如果充分利用好激励制度，那么就可以由外而内地促进体育教师在体育教学学术中的学术活动，也可以提高高校体育教师对于教学学术的兴趣，变得乐于参加体育教学学术活动及自信地与同行们进行交流探究。所以，发展激励制度时，要更好地解决问题，制定评价标准时，以增加高校体育教师教学学术成果为主，让擅长体育教学的教师在评定职称等项目时，有一定的话语权，并怀抱希望，让他们不至于对自己热爱的行业失去兴趣。在当下，国内也有个别关于教学的奖励是针对特别优秀的体育教师的，但仔细一看，就会发现，得奖的没有默默无闻的只注重体育教学的教师，反而是一些专家教授获得了奖励。科研与教学的评价标准差异，使得教学评奖力度一直落后于科研评奖，整体地位得不到提升。

因此，建立体育教师教学学术的激励机制，增加体育教师评选的名额，高校多投入充足的资金等，使高校体育教学学术发展拥有坚固的外部保障，也将有力地推动高校体育教师在体育教学实践层面上积极展开体育教学研究和交流。

第二节　正确理解运动训练和体育教学的互动性

体育教学目标的顺利完成，与运动训练的有效协调和结合具有很大相关性。体育教师若在开展体育教学的时候，与实际训练缺乏必要的联系，必然使学生对运动训练缺乏兴趣。这就需要体育教师要充分意识到运动训练和体育教学结合的重要性，科学合理地将两者进行结合，使两者得到不断发展。教师要充分将课堂教学与运动训练有效结合，在课堂上引导学生正确理解和掌握体育竞赛的相关概念、知识和注意事项，以此来培养学生的体育意识。

运动训练与体育教学的构成元素虽然相同，但构成方式，以及其活动的主次之分却不同。矛盾的主要方面是一切发展的中心，这表明体育教学采用的教学方法和手段必将优于其训练方法和手段，于运动训练则相反。那么是否可以借此在体育教学与运动训练中建立起相互借鉴与补充的新关系呢？

一、积极构建体育教学与运动训练协调发展的理念

高校在体育教育活动开展中，要注重转变原有的发展理念，多路径实现体育教学与运动训练协调发展。体育教师是教育活动开展的重要组织者与引导者，他们决定了学生日常体育课程学习的重点内容。教学内容规范化拟定对学生体育运动意识、参与积极性等方面具有较大影响。当前高校体育教师要建立体育教学与运动训练融合协调发展理念。学生是各项学习活动重要参与主体，要注重对学生体育观念进行引导，认识到加强体育教学与运动训练结合发展的重要优势。在各项体育运动真实参与中激发参与兴趣，在实践中不断进取，提高体育运动成效。教师要注重开展安全意识教育活动，在确保安全基础上开展形式多样的体育教学活动，降低各类安全事故发生概率。学校还要补充更多基础设施，完善教学设施，对校内体育设施展开检测，及时更换与维修体育设施。补充充足资金，做好体育场地、设备补充完善，为体育教学与运动训练均衡发展奠定基础。

二、体育教学增强大学生对体育运动训练的兴趣

为了提高全民族的素质，培养全面发展的高素质新一代大学生，高校体育教育不单单是教授体育知识、运动技能和发展学生身体素质，同时还需要发展学生的心理素质及社会沟通能力，因此高校体育教学和理论实践的一个至关重要的环节就是如何激发和培养学生体育兴趣。在课堂教学实践中，合理有意识地运用"诱趣教学法"，学生体育兴趣的指向性和持久性能够得到提高，身心健康水平和运动技能也能得到锻炼，同时培养体育情操，养成有意识的参加体育锻炼的习惯，为培养其终身爱好体育运动打下良好的基础。

（一）兴趣在体育学习中的地位和作用

兴趣是指个体寻求认知某种事物或从事某项活动的心理倾向，它表现为个人对某事或从事某些活动的选择性态度和积极的情绪反应。体育兴趣是人们力求积极认识和优先从事体育活动的心理倾向。它是与参与体育活动的需要相联系的一项活动。根据体育学习兴趣的倾向性分类，

可分为直接兴趣（由体育活动本身所引起的兴趣，它总是伴随着某种体育活动而产生，并随着体育活动结束而消失，亦称作短暂兴趣）和间接兴趣（是由体育活动的目的或结果所引起的兴趣，不会因为活动的结束而消失，逐步形成稳定兴趣，可称作间接兴趣），坚持从事体育活动更加需要的是间接兴趣培养。体育兴趣对学生参与体育活动的具体方向和强度有直接影响，有助于学生获得需要的满足（学习体育与健康的知识和技能、身心健康等方面）和情绪的良好体验。当学生对体育本身具有兴趣时，便会自主、愉快地进行学习和训练，掌握运动技术动作也能更轻松。

体育教师如果能够意识到这一点，在课堂教学实践中有意识地运用"诱趣教学法"加以指导，提高学生体育兴趣的指向性和持久性，保证教学任务的顺利进行，还能使学生身心健康水平和运动技能得到进一步提高，也为培养体育情操，养成自觉锻炼的习惯，为培养其终身爱好体育运动打下良好的基础。

（二）高校体育竞技项目游戏化

高校体育的教学目标是对学生综合素质进行培养，以期增强其社会适应能力。由于竞技项目本身训练强度非常大，同时大学生身体基础和运动技能存在差异性，部分竞技性的体育项目并不适合在课堂上进行整体化学习。竞技项目是实现体育教学目标的基本手段，但需要根据学情特点对竞技体育项目进行加工、改造和提炼。体育游戏只是一种表现形式，竞技体育以游戏的形式融入高校体育教学中，符合当代大学生身心健康发展的需要，能够调动学生学习的主动性与积极性，使学生在掌握体育知识的同时体验运动的乐趣，最终实现增强学生体质和体育运动水平的目标。

1. 体育竞技项目游戏化的内涵

竞技项目游戏化作为一种新兴的体育教学模式，并不是体育竞技与游戏设计的简单叠加，而是将激发学生体育兴趣作为教学出发点，以寓教于乐的方式开展体育运动项目教学，充分发挥学生的主体地位和教师的主导地位，凸显教育和娱乐的双重功能。游戏属性的引入，让学生在愉悦的体育课堂教学氛围中轻松掌握运动知识和技能，体验获胜的喜悦感，同时获取体育知识、本领，提高学生的综合身心素质，让学生养成终身锻炼的习惯，最终助力高校体育教学教育目标的实现。

2. 高校体育教学竞技项目游戏化价值意义

（1）强身健体培育价值

高校体育竞技项目游戏化教学，具有游戏活动的趣味化属性。在具体的教学过程中，以学生身体锻炼为主要手段，竞技项目游戏化教学内容和方式的设计，都围绕运动健康这一核心目标展开，体育教学健身价值突出。学生参与到游戏文化体育活动过程中体验趣味性竞技项目，有助于提高学生课堂参与热情，使其主动融入课程学习中。久而久之不仅增强了学生体质，更能将游戏的隐性价值寓于教学中，给学生带来愉悦的体验。

（2）体育兴趣培育价值

学生精力旺盛，思维发散性强，易受新鲜事物的影响。高校体育竞技项目游戏化具有游戏的娱乐性、趣味性特征，能够为枯燥的课堂氛围"升温"，吸引学生注意力。由于游戏化教学模式的难度一般控制在学生能够接受的范围内，活动量适中，学生间、师生间互动性强，能提升学生课堂参与热情，更能帮助学生在轻松、自由的氛围中有效完成体育学习任务。

（3）团体意识培育价值

技项目的游戏活动，多以集体活动的形式开展，需要学生之间互帮互助，合作完成。在集体荣誉感的鞭策下，每个个体承担一定的责任，在协同合作中完成共同目标，同时其合作意识也随着活动的深入而增强。竞技运动项目具有对抗性特征，在游戏活动中，学生为追求团队共同目标，在集体参与中各尽其能地解决问题，树立学生合作意识，激发创新思维。

（4）竞争意识培育价值

超越自我是竞技体育的核心精神，游戏具有竞争性，以赢得胜利为目的。学生只有充分发挥各自身体机能、心理方面的优势，不断挖掘自身潜能，才会获得游戏最终的胜利。游戏化教学，引导学生对竞技运动技巧和体育超越、拼搏的精神产生新的认知，让学生感受到竞技体育中顽强拼搏、勇攀高峰的运动精神，在潜移默化之中，培养学生竞争意识、追求更高目标的运动精神。

（5）娱乐社交培育价值

体育竞技项目游戏化教学，以游戏的组织方式为学生间、师生间的互动搭建起有效平台。在教师的引导下，学生间通过践行合作与竞争，不断增进彼此的认知和情感交互。在团队合作中，在集体荣誉感的熏陶下，学生自觉地形成一个整体。由于竞技游戏会提供更多相互交流、相互帮助、相互促进的机会，可使学生间的真挚情感得到升华。此外，游戏的竞技项目运动，还会给学生带来丰富多样的运动体验，从而提升学生的自信心，帮助学生提升综合核心素养。

3.高校竞技项目游戏化教学实施的关键点

（1）制定科学合理的教学目标

教学目标是高校体育教学的方向和保证，只有保证教学目标的正确性和准确性，才能在体育游戏过程中获得正确的指示。实施运动游戏，应根据教学需要，科学规划教学目标，而不是将竞技运动训练目标直接带到体育课堂中。基于以上考虑，笔者认为竞技项目游戏化必须坚持以下目标。

首先，培养学生参与体育锻炼的意识和能力，使他们全面了解竞技体育及体育游戏的文化内涵；其次，在体育教学中让学生的身体得到全面锻炼，在整个过程中体验到快乐；再次，重点培养学生对体育课程的兴趣爱好，帮助学生形成良好的习惯和终身锻炼意识；最后，磨炼学生的意志品质，形成良好的精神品格。

此外，在体育比赛过程中，必须对竞技项目的难度、规则和训练强度进行合理修正，并根据教学场地和教学设备的实际情况，科学调整教学内容，让学生在竞技项目游戏化教学中获得成功的体验。

（2）根据竞技项目的特点进行游戏重设和改编

竞技项目游戏化教学实施过程中，根据不同运动项目的特点和运动中的不安全因素，从场地、技术、参与人数等方面对其进行改造，在保证其趣味性的基础上，使其适应高校体育教学的实际。在具体的教学中，可以根据教学的实际需要和学校自身的硬件条件，降低竞技项目的难度，缩小比赛场地，简化比赛技术（战术），增加（或减少）运动员和球类的数量，使学生尽可能感受到参与运动的乐趣。例如在足球教学中，可以适当减少比赛的场地和球门，减少参加比赛的人数，或者采取男女混合队形式，使学生在人数有限的情况下体验比赛的乐趣。体育游戏化设计和改编的关键在于教学观念的转变，立足点在于教学目标的定位和学情需求。只要坚持科学合理的教学定位，根据体育运动的特点积极寻求和探索游戏化教学，势必会取得事半功倍的效果。

（3）游戏教学要力争主次分明，全面把控竞技项目

游戏化教学要求其内容具有浓厚的趣味性和娱乐性。教师必须综合考虑教学过程，对教学全过程进行立体化的监督和管理，只有这样才能实现教学目标，学生才能掌握体育运动技能，保证体育运动的安全；否则体育课程将成为学生自由活动的乐园，甚至成为学生的游戏课。具体来说，体育教师要在教学实践中从以下几点做起。

突出竞技体育游戏的本质。所谓"游戏"只是一种形式和一种教学方法，其本质在于辅助提高教学质量，不得过度依赖游戏化教学，进而影响教学任务完成。比如篮球教学中，要注重对学生运球和投篮技能的训练，将体育文化内容融入其中，竞技游戏只能作为一种辅助的教学手段，万不可本末倒置。

制定和实施严格合理的博弈规则。教师要当好裁判，加强对学生游戏组织管理和纪律的教育监督，避免学生因违规而产生不愉快的情绪或过激的行为，从而保证教学总目标的实现。

采取因地制宜的组织策略。项目游戏分组时，应尽量综合考虑学生的能力、个性等因素，合理搭配，避免造成不正当竞争和不良影响。比如在游戏组织过程中，对学生分组时，要根据学生的表现和实际技术水平进行合理分组，尽量做到公平、公正。

坚持激励原则。在评价学生的表现时，要坚持激励原则，不仅要注重学生能力的表现，还要考虑学生在游戏活动中的情感态度，如与他人合作的能力、尊重他人的态度、帮助他人的行为等。在竞技项目游戏的过程中，学生有技术上的错误，教师可不必过分批评学生，而应根据学生的表现给予言语鼓励和心理暗示，帮助学生保持对课程学习的兴趣和上进心。

加强总结与反馈。在教学过程中，要注重对教学不同阶段的归纳和总结，使学生形成"想玩、想学"的心理，对教学内容产生持久的兴趣。为此教师的讲解和示范非常重要，在教学过程中，教师要关注学生的表现，特别是学生情绪的变化。根据学生的反馈信息，不断调整游戏活动的强度和节奏，适当改变游戏规则，以达到与学生水平的最佳契合。游戏结束后，注意总结和点评，并及时对学生进行心理和思想教育。

（4）运用多元化手段实现教学情境的不断优化

在当前形势下，把学生的主体地位放在教学的首要位置。体育游戏化作为一种教学改革与创新的形式，应该运用多元化手段实现教学情境的不断变化。即在体育教学过程中要综合运用多种教学方法，注重情境创设，注重学生主体性的培养，使其对竞技项目游戏产生意犹未尽之感。具体来说，从以下几个方面着手。

让学生在自主探究的过程中获得主体体验感。体育竞技项目游戏化的本质是让学生在特定的游戏情境中不断发现和解决问题，并在此过程中掌握竞技体育运动的技巧和方法，熟悉竞技体育运动的规律。在这个过程中，教师要充分信任学生，把课堂交给学生，让学生在游戏环节中最大限度地探索和分析，鼓励学生用自己的方法解决体育教学过程中遇到的各种问题，侧重培养和发展其相关运动的能力。

倡导游戏化教学场景的连续性和可变性。为学生创造一个游戏化的学习场景是高校实施体育游戏化教学的前提。在创设学习情境时，一节课可能会涉及多种教学情境，这些教学情境应该注重场景的创设，适当调整运动项目的教学方式，合理控制运动项目的趣味层次，突出连续性和可变性的教学情境，让学生将所学的知识与实际情况联系起来，形成一体化的知识体系，为日后学习奠定坚实的基础。

加强对学生合作意识的培养。竞技项目游戏化作为高校课堂教学改革的一种具体形式，应加强对学生合作意识的培养。因此，在体育教学中，要引导学生在特定的游戏情境中，就一些关键技术问题和规则问题与他人进行交流，对问题情境进行集体分析。让学生运用集体智慧，相互交流、相互分析、相互探索，找到解决问题的最佳途径，从而达到问题的完美解决。

采取多种措施确保竞技项目游戏文化活动的安全。教师在设计和创造竞技项目游戏活动中，游戏难度不应超出学生承受能力。因此，教师在教学过程中要重视安全问题和预防措施，在教学中精心部署，科学防范。首先，在进行竞技项目游戏活动前做好充分的准备；其次，体育教师应熟悉场地器材的性能，如果发现任何问题，停止活动并及时处理；最后，在教学过程中，教师要注意关注学生的情绪变化，选择最好的时间结束游戏，不要等到学生筋疲力尽时再结束，因为在缺乏体力的情况下极易引发运动损伤。

总之，高校体育教学活动应该与时俱进。基于竞技项目游戏化教学模式趣味性、竞争性、集体性的特点，将其应用于高校体育课堂之中，极大地丰富了教学的内容与形式，有利于培养学生的竞争意识，使学生在快乐的气氛中，能够全面提高运动技能水平和社会适应能力等综合化素养，促进体育核心素养的培育，实现更加令人满意的教学效果，为学生未来发展奠定坚实的基础。

（三）"诱趣教学法"运用举例

1. 游戏诱趣法

学生成长过程是一个身体和心理发展的过程，学生的本性都是贪玩的，当从学习疲劳中转移到户外体育课堂，如能适当地将游戏引入其中，能够很好地减轻学生课业压力，并且对学生的学习能力有良性作用。这样能够让学生意识到体育的益处，对身体健康也是非常有必要的。另外教师通过精心设计形式多样的游戏环节来吸引学生，但不能使用单独游戏来贯穿整个教学环节，且单一游戏也不能够使用任何的教学内容，游戏诱趣法的真正目的也不在于此，这样会把刚形成的学习兴趣再次消失殆尽，所有的努力都将无效，学生反而觉得体育课相当乏味没意义，让学生失去兴趣，所以要注意设计丰富多彩切实可行的游戏环节，比如说在教授投篮的教学当中，可以用"谁是神射手"的投篮游戏，让学生在游戏中学到体育技能知识，提高学生的学习兴趣。正式组织开展游戏前，必须进行游戏测试演练，安排每个学生提前投篮五次以上，不限制距离和姿势，尽自己可能把球投进。测试的结果就会发现：女生投中数都是非常少的，无论何种距离或方式且投篮的姿势大多数是不正确的。在游戏结束后，老师针对不正确的表现进行及时纠正并示范讲解正确动作，这样一来学生通过自我的锻炼和练习投篮水平显著提高，且在技巧方面也进步，课程结束以后学生们还会回味无穷地谈论此次投篮教学内容，并且这次教学实验给教学带来很大的成功，也让学生更热爱篮球运动，喜欢体育锻炼，爱上体育课。

2. 比赛诱趣法

人类思想里天生存在着一种竞争的意识，竞争是推动人们在历史长河中不断进步的文明的力量。那么体育教学过程当中引入与课程相应的活动和比赛，这样不仅能够锻炼学生的体育技能，还能培养学生的竞争意识，给学生的未来成长做好铺垫，让学生未来的发展更为宽广。在耐力课程训练中可以适当运用一些比赛。耐力比赛前教师先讲解耐力赛跑的技术要点和注意事项，把学生分成若干小组进行耐力赛跑。赛跑完后给成绩好的以表扬和鼓励，并颁发小奖状。根据比赛我们可以看到一开始的时候有学生全力地冲了出去，而有的同学则是慢慢地跟在大部队后面。当比赛进入到一半后，比赛开始时猛速往前跑的同学因为体力透支无法继续坚持下去而选择退出了比赛，有的同学被其他的同学超越了，没能拿到第一。当这个比赛一结束，全班的学生只有十几名完成了比赛，并且对这十几名同学进行颁奖和鼓励。给最终没有完成比赛的同学以适当鼓励，纠正在比赛过程中的不合理的比赛策略，并让他们分别谈谈自身的感受。

3. 合作诱趣法

合作是社会的主题，我们个人的能力是十分有限，个人要进步、完成更大目标就需要团队，团队合作是必不可少的，良好的团队合作就是成功的一半。当今社会大多数家庭都是独生子女，以自我为中心意识较强，不愿意和他人合作，这种行为其实对学生的长远发展是不利的，对于健康成长也是如此。那么通过体育教学的内容，培养学生的团队协作意识，让学生知道该如何与他人协同合作，并通过合作意识的培养，合理根据课堂教学内容安排趣味比赛。老师可以根据趣味比赛的要求，把学生分为8个人一组，分别组成几个小组，学生的左右脚用绳子分别绑在一起，然后从操场一边通过道具移动到操场的西侧，这样下来谁用的时间最短谁就是胜利者。比赛在最开始的时候，由于每个学生的步调都不一致，学生们经常摔倒。在游戏进入一半的时候，学生之间的配合越来越默契。每组都选出了整齐划一的口号，通过趣味比赛逐渐学会了如何跟其他人协作，明白与他人合作的重要性，以此来实现教学预期目标。

4. 应用语言诱趣法

语言沟通在教学当中起重要作用，师生间沟通都是通过言语进行的，所以语言成为诱导法中十分重要的方法手段，利用语言将课程的内容传达出来，学生通过语言反馈教学效果。因此，老师在教学言语的沟通过程中一定要精准具备艺术性，必须清晰、形象、诙谐地表述，并增加语言的趣味性，这样才能够提升学生的专注力。并且运用语言能够使师生之间的情感得到升华，把师生关系拉近，增强信赖感和亲近感。老师可以把这种信赖感和亲近感的感情有效地转移到体育兴趣当中，最终达到提升学生体育兴趣的目标。

"学生未见其趣，必不乐学"，重点要培养学生对体育学习浓厚的兴趣，才能引导学生自主投入体育锻炼，这是主动学习的心理前提条件，也是学生学习和锻炼最积极、最核心的心理要素。因此如何培养和提升学生学习体育的兴趣，成为高校体育教学实践的一个重要课题。如今在注重学生各项综合素质全面发展的时候，体育技能知识的掌握也是很重要的，通过有趣教学法充分合理的运用，在教学实践中有效地培养学生在体育活动中的学习兴趣，也让学生爱上体育，同时学习体育对自身的改变，也让学生自身更加重视学习体育。老师认真严谨地传授体育技能，以身作则，充分与学生沟通交流，及时准确了解学生的想法，和学生成为朋友，让学生的综合素质提升，学习能力提高，沟通能力变强，和学生成为朋友，共同进步和提高，促进学生全面发展。

三、体育教学与运动训练之间的可借鉴性及其操作方式

学校体育与竞技运动自然功能的相似之处表明了体育教学与运动训练相互借鉴与互补的可能性，虽然社会约束力使它们的自然功能发生了分化，然而它们却由于在根本目标上的一致性，在分化中形成了可以相互补充和借鉴的关系，因为有相同必有不同，而在不同中才能发现自己的缺陷，并彼此借助取长补短。互补原理帮助我们认识了体育教学与运动训练中的矛盾因子，而学校体育和竞技运动在自然功能上面与度的不同，则帮助我们认识了"教学"与"训练"在体育教学与运动训练中占有不同位置的主要原因。由此我们提出一个大胆的设想，体育教学与运动训练是可以互相借鉴与补充的，而且这种借鉴与补充主要是通过它们的矛盾因子来完成的。

（一）体育教学与运动训练的可借鉴性

运动训练所包含的内容是多方面的。就我国现有体育教学的状况来看，在教学中所包含的运动训练内容并没有达到以之代替全部体育教学的内容的地步。现在体育教学仍然是建立在确立教学目的、制定教学任务、运用教学方法和接受教学反馈这样的教学活动过程之上的，这虽然与运动训练过程相似，但也存在着一定的差别，它反映出，当前体育教学中所使用的竞技内容充其量只是挪用了部分运动训练的手段，蒙上了竞技运动训练的面皮而已，实际情况并非有些人所想的那样可怕，只要运用得当体育教学反而会从运动训练中学到一些较为完善的科学手段与方法，从而获得更好的教学与健身效果。从理论上来说，运动训练学是为竞技运动服务的。何谓"竞技"呢？从狭义上讲，它是一种高水平的体育活动，从广义上讲它是一种身体娱乐活动，因此竞技是包含着娱乐成分的，除了从竞技比赛中获得审美享受以外，人们在亲身参与竞技活动过程中也会得到美好的享受。高水平运动员在从事竞技比赛时表现出的高超技巧具有极大的召唤力，它能引发出一般人的崇拜情节，产生体验的欲望，因此如果仔细观察一下，我们就会发现有很多人是直接将竞技运动项目及其相关的运动训练学方法当作健身的手段的。体育教学和运动训练学，分别隶属于学校体育和竞技体育这两个范畴，它们在过程与结构上的确有着一定的差异，但我们不应该忽视的是体育教学的最终结果在于追求健康的人体，而其他的德育、美育等都只是附属品，这与运动训练十分相似。健康人体的实现在于促进人的呼吸系统、循环系统和消化系统功能的完善，而这种以运动来改善人体、提高人体功能的先进科学技术毫无疑问地存在于运动训练之中。运动训练经过长期的实践和发展掌握了一套锻炼手段、方法和人体运动规律，更重要的是，它为人体运动锻炼活动提供了一系列可靠的科学依据。当前我国运动训练体系的不完善及其存在着的异化现象，并不能否定运动训练作为一项专门活动所具有的指导意义。无论是在实践活动中或在理论认识上我们都不难发现，运动训练与体育教学的生理原理是相通的，也因此体育教学完全可以借鉴运动训练学的相关内容来解决自己在身体锻炼教学中所遇到的专业问题。根据互补原理的认识论和前人在运动训练实践中的总结我们可以知道，由于运动训练中也包含着教学的因素，因此某些运动训练的方法和原则与一般教学有着相同之处，不仅如此，在方法和原则的总结上运动训练也套用了一些教学法和原则。如运动训练中所运用的语言法、直观法、练习法、演示法等，都属于教学中的常用基本方法，只是传授的

内容互有分别。（运动训练教授的是高水平运动技术与技巧，而体育教学则是相对基本的运动技术。）又如运动训练的原则包含自觉积极性原则、直观性原则、区别对待的原则等，这些原则也是教学中的重要原则，其基本原理是相通的，只是在针对性上有所区别。从这里可以看出，体育教学中的教学原则与方法与运动训练是保持一致的，这是运动训练中的"教育性"决定的，反过来，运动训练的专项方法与原则也与体育教学有雷同之处，这是由体育教学中的"竞技性"决定的，因此从一般理论上来说运动训练与体育教学是有可以借鉴的余地的。

从以上的论述中我们可以看到体育教学与运动训练是具有可借鉴性的，它们可以在以下几方面进行相互间的交流与学习：

体育教学可以借鉴运动训练的先进知识和科学技术，以满足自己育人的需要。

体育教学可以通过对运动训练中的专业手段和方法的学习，掌握体育运动的基本规律和相关法则，用以充实自己在教学与训练中的手段与方法。

运动训练可以学习体育教学中的一般教学规律及相关的手段方法，用以提高自己在运动员的软件（这里指道德、文化知识和相关的专业运动知识）培养上的水平。

运动训练可以借鉴并总结体育教学中的教学知识和经验，在运动训练过程中提炼出更直接、效果更好的教导手段，为运动员运动水平的提高创造更好的条件。

这些仅是对它们相互借鉴的内容的设想，在对体育教学与运动训练借鉴关系的认识上，最重要的是借鉴在实践上的可行性和操作方式，这才是体育教学和运动训练借鉴关系的最有说服力的证明。

（二）体育教学与运动训练相互借鉴的操作方式

概念的分析和运用互补原理所得到的认识，肯定了在体育教学和运动训练中同时存在着的"教学"与"训练"这两种活动方式，这就为它们提供了相互借鉴的契机。以互补原理的方法论看来，教学与训练在体育教学与运动训练中的存在，是对立的共存，由于它们的不同构成方式，导致了体育教学与运动训练在主要特征上的分歧。体育教学的主体特征是教学，因而教学活动占它的活动的比例较大，同样的，运动训练的主要特征是训练，因此训练活动占它的活动中的较大成分。这样我们就看出了在体育教学与运动训练中的强与弱的差别，俗语说"取长补短"，体育教学可以向运动训练借鉴学习训练中的方法和手段，而运动训练则可以向体育教学学习体育知识教学的经验，这不失为体育教学与运动训练相互借鉴与补充的方式，也即它们相互学习的操作方式。

众所周知，体育教学从一开始就提倡将系统的体育教学活动作为培养学生优良道德品质的手段之一。经过多年的发展，教师和管理工作者们已经掌握了一套行之有效的教学方法与手段，在这一点上，体育教学是优于运动训练的，因此它的手段与方法是可以作为运动训练中"品质教学"的模范，供它学习与参考的，此其一。其二，前文也曾提到运动训练中运动员的"专业知识修养"问题，这是在我国竞技运动建设中长期存在的问题，一些教练员误认为"专业知识修养"就是"提高技术水平"，运动员对专业原理的懂得是完全没有必要的。这种极端轻视专业知识传授的做法，影响了我国运动员运动水平提高，是部分竞技运动异化产生的原因，试想如果没有对专业技术、战术概念的真正理解，如何能认清自己的优点与缺点，继而弥补自己的不足之处呢？运动的技术和战术虽是操作性的知识，但古人尚且知道"学而不思则罔"的道理，作为现代人就更应该把握知识学习的原理，不能因为运动训练是操作性的知识就放弃对它的学习与理解。有人说运动训练中的"教学"会占用一部分"训练"时间，会影响运动员的训练水平，这似乎有些"因噎废食"，部分教学方式方法在运动训练中的合理应用，只会促进运动训练水平的进一步发展，而不会阻碍，即便是有，这些阻碍也只是暂时的。我国的体育教学一直都是以体育知识的传授为己任，在这方面积累了大量的教学经验，它的知识传授过程是完全建立在学生对知识的充分理解的基础之上，恰好可以弥补专业运动员理解技术动作、战术意图及其运用中的不足，因此在这一点上运动训练也是应该向体育教学积极学习的。

通过相互的借鉴与学习体育教学可以用来缓解运动训练中的一些矛盾和问题，同样的运动训练也可以对体育教学起到相同的作用。在体育教学中最难以掌握的就是"体质"与"知识技能"之间的平衡，育人是教学的根本目的，难就难在如何通过一般的体育教学活动来达到提高学生体质的目的。体质的提高并不是在课堂上做几个简单的练习就能完成的，它是一个长期的过程，需要根据人体机能的进化规律，在一些专门性的活动中逐步培养与发展，如果在体育教学过程中教师们都把主要的精力放在教授"体育知识"和提高学生体育素养的问题上，相形之下体质训练的力量就会减弱，这是不利于实现体育教学目标的，毕竟体质水平是一切体育教学活动得以实施的基础，没有一定的体质水平是难以完成体育教学任务的，这种现象在我国早已不是什么新闻了。运动训练恰好可以帮助体育教学弥补这一不足，由于要对人体运动能力不断地进行挖掘，因此运动训练在提高人体机能方面积累了大量的实践经验和专业知识，这些知识无疑对体育教学中的体质训练活动有着极大的助益，尤其是一般训练，它是专门提高人体各种活动机能的训练活动，不仅可以为体育教学提供一些经验、知识，更可以提供具体的方式、方法，为体育教师在训练方式、方法的借用和整合上节省时间，因此它可以是体育教学向运动训练进行学习和借鉴的主要方向。

四、体育教学中田径运动兴趣培养

长期以来，田径运动在各类运动项目中扮演着不可或缺的角色，作为体育运动的基石，其不仅拥有着强身健体的实用功能，亦蕴含着丰富的人文精神。而在经济腾飞的今天，对于田径运动的深入探究也成为专家学者研究的热点话题，无论是从身体训练方面的探索，还是从心理学视角的审视，从科学的理论演绎到现实的实践运用，知识伦理的架构促进了田径运动在今日的发展，并在竞技赛场得以很好地展现。值得一提的是，对于大众田径运动的研究也不胜枚举，在取得丰硕研究成果的同时，却出现了与理论不相符合的现实"吊诡"，特别是大学生群体尤为凸显。田径运动在当代大学生的体育运动中只占据了极少的一部分，所以培养其终身体育的观念刻不容缓。

（一）大学缺少田径运动练习的因素探析

大学生群体作为国家建设后备人才的重要组成部分，被寄予了传承与弘扬的时代重责，而体质问题与个人学习发展有着不可分割的联系，所以提升体质健康被提上日程。"大学生是我国优秀知识生产力代表，是国家发展、民族复兴的希望。正因为此，大学生的体质健康问题一直备受社会各界关注"。身体行为往往与思想维度有着密不可分的联系，这致使大学生在了解田径文化的同时也必须有着清晰的人文价值考量，不仅仅要从健身方式层面审视田径运动，从精神文化方面的摄入也必不可少。从身体文化角度进行考量，抑或是审视文化的身体与运动的身体之间的辩证关系，或许可以厘清大学生对田径文化认识的"误区"，从而进行相应的思想教育，形成思想与行为的统一的认知路径。

1. 思想成熟但行为怯弱

作为一项被众人所熟知的运动项目，田径运动有着自己的文化属性与人文教育理念，而身体作为运动的介质与载体，在研究运动项目的同时，对于身体文化探究必不可少。大学生作为拥有着一定知识储备的文化群体，其思想正处于逐渐独立与成熟的阶段，在许多事情上有着自己的考量与思考，同时也赋予了他们在处理事务中的自主性与独立性。运动健康的思维理念他们在中小学的教学活动已经有了较为良好的教育，并在中考与高考增加了体育考试进行"强制"要求，当然也取得了较为良好的成效，当然大学生的教育里也有体质测试这个强有力的措施，但从目前的情况来看，大学生在日常生活中的体育意识与意念并没有支撑其终身体育的运动思维，"大学体育政策立意偏差大学生仍然把体育排除在生活和学习目标之外，大学生体育观、身体观、健康观的偏颇仍然没有得到改善"。自由舒适的享受性生活深入许多大学生的思想中，在田径运动中，诸如跑步练习、蛙跳练习等都涉及全身的肌肉运动，达到一定负荷量会引起身体肌肉酸疼等诸多反应，身体上锻炼产生的疲惫效果使得些许有着运动苗头的学生望而却步，加之许多学生运动能力差，从小很少接触体育锻炼等缘故，田径运动离他们的生活圈愈来愈远。

2. 对身体反应的感受不清晰

大学生身体各项机能已经趋于成熟或已经成熟，身体恢复能力较强是大学生群体的又一个特点。可以这样说，大学生有着丰富的时间来完善自己的事情与规划自己的人生，在这样的奋斗与拼搏的年纪，在这样节奏的生活环境里，机遇与挑战并存，优势的凸显似乎显得更加刻不容缓，从人生时间的跨度上看，大学生生涯似乎只是占据了极少的一部分，但却是最为美好最为幸福的一环。从身体角度上来说，青年人的身体充满着激情与活力，身体机能有着充足的自我调剂能力，所以对于大学生熬夜做"肥宅"所产生的身体不适他们的感受不是很清晰，理所当然地以年轻为借口，运动与健康的观念就显得极为淡薄。

3. 更多健身方式的追寻

田径比赛最早出现在古希腊的古代比赛中，它发端于人们生活劳作却高于日常行为技能，悠久的历史源流与丰富的人文精神赋予了田径运动经久不衰的时代气息。作为最古老的竞技运动项目之一，田径运动是各项体育运动的基础，其充分展现了竞技运动中蕴含的人文内涵。

在世界文化加速交融的进程中，田径运动不仅在现实生活里得到了运用，在理论研究释义中亦取得了不菲的成绩。当今世界健康话题成为了人们所关注的主旋律，诸如瑜伽、跆拳道等运动项目如雨后春笋般印入大众的视野，并逐渐演变成世界性的热点健身运动，各种新奇科学的健身方式赢得了大众的青睐，亦作为"高端"的运动形式展现在世人面前。在许多大学生的眼中，没有很大的场地限制且易习得的田径运动被认为是一种较为"low"的运动方式，对展现个性与追求时尚的大学生来说是不可选的，时尚与潮流的追寻在这里得到了真实的映照。

（二）提升大学生田径运动兴趣的优化途径

中国普通高校开展的学生体质测试大多是田径项目，这也在一定程度上肯定了田径运动对身体素质评估的评价体系，在证实田径运动重要性的同时，也可以看出大学教育对田径运动的重视。但可以发现的是，在许多的体育课选修中，田径课程的学生很少以至于许多学校田径选修课都不能开展。基于此，培养大学生对田径运动的兴趣，同时对田径课程进行优化改革显得相对紧迫。基于此，从根本内容上对田径运动进行梳理，增添其文化属性，不应将其单纯看待成一个运动项目，亦可上升到文化高度进行阐述与教育，以期达到思想与行为上的统一。

1. 田径文化的构建与教学实践

诸多案例证明由于缺少软实力即文化与教育，导致田径硬实力已发展到世界先进水平的队伍频频解体。在文化繁荣与交融的时代境遇下，仅仅依靠技能的掌握与运动水平的提高往往已经不能满足人们精神需求，构建田径文化是展现田径人文精神一大支撑点，是对人们精神层面满足的实现途径。对田径运动文化构建可以从四个角度进行剖析，在物质精神层面，从最早的古希腊奥林匹克村原始的直线跑道，到今天科技发达的精准测试仪器，每一次技术的革新带来的是运动器械精细化或测试工具精确化，强调的是更公平与更便利；在行为文化层面，行为"标签"的烙印涉及生活的方方面面，田径人群也例外，其不仅有着坚韧的意志品质与拼搏向上的决心，在生活中也会展现出精准化行为要求，同时健硕修长的身型亦是行为文化的反向映照；在制度文化层面，强制性的制度文化更多的展现在田径运动中，有着标准形状与长度的跑道、精确计时仪器、竞技公平性的强制性约束等，而对于平常训练活动，特别是展现在趣味田径教学活动中，许多制度文化是应做出适当性改变的；在精神文化层面，田径运动可以说是最能调动人们情绪的运动项目之一，洋溢的汗水与突破极限的喜悦，彰显的是田径运动内在的精神文化，其带来的不仅是身体上健康的培养，也是精神上的完全释放，亦是人们所需求的文化形态。把田径文化相关内容融入在理论课程教学过程中，在提升学科知识的同时，用文化来满足精神世界，是提升学生对田径运动的个体认同的有效形式。

2. 重视田径运动的教化作用

田径运动绝不是体育世界的文化附庸，深厚的文化蕴意与优秀的人文理念亦是其屹立体育之林的重要因素之一，这也是当今大学田径课程调整价值重心的一个重要依据。"田径专项课和田径教学之所以在当前的竞争中处于被动，关键是田径教学未能摆脱'技术教育'的束缚，单调、枯燥、运动量大的田径教学课，忽视了学生基本运动能力的发展和综合素质的教育，造成大学生厌学"。

田径教学课程在室外教学居多，大多以习练技术动作、讲解专项技术为主，对于许多很少接触运动的同学来说，许多技能的学习程度与付出努力不成正比，成绩的提升没有得到应有的体现，反而觉得天赋所占据的比重较大，厌学的情绪增加。对于体育运动的教学，局限于运动技能的提升，这是脱离学生综合素质发展的，而强调文化的教化性与感染性能激发学生更多求知欲望。行为上的强制性要求往往会引起学生的抵制情绪，而思维上的濡化才是教育的正确范式，田径运动中有着深厚的教化意义，从最原始的开端到近现代的运动赛场，田径运动不断激励着人们向更快、更高的身体极限迈进，亦是在寻觅身体文化中的持续探索。"文化是一种积淀，在漫长的历史发展中垒砌起厚重的文化之墙，经过历史的演进，又不断增加厚度与高度"。悠久历史源流与清晰的发展脉络是田径运动上升到文化高度坚实的基础，在加强田径理论教学的同时，亦可以通过文化的教化作用激发学生内在的运动因子提升学习兴趣。

大学生群体是国家后备人才的中坚力量，培养其田径运动兴趣是提升大学生综合素质的有效途径，同时对田径课程的优化措施也变得必不可少。田径课程不仅仅是器物层面与技能层面的培养，培养趣味也不仅仅是增添教学形式与内容，田径教育应与田径运动本身的文化属性进行结合，重视人文精神内涵的培养，"田径教育的内容应以田径的人文精神内涵为主线，以田径运动项目为表现形式和载体"，构建集文化教育与运动能力培养的教学形式，形成多元发展的内容体系。

第三节　运用科学合理的教学方式开展体育教学

现阶段大多数的高校在进行体育教学的时候，主要还是以讲解与体育有关的相关理论知识，对体育运动的重难点进行详细讲解，却忽略了运动训练的实践作用。时间一长，学生对运动训练就会产生厌倦情绪。这就要求体育教师在开展课堂教学的时候，选择一些满足学生需求和符合学生年龄的运动训练和游戏。在完成教学目标的同时，引发学生的学习兴趣和注意力，逐渐消除学生厌倦运动训练的情绪。另外，体育教师需要对学生的心理、想法有正确的掌握和理解，清楚了解学生内心的真正想法。教师通过采取适当的方式与学生进行良好的沟通交流，采取多种教学方式相结合进行教学，使原先死板、传统的融入符合时代发展的教学模式，让学生积极参与学习中。

一、全媒体与高校体育教学方式创新

全媒体时代的来临使得人类的生活方式与思想观念都发生了巨大的改变，面对快节奏、数字化的生活方式，人们的身体很难得到有效的锻炼，体质普遍下降。为了使学生在上学期间能够高度重视体育运动，高校体育改革正在全面开展，这催生了一系列新型的教学理念、教学目标、教学内容、教学方式。但目前我国高校体育发展在具体的实施过程中总会受到传统教学模式的影响，无法将理论与实践紧密结合，难以调动学生学习的积极性与主动性，在很多方面不符合体育课程改革的新要求。如何能够在改革政策的号召下与媒体时代的需求下探索出一套合理、有效的体育教学模式成为各大高校的首要任务。

（一）全媒体的特点

随着技术的不断发展，全媒体已逐渐突破时间与空间等因素限制，显示出能够使信息得以更广泛与快速传播的特点。

1. 信息储存量巨大

全媒体是人类掌握的信息流手段中最大化的集成者，传播载体和传播技术可谓一应俱全，全媒体的传播载体工具和传播技术涵盖了所有媒体和科学技术，比如报纸、广播、电视、网络、卫星通信等媒体，以及电讯的 WAP、CDMA、GPRS、4G 及流媒体技术等，这决定了全媒体传

播内容的广泛参与，它将大量信息集于一身，最大限度地满足受众对各类信息的求知欲。

2. 表现形式多样化

全媒体现的不是各媒体间的简单连接，而是各媒体间的全方位、多角度融合，包括传统媒介与网络媒介之间的通信互动、互补、互融。全媒体的表现形式多种多样，且针对不同的受众群进行了超细分服务。如一条简单的广告，年纪稍大的受众可通过电视、广播等媒介途径来进行接收；年轻的受众可能会通过网络、手机、分众传媒等途径来接收，且接收的形式集文字、图片、视频与音频为一体，使受众的接收更为直观、生动。

3. 信息传播广泛、快速

全媒体的多样性决定了它的覆盖范围更全面、传播范围更广泛、传播速度更快。网络技术的出现打破了传统媒介的多项弱势，利用数字技术在网络平台之上对各类信息及时整合并发布，使信息处于一个不断更新的状态，且受众在接收信息的同时，可以对信息进行分享或转载，有效实现了信息的二次传播，这样一来，传播范围和速度可想而知。

4. 双向互动性

在传统媒介载体之下，信息传播者与接收者有着很明确的界限，信息传播一般是单向传播，很难产生互动。随着网络化媒介的发展，受众也成为传播者，任何一个人都可以通过微博、论坛、网站等平台实现自我故事的分享，所以说目前也是一个"全民传播"的时代，当然对任何一则信息也都可以进行自我的点评，更好地实现信息的交流与互动。全媒体的双向互动性也是吸引广大受众的重要原因之一。

（二）全媒体的发展对高校体育教育的影响

当前的高校体育教育虽然一直在进行改革创新，但收效甚微。大学生们虽然热爱运动，但很难将体育课的内容与平时的体育锻炼结合起来。随着信息技术的发展，越来越多的大学生更加喜欢宅在宿舍，而不是到操场运动，甚至对一周仅有的两节体育课也越来越抗拒。如何发挥全媒体的优势，降低它的负面影响，使其在促进高校体育教育方面发挥重要的作用，是我们要研究的一个重要课题。

1. 全媒体的海量信息将会改变大学生对于体育课的认知

目前，大学生对于高校体育教育的内容、形式及重要性缺乏认知。很多大学生觉得体育课只是简单的跑跑跳跳，打打篮球，踢踢足球，与小学的体育课无甚差别；授课时也只是老师示范动作，学生跟着做；体育课对于青春期大学生的意义是什么，很多学生不知道。高等教育的目的是要培养德智体美劳全面发展的高层次专业化人才，体育教育在其中占据重要的位置。在现代社会中，不断加剧的竞争压力使体育教育担负了更大的责任，体育似乎已经成为一种促进人类身心和谐发展的综合性手段。这些认识，体育教师在课堂上很难传授，即使讲到了，也缺乏说服力。

而全媒体恰恰可以在这一方面发挥重要的作用。大学生作为青春热血的年轻人，思维活跃，观念意识多元化，对于网络有较强的依赖性，对小道消息比对官方信息更感兴趣。当教师有意识地利用各种媒体来加强体育信息宣传，尤其是深受大学生信赖的网络、移动客户端时，大学生更容易被说服。比如微信中的健康养生小常识，微博里的体育运动小贴士，网络赛事直播等。

全媒体信息量大，表现形式多样，贴近大学生生活，能够满足他们多方面的个性化需求。所以利用全媒体，能够较好地改变大学生对于高校体育教育的认知。当大学生们认识到体育教育的重要性，自然就会想方设法去学好它，用好它。

2. 全媒体将会提高高校体育教育的教学效果

李咸英、叶加宝等人曾经对天津市研究生体育活动兴趣进行了调查与分析，调查数据显示，天津市高校研究生只有不到10%的人喜欢按统一的教学进度组织教学，更多的学生喜欢体育课按不同水平分层次组织教学。研究生虽然不能代表所有的大学生，但是却将大学生们对于高校体育教育的需求趋向表现了出来。就目前的高校情况而言，还不能满足大学生体育教育按不同水平分层次组织教学的需要，但是对于全媒体利用得当的话，还是能够大大提高体育教育的效果，提高大学生对体育的兴趣的。大学生对全媒体的先进科技很感兴趣，对于先进技术传递的信息也容易感兴趣。比如最近微信上流行的跑步排名，很多人热衷于在朋友圈展示自己一天跑了多少千米，或者多少步。健身已经成为一种流行的观念，而将健身与先进科技联系起来，则是年轻人的时尚。根据年轻人的这一特点，将全媒体与传统体育教育结合起来，必将引起大学生的兴趣，大大提高教学效果。

3. 全媒体可推动高校体育教学改革的进程

当前终身体育思想正在逐渐普及，高校体育作为学校体育与社会体育的衔接点，体育教学应当更加注重激发学生的主体积极性，培养学生终身体育能力。体育教学应以终身健身为指导思想，改革教学内容和方法，调整体育专业设置和课程设置，加强对学生终身体育能力的培养。全媒体在这些方面可以发挥巨大的作用，如将课堂训练和网络拓展相结合，利用全媒体改革教学内容和方法，调整体育专业设置和课程设置，会大大推动高校体育教学改革。

（三）全媒体时代高校体育教学方式的创新

教学改革创新是教育活动中的主旋律，具有鲜明的时代特征，当前高校体育创新教育既是我国高等教育教学改革过程中的一项重要研究课题，也是当今社会所提倡的素质教育中的关键一环。时代的变化在很大程度上影响着人们的体育运动意识，全媒体等数字化技术的出现为体育的发展提供了一个更好的契机，能够使"全民体育"的理念深入实践，使高校体育教学更具创新性。

1. 基于全媒体的多样化教学

在传统的高校体育教学中，老师的授课方式一般是在操场上，先进行一定的理论讲解，再进行动作分解训练，最后是整套动作的熟练运用。这样的教学方式更多的是老师讲、学生听，难免会产生枯燥感，导致课堂效率降低。全媒体出现后，体育课上，也可以引进多媒体教学。

（1）多媒体课堂教学

学校可以投资建设一定面积的室内体育场地，配以多媒体设备，让体育教师可以使用视频、图像等进行授课。这对于老师而言，既省时又省力，对于学生来讲也更加具有吸引力。视频教学更全面、生动，示范动作更加准确，还可以反复回看或暂停，这样会给学生更多的时间进行学习与思考。

（2）具有针对性的多媒体教学资源辅助

体育教师可以根据学生的需要，将自己对于专业的理解、动作示范等录成视频，或者做成ppt，供学生自由学习，不同水平、不同体质的学生，可以根据自己的情况，有针对性地选择这些多媒体资料。这样一来，除了可以完成学校统一安排的正常课堂教学任务，学生们还可以用来指导自己平时的健身活动。

2. 基于网络平台的教学扩展

体育课的教学与其他专业一样，除了完成课堂教学之外，学生还需要在课下进行相关的学习和练习，才能达到体育教育的目的，然而很多时候学生课后的运动活动都与体育课完全无关。比如篮球课，对于喜爱篮球的学生来说，除了上课，还会在课下去打篮球，去看专业的篮球比赛，逐渐熟悉篮球规则。而那些不喜欢篮球的学生，尤其是绝大部分的女生，除了上课外几乎不碰篮球，一个学期学完后，仍然看不懂一场篮球比赛。其实教师除了课堂引导之外，完全可以利用课下时间在网络平台之上对体育展开扩展式教学，如在平时休闲娱乐时，体育老师可以利用QQ、微博、微信等多种方式将一些科学的体育知识或是规范的动作视频分享给学生，这样大家会用一种轻松的心态来接受，除去了课堂之上的紧张性与被动性，学生反而更有兴趣。教师也可以利用网络建立相关的讨论群或论坛，作为平等的伙伴与学生一起讨论一些体育知识和问题。

在网络上有同道中人一起讨论，必定会擦出不一样的火花，体育精神会得到更加广泛的传播，学生也能够真正爱上体育，爱上锻炼。现在的大学生人手一部手机，每天花在使用手机上的时间，占据了他们大部分的业余时间。

对此，可以设计一些手机体育教学APP，比如篮球、瑜伽课、跆拳道、女子防身术等大家都很感兴趣的课程，里面用各种文字、视频、图片的形式介绍相关知识，同时提供练习题，这些练习题的成绩可以计入期末考试成绩，也可以作为积分，兑换上面所说的老师自己录制的视频。APP里还可以有在线互动、班级排名等，让学生们就像玩游戏一样喜欢上体育，这样就会大大提高教学效果。

3. 基于媒体效应的隐性课程建设

当今社会是一个信息化的社会，在校大学生对于信息的获取很大程度上是依赖各种媒体，他们对于这些媒体信息的信任程度也比较高。根据传播学的议程设置理论，当媒体集中报道某一件事情的时候，大家都会认为这是一件最重要的事件，即使在同期也发生了其他类似的事情。基于这种媒体效应，高校可以建设体育隐性课程。体育隐性课程是指学校范围内除体育显性课程之外的按照体育教育目的规范设计的校园体育文化要素的统称。比如校园内的各种体育艺术雕塑、体育名言牌等，体育教师的人格魅力，教师和学生的体育形象、体育文化活动和体育交往行为，以及课外体育活动管理、运动竞赛管理等。每个学校都有自己的办学方向和办学定位，体育隐性课程也就是一个学校的体育文化。学校校园广播、教务微博微信、学报校报等关于体育的信息传播，将会使体育文化逐渐在学生心里生根发芽。对于体育运动会、优秀体育社团、真正的竞技精神的宣传报道，将会使学生理解什么是学校的体育文化。而这些体育隐性课程不像显性课程那样带有说教性质，同时，这些基于媒体效应的隐性课程建设，很多时候都是学生自己参与建设的，比如校园广播、学校微信平台、学校班级报纸等，因此会更容易被学生接受和认同。

二、建立融洽师生关系增强课堂的高效性

学生是有感情需要的，从上第一堂体育课开始，他们就需要从教师那里得到尊重、友爱、温暖、情谊和教诲。当这种情感需要得到满足后，他们便会以更大的激情上好体育课，这种情感建立在师生情感的基础上。教师和学生之间的感情融通主要包括情感和信息两方面，情感和信息融通了，可以增强师生之间的相互信任感和了解的程度，从而为提高学生参与运动的积极性奠定基础。

（一）互动教学模式的基本内容

1. 互动教学模式的内涵

互动教学模式是一种与传统教学模式相对应的教学模式。互动教学模式改变了以往老师管教学生的管学单一教学方式，撼动了教师的绝对权威性，促进学生成为独立的教学主体，有助于培养学生的自主意识，激发学生的创新能力。互动教学模式的主要核心是以教师为主导，以学生为主体的教学模式。在互动教学过程中，教学活动的引导者是教师，把握着整个教学过程，学生是中心，在老师的指导和启发下，学生可以发挥自己的主动学习的良好习惯，积极参与学习。

2. 互动教学模式的特征

首先，互动教学模式具有能力的创新性特征。互动教学的主要任务是培养学生的创造能力和竞争意识。所以，互动教学应该进行内容创新、组织创新和教法创新，培养学生的创新意识，激发创新能力，教学内容设计要以学生创新能力为目标。

其次，互动教学模式具有沟通的多向性特征。互动教学模式在教学过程中强调的是互动，互动的方式方法可分为多向沟通、单向沟通、双向沟通，而大多教学过程中采用的是多向沟通，这种沟通主要是指师生、学生之间交叉联系。而传统的教学模式师生之间多为单向沟通，主要是单纯的老师教授与学生接受的单向联系。还有一种是双向沟通，主要是老师传授，学生接受，学生反馈自己的学习情况跟老师之间相互沟通。

再次，互动教学模式具有交流的综合性特征。在体育的教学中，师生之间不仅仅在教学知识方面有交流，还有生活经验、学习体会和情感因素等的综合交流，学生心目中的老师亦师亦友，这使得师生彼此之间的交流更随和。

最后，互动教学模式具有发展的动态性特征。目前，由于各地区教学资源不均衡等，师生水平不一，教学环境不同，根据时代的进步，教材内容也在不断更新。所以，在不同的教学条件下，为使教学效果跟得上时代的步伐，互动教学模式有着动态发展的特征。

（二）高校体育教学中师生关系互动模式的构造

师生关系互动模式应该以充分发挥师生的积极性、主动性和创造性为前提，通过教学内容和教学形式，让学生在教学实际中能够相互作用和相互影响，从而实现良好的教学效果。具体说来，构建高校体育教学中的师生关系互动模式可以从以下几个方面出发。

1. 教师实施情感教育，学生信任教师

高校体育教学中教师以情育人、寓情于教，学生亲其师，信其道，通过情感互动策略让师

生互动得以实施起来。

首先，高校体育教学应该是师生情感交融的教学。教学是教师与学生的双向交流活动，在这种双向交流活动中，情感交流是必不可少的。在体育课堂中，让情感交流存在于信息传递和人际交往中，可以让信息传递和知识传授不像传统教学中的那般死板和无趣，而是在有限的时间里真实感受到知识的重要性和内涵的准确性，学生很容易接受。具体说来，在高校的体育教学中，教师应该用心去教学，尊重学生的主体性地位，尊重学生情感的需求和动机的需求，逐渐促进学生与教师之间情感的积累，以创设和谐的教学气氛。

其次，高校体育教学应该是寓教于乐，科学性和艺术性相统一的教学。体育教师要从学生最关心的问题出发，对学生渐渐引导，用理服人，用情感人，并在课堂中引用快乐元素，提高学生的课堂参与积极性，促进师生关系的融洽和谐。心理学研究表明，情感与认知是相互影响的，也与兴趣、信念和内驱力有着紧密的联系。

因此，在高校的体育教学中，教师要创新教学方式，对学生的关注点和兴趣点进行挖掘，沟通师生之间的情感，激发学生的情感体验，强化学生的情感感知。例如，教师要特意接近学生，对学生做心理辅导和情感交流，对那些后进生要采取多表扬、多关心、有耐心的方法，激发学生的情感共鸣，防止被学生"隔离"起来。

2. 教师分层教学，学生得到提高

高校体育教学师生互动模式应该从教师的尊重差异、分层教学和学生兴趣不断提高中得以构建。

首先，教师要尊重学生的个体差异，给学生发展的时间和空间，引导学生在实际情况下不断提高自我，完善自我。体育学科是一门个性十分强的学科，需要尊重学生的个人体质、身体素质等，如果强行让学生在统一的教学目标和方式中进行体育锻炼，只会使得学生丧失运动兴趣，身体素质也很难得到提高。因此，在高校的体育教学中，教师要承认学生的主体性和复杂性，要认真分析学生的个体差异、优势和特长等，创设不同的运动情境，提供多样的教学方法让学生在不同的教学环境中得到提高。例如，在高校的体育教学中，教师可以采用分层教学模式，为学生提供多个运动项目，让学生根据自己的实际情况进行选择，并让学生选择适合自己的教师和教学方法，学生都能够在具体的教学过程中成为体育合格人才，也能在具体的培养模式中得到最好的发展，达到人人的提高，整体的发展的预期目标。

其次，教学中要设置不同的成绩评定方法，促进学生在具体的教学中得到合理科学的评价，否则将会使得学生产生不公平感，这就影响了师生间有效互动模式的构建。心理学研究表明，成功是激发个人内在动机的强烈因素。一个人如果经常性获得成功，内心可以得到满足，心情自然愉悦，兴趣也就更容易得到巩固和形成。

因此，在高校的体育教学中实施分层教学模式，教师要根据学生的实际情况和不同的教学内容设置有梯度的教学目标和不同的成绩评定方法，让学生在获得自我满足之后产生好学、乐学的心理，不断强化体育锻炼这个良好兴趣。

3. 教师在线引导，学生探究学习

高校的体育教学师生互动模式应该从教师的资源预定，在线引导和学生的探究学习，信息反馈中得以构建。

首先，教师要搭建师生网络互动平台，及时帮助学生解决存在的问题，有效引导学生进行探究性学习。在高校的体育教学中，可以建立校园网信息系统，建立学校的教育教学资源库，让学生在自己的专栏下进行知识的学习，将传统教学中的有效教学资源优势发挥出来。我们还应该在网络中设立资源预定、在线帮助、网络论坛等平台，让学生及时提出自己的疑难问题，传递自己的内心想法，改变传统教学中的被动地位，促进学生成为探究性学习的主体。结合现代化的手段和网络技术，通过人机互动、师生互动、生生互动，营造了一个生动活泼、有创新精神的探究性学习平台，师生互动平台也就被构建起来了。

其次，教师要积极发挥自身的引导作用，及时与学生互动，创设良好的师生互动关系，让促进学生的探究性学习成为可能。现代网络虽然改变了学生的被动学习的情况，但是教师的重要性依然没有减少，这时的教师应该是学生的"同学"和"朋友"，起到的是共同交流，共同进步的作用。在网络活动中，教师被当作与学生一样的学习者，消除了学生的恐惧心理，学生很容易消除心理顾虑与教师建立良好的关系，通过发邮件、在线交流、留言反馈等将自己的问题和想法与教师进行有效的沟通，因而促进了高校体育师生互动模式的构建。

4. 教师创新方法，学生具有兴趣

在高校的体育教学过程中，教师要不断创新教学方法，激发学生的学习兴趣，为师生互动模式的构建奠定良好的基础。例如，游戏教学、多媒体教学等都是良好的教学方法，可以被积极运用到教学过程中来。

首先，高校体育教师要尝试着将游戏方法融入教学中，有效地设计教学过程，激发学生的学习兴趣。传统的教学模式中，讲解加示范再让学生自由练习就组成了一节课堂教学，这不仅很难提高学生的学习兴趣，还使得教师与学生的互动关系很难建立起来。因此，在新课程标准下，为了消除教学中的枯燥无聊因素，教师可以融入游戏元素，让游戏的趣味性和生动性成为促进学生与教师双向互动的良好途径，并实现一定的教学任务。需要注意的是，在实施游戏教学的时候，要设计好整个教学过程，充分考虑到游戏本身与课堂教学目标、教学方法和教学条件等的关系，促进教学目标得以实现。例如，在学习"立定跳远"教学内容的时候，教师可以安排一个石子接力的游戏，让学生分成几个实力相当的小组，通过立定跳远将石子传递给在一定距离内的下一个同学，在保证动作规范的前提下哪一个小组先完成就获胜，如果动作不规范可以给小组加时间。通过这样的游戏，学生就会仔细观察动作的规范与否，也会积极地参与到立定跳远比赛中来了。

其次，高校体育教师要利用多媒体的多样化形式，促进现代化的课堂教学得以实现，从而为师生互动提供良好的平台。多媒体技术具有直观形象和丰富的特征，将其利用到高校体育课堂中来，可以让课堂氛围变得活跃，师生互动变得有效。例如，在篮球教学的时候，教师可以先播放一段篮球赛事的视频，引导学生解剖其中的动作要领，帮助学生在紧张有趣的赛事中记住动作要领。

三、体育课堂突出学生主体性的发挥

教育最重要的事情就是发展人的主体性，让学生成为"充分发挥作用的人"，就需要在教学的过程中重视学生主体性表达。而需要认识到的是，学生主体性的表达是对教学本质追求的回归，真实的学生主体性表达可以带来学生在体育课堂上的创造性和积极性，不真实的学生主体性的表达则不利于体育课堂教学的有效实施。本书从学生的视角分析了在体育教学过程中各环节可能出现的虚假学生主体性的表现，目的在于认识虚假学生主体性存在进而提出扭转虚假主体性存在的策略，以实现体育教学的有效性和提高体育教学的质量。

（一）体育课堂教学中彰显教师的关怀行为

教师的关怀行为由尽职尽责完成教学任务（尽责性）、花时间支持学生的学习（支持性）和在情感上接纳理解学生（包容性）三部分构成，其中教师对学生学习的支持和对学生学习情感上的理解是学生主体性发挥的重要保障。这是因为学生是具有鲜活生命的个体，他有自己的感受、思维、判断和理解，体育教师作为学生运动学习过程中的辅助者和指导者，需要积极地运用充满人性化的关怀行为和学生之间进行对话。对话不是简单的言语交谈，而是基于学生学习目标展开的带有辅助性的语言互动与肢体互动。

如在教学目标的制定上，通过课前与体育委员的交流询问学生关于学习内容、任务安排等意见想法；又比如在学生的小组学习中面对一个动作技术的疑问，教师认真倾听学生的问题与困惑；再比如在比赛练习中学生进行自我评价后产生挫败感和不良情绪，体育教师要积极与学生沟通，引导和化解学生运动学习过程中产生的负效心理，这些都是体育教师关怀行为的体现。

学生作为课堂上的主体在学习的过程中更加的自主和自由，但是这种主体性的自主与自由一定是有限度的，而非无边界的，作为体育教师要通过多种手段的关怀行为积极与学生的学习发生互动，避免学生虚假主体性在课堂上的蔓延。

（二）更新体育教师的主体性教学理念

要避免体育教学过程产生的虚假学生主体性，体育教师作为课堂教学的引导者和管理者就必须具有学生主体性的教学概念和意识。因为体育教学过程中师生都是主体性的存在，他与学生主体共存从而在课堂教学活动中形成了交互主体的关系，这种关系的认识需要摒弃传统"教师是主体、学生是被动接受的客体"的逻辑，要把学生作为生命在场的鲜活个体来展开教学。作为体育教师要基于学生主体性教学理念并将其转化为自身内在的教学能力、观念和意识，真正做到对"尊重学生学习的主体性和突出学生的主体地位"的理解和内化。具体而言就是要将学生的主体性贯穿到教师进行课堂教学的各个环节之中，在教学目标的设定和教学内容组织的时候要考虑到学生的学习兴趣与需求。

如采用比赛或者游戏的方式来开展教学，用比赛和游戏的情境来发展学生运动学习的各项能力；在教学方式上，结合教学内容特征与要求采用情景教学、合作学习、发现式教学、领会式教学等多样化的教学方式与方法；在教学评价上，要让学生真实参与到自身的学习评价之中，体育教师需要在评价之前做好诸多课前准备，如准备好评价所需要的简易评价量表、学生自评或互评的简单记录表、学生小组评价的记录等，将基于学生主体性的教学融入教学的各个方面。

（三）师生共建课堂学习的共同体

体育课堂学习是体育教师和学生共同构成的动态生成过程的场域。避免发生虚假的学生主体性必须摒弃传统的师生教学范式，即教师权威和学生接受的简单"你—我"式学习样态，而是走向师生共同合作建立起的课堂学习共同体,共同体场域内的师生将是平等、和谐、对话、合作式的学习样式,具体表现在师生协商选择学习主题、师生共同参与课堂体验、师生共同评价学习成果。师生通过对话协商的方式选择学习的主题,一方面能够结合学生的主体需要和实践需求来进一步设置教学目标和教学内容,另一方面学生参与到学习主题设定的相关环节之中能够使得教师对学生学习的评价和掌控更加有效,打破教师单一性的霸权主义性的课程设计,将学生的主体性纳入课程学习中。师生共同参与课堂体验是指体育教师要以同伴、朋友的身份与学生参与到运动技能的学习之中,并能够与学生以平等的身份进行相互对话、交流与互动,了解学生在运动学习过程中的感受和倾听学生自我学习意见的表达,无论是教学策略的调控还是学生学习方式的安排,都能够与学生发生真实的联系。共同评价学习成果就是师生双主体来评价学生的学习,教师需要课前预设好评价的方式和内容,课中和课尾与学生共同对课上同伴的表现、小组的表现、个体的表现进行相互评价,切实落实课堂中学生的学习成果。

(四)体育教师树立"预设与生成"相统一的教学观

预设与生成的问题是教师课堂教学思维必须要明确的问题,只强调预设容易把学生运动学习过程看成是控制和执行,而只强调生成却往往把学生的运动学习过程看成自由和自主,前者学生的主体性得不到发挥,后者虽然尊重和强调学生的主体性,却很容易产生虚假的学生主体性,学习目标达成度较低。

所以,体育课堂教学中扭转虚假的学生主体性既要用预设来保证教学开展的效度,也要用生成的观点在教学中彰显学生的生命活力。预设是体育教师执行课堂教学计划和教案的过程,学生的学习必须是有目的、有计划地进行,虽然教学内容在课前已经实现提前设定,但是学生运动学习的过程中所采用的学习方法、教学方法、评价手段却可以根据学生的主体需要适时调整,这就需要使用生成的观点在预设的框架下有效激发学生的学习活力与动力。一方面在预设的教学中增添生成性的学生学习内容,能够尊重学生的主体,有效防止遮蔽学生的主体性,如篮球的行进间运球可以采用比赛或者游戏进行,让学生能够积极主动地参与其中;另一方面,在生成的过程中用预设思维来防止目标的虚化和主体性的虚假,如在学生小组讨论中,教师要适时点拨、指导和解答学生的困惑,而非无限度、无边界地让学生自主学习。所以,扭转虚假的学生主体性,必须在体育课堂教学中辩证地处理好预设与生成的关系。

四、及时、多样化的评价完善课堂高效性

伴随高校体育教学改革的深入实施,有关高校体育教学评价的研究也越来越受到重视。教学评价作为体育教学质量评价的重要组成部分,是提高大学生参与体育锻炼的积极性、优化体育教学质量的重要手段。怎样将大学生的体育学习态度、运动技能水平、体能水平、体育学习的情感体验等多方面的因素有机结合起来,是开展多元学习评价需要解决的核心问题,也是当前体育教学改革中的重要任务之一。

(一)体育教学多元评价的内涵与特征分析

1. 体育教学多元评价的内涵

对高校体育教学来说,大学生的体育学习能力表现在很多方面,包括体育练习水平、对体

育课程学习的理解等，正是由于大学生在体育学习能力的表现上具有多样性，因此，仅通过体育测试来判定大学生的体育学习能力是不科学的，而应站在多个角度，进行全方位、全过程的评价，也就是所谓的"多元评价"。在高校体育教学过程中，构建多元学习评价机制，有助于全面落实体育健康课程标准及以学生为中心的评价方式，能大大提升评价效果的客观性和公正性，同时在评价主体的有效确定、评价方法的综合运用等方面也具有无可替代的作用。

2. 体育教学多元评价特征的分析

（1）评价方法的多样化

在进行高校体育教学时，根据体育教学评价主体的不同，可分为他人评价和学生自我评价2种体育学习评价方式：他人评价指的是由体育学习者本身以外的个体所进行的评价；自我评价则是由大学生本人根据相关评价标准，对自身的体育学习成效作出判断的一种评价方法。2种评价方法相比，他人评价更具有客观性，能提高评价的可信度，学生的自我评价则能促进其参与体育学习和锻炼的主动性和积极性。此外，按照体育教学评价内容的不同，还可将其分为定性评价和定量评价2种方式，定性评价指的是对大学生的体育价值认识、体育学习态度等进行模糊判断的一种评价方式；定量评价则是指运用统计学的方法，收集有关大学生体育技能水平的相关数据，并对这些数据进行分析和计算，进而科学判断大学生体育学习实际状况的一种方式。二者各自具有自身的优势和劣势，在适用范围上也有所不同，相比之下，定性评价更适用于对学生学习兴趣的调查、课堂学习行为的记录等。

（2）评价主体的多元化

对高校体育教学评价来说，评价主体指的就是参与体育评价活动，并参照体育课程评价标准，对学生或教师的活动作出评价的团体或个人，体育教学评价主体的多元化主要体现在参与评价活动的人员的多样性，除了体育教师以外，学生家长、学校体育管理人员及大学生本人等都是参与评价的主体。这种多元化的评价主体模式，更有助于发挥体育教学评价的公正性和客观性。

（二）多元学习评价对高校体育教学的影响

体育学科与其他学科相比具有极大的不同，它更加注重对学生实践技能的培养，在态度、情感及技能表现上都比其他学科更加复杂，再加上学生的身体素质参差不齐，这也给体育教学评价带来了一定难度，因此，不能将其他学科的教学评价方法应用于体育教学评价之中。一般来说，大部分体育教师都不提倡对学生进行标准化技能测验或者纸笔测试，因为这样的考试根本不能反映出体育教学的本质目的，也难以提高学生的体育学习成绩。所以，体育教师在实际教学活动中，必须全面考虑体育这门学科的根本特征，利用多元化评价的方法，最大限度提高学生的学习成果。具体来说，多元学习评价对高校体育教学的影响主要表现在2个方面，即对学生学习行为的影响和对教师教学的影响。

1. 多元评价对学生学习行为的影响

调查研究表明，大部分体育教师对多元评价都是支持的态度，认为多元评价不仅有助于激发学生对体育的学习动机和兴趣，同时也能促进学生学习效果的进一步提升。从高校体育教学中学生学习成绩与学习态度两方面来看，多元学习评价模式之下的学生综合表现要远远优于传统纸笔测试下的学生的综合表现。多元评价模式的推行，让体育教学评价更加注重过程，而非结果，将质的评价作为核心，而量的评价只是一种辅助手段。

总体来说，这种多元化的评价模式能显著提高学生的学习成绩，并帮助其树立正确的学习态度，特别是对于一些身体素质偏低的学生来说，构建多元学习评价体系，更能激起他们对体育的学习动机，让其在内在动力的作用下进行体育学习和锻炼。此外，多元学习评价体系结合多媒体技术、网络技术等构建的在线评价系统，可帮助学生进一步掌握各项体育技巧，使其在课后进行自主学习，便于其更好地吸收和巩固体育课程的教学内容。

2. 多元评价对教师教学的影响

站在教师教学的角度看，多元评价对体育教师的教学行为有着极大的积极影响，对体育教学进行多元评价，能提高教师的专业素养和专业理念，使教师逐渐由"传统教师"转变为"评价知识消费者"，再发展为"具备反省能力的实践者"，并在这一转变过程中促进教师的自我反思，多元评价模式的实施，能运用多元化的评价标准对评价结果进行准确解读，这就有助于促进教师的教学实践逐渐从以外在动力为支撑转变为以内在动力为支撑。从本质上看，体育教师的专业能力中本身就包含教师的多元评价能力，所以，体育教师必须具备运用多种评价工具和方法来评价和改进教学的能力。在以往的体育教学评价中，教师更多地关注学生在技能表现方面的能力，而有关其技能表现的评价又主要是参照标准化测验成绩，而且在认知方面也主要是采用的纸笔测验形式，显然，这种评价方式是不能反映出学生的真实学习状况的。与这种评价方式相比，多元学习评价具有更多的优势，因此成为当今高校体育教学的主流评价模式。一方面，多元评价的实施能促进教师对自身教学的反省，帮助教师重新审视教学内容的科学性，进而避免以技能测验或纸笔考试等为主来判定学生体育成绩的情况出现；另一方面，多元评价贯穿于教师教学的整个过程，能便于教师根据评价结果随时调整教学策略，从而提高教学的针对性，对教师教学质量的提升有巨大的促进作用。

（三）多元学习评价在高校体育教学中的运用

1. 树立多元化的体育教学评价观念

要实现多元评价在高校体育教学中的有效运用，构建科学的评价体制，使教学目标和评价目标趋于一致，就必须改变传统的评价观念，认识到素质教育并非完全取消考试，体育课也并不是一门随便玩玩儿的课程，应从根本上树立全新的体育教学评价思想，从原来单一的评价模式转变为多视角、多方面的综合评价模式，要淡化考试的选拔功能，发挥素质教育在反馈、激励等方面的积极功能，彻底克服传统体育教学中规定教学内容、考试内容和练习内容的弊端。在进行教学评价时，既要看到学生的学习结果，同时也必须了解学生各阶段的表现，将教师的教学和学生的学习评价相结合，不仅要重视对学生身体素质、体育技能的评价，同时也要重视对学生学习态度、协作精神、自信心等多方面的评价。

2. 自评和他评相结合

对高校体育教学来说，学生才是教学目标的实践者，只有使学生真正地驾驭自己、掌控自己，才能从根本上提升自己，只有亲身感受的内容，才能准确地评价它，尤其是那些不能通过定量来展示的内容，包括学生的学习兴趣、态度、情感和意志等，这些都是不易发现的内在心理倾向，只有利用自我评价的方式才能获得最真实的评价结果,一个善于进行自我评价的学生,应根据教学的阶段性目标随时评价自己的学习效果,让自己在教学目标的指导下始终朝着正确的方向前进,要更好地实现自我评价的目标,要求学生根据教师的教学目标自行编制各阶段的学习目标,并将此作为自我评价的目标,除了学生的自我评价以外,同时还必须由教师、家长等对学生的体育学习状况进行评价,只有将自评和他评有机结合,才能真正提高评价的真实性。

3.选取多维度的评价内容

国外著名的教育家加德纳提出了多元智能理论,他认为个体的智能不是单一的,而是由多方面构成的,包括身体运动技能、人际交往技能、语言技能、音乐技能、自我认知技能等不同的智能,所有这些智能在不同个体身上的表现是不同的,有的人可能在某一方面比较擅长,在另一方面却有所缺陷。所以,在体育教学评价中,不能仅仅通过某一方面的评价就对学生的体育学习效果做出判定,而应当通过各方面的表现对学生进行综合性、客观性的评价,以便更有效地发挥出评价对教学的促进功能。

五、乒乓球教学与训练案例

多球训练的方法是在整个高校乒乓球训练开展过程中进行的,这也是一种十分常见的训练方法,对于高校学生乒乓球基础技能的提升及学生们综合身体素养的促进都有积极的作用,任何一种训练方法在实际应用的过程中都会存在不同程度的优势和缺陷,多球训练也是一种不例外的存在,案例结合了实际的训练过程,分析了多球训练在高校学生乒乓球训练中应用的优缺点,希望能够在最大程度上发挥出多球训练的优势效果。

(一)多球训练教学法的基本概念

多球训练教学法最早是由日本女排的教练大松博文提出并采用的一种排球训练方法,在二十世纪六十年代,中国乒乓球队教练李仁苏将这种训练方式移植到了乒乓球的训练领域当中,在数十年的发展历程中,多球训练的方法有效推动了中国乒乓球整体技术的发展,增强了中国乒乓球运动员的综合身体素质和技战术水平,促使中国乒乓球的整体技术雄踞世界第一的位置,在整个中国乒乓球的发展历程中,多球训练法都是功不可没的,而且随着乒乓球事业的发展,多球训练法的不断更新,也使得乒乓球多球训练越来越受到广泛的关注,得到了大力的推广和应用。

通常来讲在乒乓球常规的教学过程中,学生们都会通过一部分课时的理论讲解和自我观摩对乒乓球的球感和球性产生一定的了解,在规范了自身的徒手动作之后,教师就可以让学生们展开多球训练了。

多球训练最常见的情景就是在乒乓球桌子旁边放置一个很大的箩筐,在当中存放的乒乓球数量要能够达到连续不断地供球,通常数量在几十至几百个不等,在供球的过程中,可以采取两种形式,一种是一球一供的形式,一种是一球多供的形式,供出的球要保证落球点和性能是各式各样的,在整个过程中实现对学生的强化训练。根据相关的实验数据表明,多球训练的方式效率极高,一方面它缩减了捡球的时间,另一方面它加强了训练的强度和密度,保证了单位时间内训练的立竿见影,这是传统的单球训练无法比拟的。

（二）乒乓球多球训练的主要目的

在高校乒乓球的教学训练过程中，多球训练改革正是当前教育形式十分迫切的需求，多球训练已经成为高校乒乓球教学训练过程中的重要训练方法，在应用过程中，也应该伴随着教育的改革来作出一些适当的调整，进而更好地服务于乒乓球的训练，全面地激发学生在训练过程中的趣味性和积极性，让学生能够更加积极地投入训练当中，尽最大的可能来提高整体的训练效果，在学生的组合技术方面投入更多的精力，提高学生们在相持球上的能力，重视对学生们技战术的指导，进而顺应乒乓球当前的发展形势。

多球训练不仅仅能够增加学生们在单位时间之内的训练强度和训练密度，还能够帮助学生建立起正规的基础动作，深入巩固学生们的基础技能，锻炼每一位学生的意志品质，有效地改善学生们在训练过程中的身体状态，将有氧运动和无氧运动巧妙地结合，提高人体整体的系统状态，尤其是器官和运动系统的生理水平，综合提升大学生的身体素质。与此同时，多球运动还能够有效地弥补传统单球训练过程中间隙大和来回少的不足，在提高训练效率的同时，也为教师设计出各种高难度动作和技巧提供了更加广阔的空间和有效的途径，经过了多年的实践已经证明了多球训练在乒乓球训练过程中的重要作用。

普通的高校乒乓球课程教学过程中，学生们都是初学者，所以在乒乓球运动方面的基础水平都比较低，有一部分学生甚至从来就没有接触过乒乓球，这一部分学生专项的身体素质比较差，技术水平比较低，而且对于乒乓球处理的意识也比较弱，对于传统的单球训练，学生们大部分的训练时间都浪费在捡球上了，根据初步的统计，尤其是最初接触乒乓球的学生，在开始的课程中有三分之一到二分之一的时间都用在了捡球上，乒乓球本身技术性就比较强，动作也都要求细腻，包含了很多的知识，要想让一个根本就不懂乒乓球的人在一定程度上能够大致地看懂，并打上几板，需要花费很多时间的，教师也必须要在教学上投入很多的精力，但是大学的体育课堂只有几十的小学时，课堂上的密度就比较大，难度也比较高，要想提高普通高校乒乓球教学的效率，教师就应该适当地尝试着进行公共体育课堂的乒乓球多球训练，尽可能地增加学生们在单位时间内的击球数量，让学生们能够在最短的时间内养成一种动力定型。

（三）高校乒乓球多球训练的优缺点分析

任何一种体育训练方法在实际的应用过程中都会存在自身的优势和缺陷，在体育教学训练的开展过程中，想要实现某种教学方法的有效运用，教师就必须要全面地了解并掌握整个训练方法的特色所在，并确保这种训练方法在教学活动中是可行的，高校乒乓球训练过程中的多球训练也应该遵循这样的方法。要研究多球训练的应用问题，就必须要对多球训练方法的优势和缺陷进行详细的分析，在实际应用中教师应该趋利避害，扬长避短，实现有效的乒乓球教学。

1.高校乒乓球多球训练方法的优势

（1）弥补了徒手训练的枯燥性

多球训练的手法有效地弥补了高校乒乓球徒手训练过程中出现的枯燥性，更加有助于对学生们学习兴趣的提升，在传统的教学过程中，教师只是采取徒手训练的方法，这种情境下学生们只会感觉到自己被击球和捡球包围了，感觉不到一丝乒乓球运动的乐趣，长此以往学生们是不可能从根本上提升对乒乓球的兴趣的，采取了多球训练之后，学生们有更多的时间对击球的技巧进行研究和练习，整个的练习过程也会更加精简，并且能够在更短的时间内达到训练的效果，对于学生们的学习心理建设是有很大帮助的。

（2）增加了训练的密度和强度

多球训练的应用增加了学生们在单位时间内的击球强度和训练密度，加快了学生们练习和掌握一门新技术动作的速度，全面提升了学生们技术动作的稳定性、熟练程度及整体的技术水平，这种训练方法能够很好地弥补高校在体育课程设置上的缺憾。最后，这种训练方式能够更加有助于学生们对于乒乓球高难度技术动作的学习及掌握，乒乓球作为国球，本身就是一项技术性极强的运动，在小球运动当中对于学生的技术水平要求极高，采取多球训练的方式不仅能够辅助学生们更好地掌握技术要领，还能够帮助学生们提升身体的协调能力、反应速度和应变能力，此外，多球训练还能够通过连续供球的方式提高学生们的运动强度，使得有氧运动和无氧运动形成有机结合，全面提升学生们整体的机体系统功能性，尤其是运动系统的功能性。

（3）提升了高难度技术的水平

高校乒乓球训练过程中应用多球训练，能够更加有助于学生们对于高难度技术动作的学习和掌握。乒乓球本身就是一项小球运动，而小球运动最强调的就是技巧性的内容，只有掌握了技巧才能够在比赛的过程中获取更大的胜算，但是在实际的乒乓球训练过程中，很多高难度的技术动作学生们是很难通过训练达到预期效果的，比如说"追身球""反手连续弹击"还有"一长一短还击"，这些内容都属于高难度的技术训练，在传统的训练模式中很难实现理想的效果，而在多球训练的模式当中，学生们可以反复地面对这些平时很难出现的高难度技术，从而更加集中和有针对性地进行高难技术的强化训练，实现对高校学生乒乓球高难度技术动作教学的训练。

（4）促进了学生们的步法掌握

高校乒乓球的训练过程中应用多球训练能够更加有助于学生们对于各类步法的掌握和练习。多球训练经过实践证明，确实是学生们学习并掌握乒乓球运动步法的有效途径，乒乓球运动当中的任何一项步法都可以通过多球训练的方式来实现，并且多球训练能够给予学员们更多的时间进行步法和手法的结合训练，避免了单球训练过程中出现的连续性缺失，进而更好地促进学生们对于乒乓球运动步法和手法的学习及掌握。

（5）提高了学生们的综合身体素质

高校乒乓球训练过程中应用多球训练能够更加有助于学生们综合身体素质的提升。在多球训练的过程中，供球者能够提供比学生们速度更快、节奏更高的还击，这种训练模式不仅仅能够提高学生们的基本技术，还能够综合地练习学生们的身体协调能力，接球反应速度及实际应变能力，同时，多球训练的方式能够持续不断地供球，相比于传统的供球方式极大提升了学生们的运动强度，结合了无氧运动和有氧运动，能够对运动员整个运动系统的生理水平有很大程度的提升，为学生们在今后更加高强度的训练打下坚实的基础，也为学生们日后更为高精尖的技术学习做好铺垫。

（6）磨炼了学生们的意志品质

最重要的是，多球训练的方式有助于学生们良好意志品质的形成与发展，多球训练的强度和密度对于学生们来说绝对是一种挑战，不仅仅是身体上的挑战，更是心理上的挑战，在长时间的多球训练过程中，任课教师应该积极并及时地进行指导，全面促进学生们吃苦耐劳的精神，锻炼和培养学生们顽强拼搏的意志品质。对于运动员来说，在赛场上拼到最后，最重要的不一定是体力和技术，很有可能就是一场心理战，这就要求运动员必须要具备十分强大的内心和十分坚定的意志品质，只有在这种心理状态下，才能够乘胜追击或者是绝地反击，而且，在赛场上这种状况也都是屡见不鲜的，所以说，对于运动员的培养除了夯实技术基础，加强体能训练之外，最为重要的就是意志品质的培养，多球训练的出现确实是为整个高校乒乓球训练提供了很好的平台，能够更好地调动运动员们的整体精神状态，实现心理建设。

2. 高校乒乓球多球训练方法的缺陷

（1）多球训练与实战存在差距

在多球训练的过程中，会出现比较机械的角度和击球点，这种情况与实际的比赛和一些对练相比较还是会存在一定的差距的，应用多球训练方式展开乒乓球教学只能够通过一种近似对练或者是比赛的形式来进行击球供球，这种供球方式会产生基本相同的旋转、速度、力量和弧线，不能够适应比赛当中的多种变换形式，尤其是在一些高校的乒乓球多球训练过程中，任何教师因为个人的时间和精力有限，都不能够亲自陪同训练，供球者只能够由学生来扮演，如果学生们的供球水平并不能达标就会破坏训练者在练习过程中的技术定型，而且在一些组合技术的练习过程中，如果采用的是多球训练的模式，供球者直接发出的球在速度、落点和旋转上几乎都是固定的，这对于将会面对比赛的练习者来说并不是一件好事，长期的单一性供球方式就会造成学生们击球质量的下降，影响到高校大学生乒乓球技能的整体训练。

（2）对供球者水平要求较高

在多球训练的过程中，尤其在组合训练的时候，对于供球者都会提出更高水平的要求，不仅仅要求供球者在多球单练的过程中要供得好，还要求供球者在多球多练的过程中球的旋转、速度和落点都能够得到有效的控制，进而实现最佳的效果。但是，在高校乒乓球的训练过程中，很多供球者都是由学生来担任的，学生们在大学期间多数是刚开始接触乒乓球，所以供球的质量都不是很高，这会直接影响到多球训练的实际效果，这一因素也是制约高校乒乓球多球训练有效性的主要因素之一。

（四）高校乒乓球多球训练的内容

多球训练就是要将数十个甚至是数百个球放在一个容器当中，结合不同的乒乓球训练内容进行不间断的取球，并且要采取各类不同方式把球击打至练习者那一边，由练习者进行回击，进而提升乒乓球的训练质量，这也是当前在各类高校乒乓球训练过程中十分常见的一种方法。

1. 推挡训练

（1）直拍推挡

推挡技术是乒乓球直拍攻球的一种基本打法，主要的特点在于动作小、站位近、变化多，教师在这种训练当中可以站在球台左侧，通过侧身正手攻来向学生发球，这个时候最好是定点球，在学生正确击球并且做完了挥拍动作之后接着发下一个球，一旦学生们的动作有误，教师一定要加以及时的修正，在直线、斜线等方向的推挡基础上，教师还可以再加设加力和减力推挡，保证一点对应一点，一点对应两点，一点对应多点。

（2）横拍反攻

横拍反手攻球在照顾大范围的打法方面有重要的体现，其主要的特点在于更加符合力学原理，而且能够使用的力量也比较大，在这种训练中，教师可以站在球台左侧，通过侧身反攻的形式来向学生们发放定点的球，当学生们能够准确挥拍之后再发放下一个球，在这次训练中教师可以在辅助学生们练习好斜线和直线的基础上来培养学生们的出台快撕和台内拧、撇等动作。多球训练在横拍反攻中的应用主要是提高了学生们利用横拍的次数，让学生们能够更好地掌握横拍反攻的角度和力度，在多次反复的训练过程中掌握更多种不确定的情况，形成很好的适应能力，进而更加灵活和自如地利用横拍进行反攻。

2. 正手攻球

正手攻球在乒乓球运动当中是一项十分重要的技能，也是学生得分的主要手段，教师在正手攻球的训练过程中可以在事先对小组成员进行分组，一个同学练习的时候，其他的同学就去捡球，教师则在球台左侧利用侧身正手进攻的方式来向学生们发送定点球，在一点的动作能够基本定型之后再发送两手正手球。对于正手攻球来说，采取多球训练学生们能够更好地掌握各种来球的速度和角度，进而去适应正手攻球的手感，对于高校学生来说基本都是刚开始接触乒乓球，所以正手攻球是主要的训练内容，也是初学者得分的第一个关键点，教练必须要重视这一部分的训练，而采用多球训练的方式，正好强化了学生们的正手击球基础，是训练正手攻球的必要途径。

3. 发球训练

在正、反手多球训练的基础上，教师可以将学生们分成两人一组，然后将球分成两等份同时展开练习，当所有的球都发放完毕后，两名同学将球都捡起，然后换成下一组进行继续训练。发球是乒乓球运动当中的第一步，也是最基础最关键的环节，教练必须要把握好第一次训练的机会，一次性打好学生们乒乓球运动的基础，在第一次训练当中通过多球训练的方式能够帮助学生们熟悉球感和手感，然后通过反复但是不重复的训练让学生们在实践中掌握好发球的力度和角度，逐步地适应对落球点的控制，形成有效的发球，避免在发球过程中的主动丢分也是乒乓球训练工作中的关键。

（五）高校乒乓球多球训练的作用

多球训练在高校乒乓球教学训练过程中的应用能够更加省时高效地提升教学质量，并且保证学生们能够在比较短的时间当中得到动作能力的快速定型，在多球训练的过程中不仅能够提升学生们的击球质量，提升学生们的运动技能，还能够锻炼学生们的意志品质，具体剖析多球训练的作用有如下几点。

1. 形成正确心理定向

乒乓球训练中所指的心理定向指的是在动作指导开始之前，一直到完成动作的整个过程当中，学生们应该有一个准备的状态和注意力的指向，进而形成一个正确的心理定向，这也是学生掌握动作技巧的心理基础。在乒乓球的训练过程中，教师采取了多球训练的方法之后一定要配合耐心的指导和讲解，让学生们能够在训练当中及时地得到提示和评价，并且通过这种形式对学生们的动作展开及时的调整。多球训练的方法能够更好地帮助学生们集中精力于击球的动作技术上,加深学生们对于乒乓球动作技巧的要领掌握,在不间断的击球训练过程中,也提升了学生们的技术准确性,击球的命中率也会在潜移默化中不断提升。

2. 养成正规动力定型

乒乓球技术动作的训练通常是形成于大脑皮层当中的,并且会构建起一个合理的动力定型,进而使学生们获取动作自动化意识。高校乒乓球教学采取多球训练的方式,在训练的过程中乒乓球会被连续不断地送到一个固定的区域当中,学生们始终在一个固定的区域中进行击球训练,击球的手法也会自然地被固定,这种训练方式能够有效地降低学生们击球错误动作的出现概率,提升了学生们的击球准确率。除此之外,多球训练形式下,击球的密度会很大,比单球训练多很多,而且训练的强度也会随之自然增加,在单位时间当中学生们的训练量就会被自然加大,练习的次数也会增加,这种状态下,学生们更容易产生击球的兴趣和运动的兴奋感,乒乓球的击球质量和动作效果也会更加明显地提高,最终帮助学生们形成有效的动力定型。

3. 提高学生反应速度

乒乓球最大的特点就是速度快,反应速度是每一个乒乓球学生必备的基本素质,也是衡量一个乒乓球学生实际动作水平的重要标准,在多球训练的应用过程中,学生们的反应速度会得到不断提高,并且缩短了供球的距离和时间,同时,教师也可以利用供球的力量和落点来进行变化性的训练,让学生们的反应速度能够得到全面的训练和开发。多球训练的特点就是节奏快,当学生们在多球训练的工程中完全适应过来,就能够全面地实现对来球的接收和控制,最终实现反应速度的提升,对于小球项目来说,反应速度绝对是决定胜负的关键。

4. 有效进行步法练习

在乒乓球的训练过程中,步法训练是十分重要的环节,而且这一环节是绝对不能够被忽视的,由于乒乓球在高校的教学过程中,教育的对象都是刚开始接触乒乓球,教师很容易会将重点放在培养学生的手法上,但是会忽略步法训练,在采取了多球训练法之后,刚好能够完全补充教师在步法训练方面的缺失,多球训练通常会具备强化的连续性,在这种情况下,教师不仅要鼓励学生们进行手法上的连续性练习,培养学生们的专注力,同时也要利用这种连续的击球来引导学生们动起来,让学生们能够跑动练习,训练学生们前后和左右的步法,除此之外,在多球训练的教学过程中,教师就能够充分地发现学生们运动步法上的缺陷,在训练的过程中一定要及时地纠正学生们的各方面错误,全面提升学生们的步法移动和综合素养。

5. 锻炼学生意志品质

良好意志品质是学生们克服困难的核心因素,在高校乒乓球训练过程中采取多球训练的形式,能够帮助学生们克服高强度训练带来的胸闷气短现象,坚持训练的过程,就是对学生们意志品质进行培养和锻炼的过程。乒乓球本身就不是一蹴而就的运动项目,只有在长期的训练过程中才能够得到巩固,学生的意志品质甚至可以说能够决定学生在一项运动当中的终极高度。

6. 加强学生身形神态

在高校乒乓球的训练过程中,对于学生们神态、身形和身法的训练也是十分重要的,与此同时它们也是乒乓球比赛过程中情绪传达的载体,通过正规的身形矫正能够更好地控制学生们在击球过程中的动作更加规范,通过神态和语气的培养能够更好地调动起学生在比赛过程中的状态,提升学生们的信心。比如说在我们常见的乒乓球世界级比赛当中,我们会经常看到乒乓球健儿们也会通过一些吼叫来调动自己的情绪,激发自身的身体潜能。在身形和神态的训练方面,教师可以利用多媒体和网络来辅助学生们学习,在日常训练过程中,教师能够把握学生们的身形训练,但是神态上通常会带有一些个人的风格,所以透过一些视频和图片能够让学生们更好地处于一种情境之中,找到比赛的状态进行的训练会更加的有效果。

(六)高校乒乓球多球训练的应用

1. 多球训练应用于乒乓球初级教学

在乒乓球教学的初级阶段,大部分高校学生都是初次接触到乒乓球,乒乓球很容易让人产生兴趣,却是很难控制的一种运动,所以,在整个的学习和训练过程中,学生很容易会产生协调性的问题和紧张的心理状况,教师应该根据初学者这些心理特点充分地利用多球训练的方式来采取持续不中断且时间较长、负荷较小的训练。教师还要针对一些学生的动作表象和知觉的未成形型特点在供球的时候适当地降低难度,对多球训练的基本节奏进行一个合理的控制,采用定性、定点及定线的方式来供球。青少年通常具备比较强的模仿能力,在训练的过程中,教师可以将一些理论讲解同示范动作结合起来,这样更加有利于学生掌握正确的学习方法,树立正确的方向,在多球训练过程中,学生们对于动作的学习和掌握能力出现参差不齐的状况是十分正常的,教师应该结合每一位学生的特色进行具体的教学,采取比较多样化一点的手段来激发学生们的学习兴趣,全面提高学生们的学习积极性,对于学生们在运动过程中经常会出现的一些错误,教师应该及时地给予纠正,并指导正确的运动方法,为学生们打下坚实的基础。

2. 多球训练应用于乒乓球提升阶段

当同学们具备了一定的乒乓球运动基础之后,教师的指导重点就应该放在学生们的运动技能上,并且要对学生们的技战术进行提高和改进,在这个阶段当中,学生们的大脑皮层会处在一个十分兴奋的状态当中,注意力也相对比较集中,而且通过长期的训练他们的控制能力也会逐步地加强,学生们在这个阶段就应该构建起一个动作动力的定型,相对熟练地完成一些动作,在这一阶段采取的多球训练方法无论是在形式上、难度上还是负荷上都要提升一个高度,教师要充分地挖掘出学生们的乒乓球学习潜能,激发学生们对于乒乓球这项体育项目的学习热情,结合学生们的学习特点,在保证动作质量的基础上加强学生们的总体运动量,提升学生们练习的难度,针对每一位学生的技术能力和身体素质因材施教,逐步地对多球训练的教学内容进行转换,保证每一次训练的内容能够符合学生们的实际学习情况,在训练的密度上适当地增加单位时间当中的击球密度。比如说横拍直拉是乒乓球运动中十分常见的一种技术,这种技术要求学生必须具有一定的动作基础,然后就是要寻求一种技术上的提升,这个时候,教练应该抽出时间对每一个同学的基础技术能力进行检验,然后根据每一个同学的掌握情况来制订下一步的学习计划,让每一个同学能够自己掌握节奏,更好地把握这种技术的特点,进而熟练地应用于各项比赛当中。

3. 多球训练应用于乒乓球巩固阶段

到了乒乓球教学的巩固阶段,学生们的基本动作及动力类型都已经基本稳定了,大部分学生都能够熟练地运用乒乓球的各项运动技能,为了进一步提升学生们的动作技术,教师在训练的过程中应该增加对于动作技术的难度处理,这一个阶段,对于多球训练来说应该采取一些持续和变换相结合的形式,具体上来讲,学生们在乒乓球技术动作的细节处理上应该不断地改进,并且应该采用持续性质的多球运动,对于运动规律及节奏都要不间断地进行持续性的训练,让学生们能够对乒乓球技术的技能和质量掌握到更高的程度,最终实现对动作定型的巩固。当学生们对动作技术能够很好地掌握时,教师还可以采取一些变化的多球训练方法,变换训练强度和负荷,并且要保证多球训练的形式和内容也是可调整的,让学生们能够利用规定的时间完成规定的任务。

4. 多球训练应用于乒乓球战术组合

乒乓球运动训练的拔高阶段就是战术组合的训练,在这个过程中,多球训练是一种很好的选择,在乒乓球的组合技术训练过程中,很多技术内容如果通过单球训练的方式,训练的效果和质量都不会太理想,而且容易受到对手回球质量的影响,最终无法实现训练的要求和终极目的,比如说,在正手侧身拉直线再转全台正手持续发力的拉球过程中,如果采取的是单球训练的形式,陪练的一方学生如果掌握不好容易失球的话,回球的质量就不会太高,会严重影响到整个练习的难度和连续性,多球训练就不同了,当应用了这种模式之后,就不会存在对方回球的问题,既保证了训练的强度和质量,又能够实现运动技巧的提升,当前国家队也正在采取多球训练的方式来辅助队员们形成战术特点,所以,多球训练在高校乒乓球战术组合中的训练是必不可少的,也是会产生实际效应的。在采取多球训练的过程中,还是要注意组和组之间及组内的训练节奏控制,避免一个节奏重复出球,这种状况下通常会采取间歇式的训练法,将十五分钟的时间设定为一个训练时间,并且分成几个组别进行训练,在组间要根据学生的情况适当地停顿 30 秒,在每一个组合中也要有 2 秒钟左右的停顿,整个一个战术组合当中则是应当根据战术设定来保证学生在接受范围内尽可能快的供球速度,全面提高学生的反应阈值,让学生能够更好地适应比赛当中的快速击球。

(七)高校乒乓球教学训练中应用多球训练需注意的问题

1. 练习间隙安排

多球训练的特点就是练习的强度和密度都相对比较大,因为节省了捡球的时间,所以学生击球的时间很长,频率很高,这种情况对于学生的体力消耗及意志磨炼都是很大的,如果多球训练一次的训练时间过长就会很容易给学生们造成疲劳问题,进而对学生们的学习状态和技巧掌握造成一些消极的影响,所以,为了避免多球训练带来的疲劳问题,高校的体育任课教师应该更多地关注学生们的年龄特点、心理特征及现有的技术基础,在学生的运动水平上为学生们安排更加科学合理的运动作息时间,让学生们能够在最佳的状态中学习新的技术,形成良好的运动习惯和学习心理,倡导鼓励式的教育,形成良性的循环学习和持续进步。

2. 练习节奏速度

通常来讲多球训练的节奏和速度要比学生们在普通对练和比赛当中的节奏和速度快很多,而且这种"快"是学生们提升技术动作质量和身体综合素质的最佳机会,具备着十分重要的积极意义,但是,这种"快"同样是有限度的,在某种程度上存在着一定的内部规律,这种规律不仅仅和练习的内容相关,还和学生们的技术状态和技术水平相关,并且紧密相连。所以,在高校的乒乓球项目教学过程中应用多球训练不应该只是单纯地盲目追求练习的节奏和速度,应该结合学生们的学习水平和学习进度来制定出合理的练习节奏和练习速度。比如说在初学阶段，教师应该利用多球训练的方式来进行辅助练习，无论是什么项目，都应该先从慢速开始，甚至应该比对练及比赛的速度还要慢，只有这样才能够帮助学生们有效地掌握技术要领，实现技术动作的实际提升，并形成良好技术动作的定型。

3. 重视训练整体质量

多球训练必须在保证质量的基础上进行，要保证学生们对于乒乓球技术动作的学习和掌握，一旦学生们在训练的过程中过于追求速度而出现了错误的动作定型，就会对学生们日后的乒乓球学习造成极为消极的影响，所以，多球训练一定要建立在确保技术动作质量的基础上进行，保证学生们在整个多球训练工程中的技术动作质量，而且，教师不仅仅要对击球的学生进行练习情况的评定、观察和指导，同时也要对供球的学生进行动作指导，通过一些正规的技术动作讲解和指导来及时地对学生们在运动过程中出现的任何不良动作做出纠正，尽可能地弥补学生们供球质量不够高的问题，全面地提升高校乒乓球教学过程中应用多球训练的教学效果。

4. 有效结合多球训练及其他方法

任何一种训练方式都不可能是万能的，想要通过单一的一种教学训练方法来完成全部的教学任务是不可能的，通过一种教学训练方式实现整体的教学目标也是不切实际的。所以说，在利用多球训练这种训练方法的过程中，教师同样要注意这种训练方式同各类训练方法的有机结合，形成一种有效的教学模式，在遵循了学生们动作技巧形成规律的基础上，结合学生们的实际情况展开各类教学方法的灵活组合和科学选择。比如说在多球训练的组织形式中就会包括了单人多球训练及双人多球训练，同样还会涉及多球单练等方式，在乒乓球的教学过程中，教师应该巧妙地结合训练目标和教学内容来调整学生们的训练水平，选择一些比较适宜的方式对初学者建立起较为正确的技术动作及动力定型，这个时候应该选择单人多球的方式，采取自抛自打的模式。多球训练的过程中最常采用的就是两人多球的形式，教师来负责供球，学生们积极训练，有的时候为了提升练习的强度和密度，教师还可以采用多球单练的形式，这种模式对于学生们的个人技能要求很高，而且战术分解训练也是十分有效的。

参考文献

[1] 李亚君. 论健美操课对女大学生心理素质的影响 [J]. 体育科技文献通报, 2017, (6): 118—120.

[2] 蔡向阳. 浅谈健美操训练对大学生身心和谐发展的影响 [J]. 当代体育科技, 2017 (8): 43, 45.

[3] 任秀红. 高校选修健美操课大学生自我效能感研究——以贵州省高校为例 [J]. 黑龙江生态工程职业学院学报, 2016 (4): 131—133.

[4] 张瑞鑫, 黄琦. 浅析健美操运动对高校大学生自信心的影响 [J]. 体育科技文献通报, 2019 (10): 108—110.

[5] 董元卿. 健美操对大学生自信心的影响研究 [J]. 体育科技文献通报, 2017 (11): 55—56.

[6] 李献军. 高校体育教学和运动训练的协调发展 [J]. 商丘职业技术学院学报, 2017 (4): 106—108.

[7] 程少宇. 浅谈高校体育教学和运动训练协调发展 [J]. 新西部 (理论版), 2015 (12): 154—155.

[8] 金海伟. 对高职院校体育教学与运动训练协调发展的研究 [J]. 运动, 2015 (10): 113—114.

[9] 尚艳红. 在二十四节气中感知语文之美 [J]. 语文课内外, 2019 (3): 8.

[10] 赵婷. 浅谈二十四节气与小学语文教学的结合——感受中国诗歌的抒情艺术 [J]. 课外语文, 2019 (1): 33—34.

[11] 丁芳. 开发二十四节气资源, 开展小学语文综合性学习——小学高年级二十四节气语文综合性学习初探 [J]. 小学教学研究 (教研版), 2018 (9): 52—54.

[12] 王锦, 李海琴. 浅析高校体育教学与运动训练的关系 [J]. 体育时空, 2018 (5): 172.

[13] 李斌. 浅析高校体育教学和运动训练的协调发展 [J]. 文体用品与科技, 2017 (21): 66—67.

[14] 王小元. 浅析运动训练与体育教学中的互补 [J]. 河北企业, 2016 (12): 218—219.

[15] 赖晓珍. 高校体育教学与运动训练异同互补的研究 [J]. 科技资讯, 2020 (7): 118, 120.

[16] 张高参. 探索普通高校体育教学与运动训练的互动 [J]. 科技资讯, 2020 (13): 163, 165.

[17] 许弘, 马丽. 新时代学校体育治理体系和治理能力现代化研究 [J]. 体育学研究, 2020 (3): 47—52.

[18] 王登峰. 深入学习习近平总书记在全国教育大会上的讲话精神，推动学校体育革命性变革——在全国高等学校体育教学指导委员会副主任以上委员会议上的讲话 [J]. 天津体育学院学报，2019（3）：185—187.

[19] 贾齐，朱妹，李国红，赖丽新. 关于体育课程若干基本概念之指称对象的考察 [J]. 体育与科学，2010（6）：89—92.

[20] 邵伟德，武超，李启迪. 对体育课程若干概念指称的再思考：与贾齐的深化讨论 [J]. 体育与科学，2012（3）：113—117.

[21] 蔺新茂. 体育课程内容简论——兼对《"体育课程内容、体育教材内容、体育教学内容"内涵解析》一文商榷 [J]. 体育教学，2017（7）：49—51.

[22] 严存生. "法"的"存在"方式之三义：必然法、应然法、实然法 [J]. 求是学刊，2015（2）：68—78.

[23] 施良方. 课程理论——课程的基础、原理与问题 [M]. 北京：教育科学出版社，1996.

[24] 中华人民共和国教育部. 普通高中体育与健康课程标准（2017年版）[M]. 北京：人民教育出版社，2018.

[25] 赵宏图. 浅析高校体育教学改革与大学生终身体育意识的培养 [J]. 佳木斯职业学院学报，2017（10）：350.

[26] 吴月琴. 高校体育教学中终身体育意识的培养 [J]. 菏泽学院学报，2019（2）：136—139.

[27] 刘超. 以终身体育为导向的高校体育教学模式探索 [J]. 青少年体育，2019（76）：112—113.

[28] 孟醒. 普通高校体育教育对大学生终身体育意识的培养 [D]. 济南：山东体育学院，2016.

[29] 鄢正纲. 高校体育教学中终身体育意识的培养策略探讨 [J]. 吉林广播电视大学学报，2019（10）：127—128.

[30] 张铭潭. 基于终身体育视角的西安地区高校公共体育课程教学研究 [D]. 延安：延安大学，2020.

[31] 姚荣. 体育运动训练基本原则对高校体育教学的启示 [J]. 青少年体育，2019（3）：110—111.

[32] 马书军. 分析体育运动训练原则及对体育教学的启示 [J]. 当代体育科技，2018（25）：34，36.

[33] 杨牧. 试论体育运动训练原则及其对体育教学的影响 [J]. 当代体育科技，2018（15）：14，18.

[34] 张军. 体育运动训练基本原则及对高校体育教学的启示 [J]. 体育世界（学术），2016（9）：155，157.

[35] 田波. 体育运动训练基本原则及对高校体育教学的启示 [J]. 当代体育科技，2014（24）：39，41.

[36] 刘瑞东，陈小平，陆亨伯. 功能动作筛查在青少年动作与姿态测试中的应用及其与身

体素质表现的相关性研究 [J]. 武汉体育学院学报，2016（8）：82—86.

[37] 李洁明，刘会平，洪煜，赵琦. 身体功能训练和饮食干预对肥胖男大学生功能性动作和体质健康的影响 [J]. 中国学校卫生，2020（8）：1138—1142.

[38] 李双，王结春，李凤. 身体运动功能训练对青少年手球运动员身体素质影响的实验研究 [J]. 安徽师范大学学报（自然科学版），2019（1）：97—102.

[39] 李洁明. 功能性训练手段对大学生基本运动能力影响的实证研究——以南京信息职业技术学院为例 [D]. 南京：南京体育学院，2017.

[40] 彭行儒. 基于身体功能训练对青少年学生"坐着跑"的矫正策略 [J]. 田径，2020（7）：40—41.

[41] 周骁. 基于 FMS 的功能性训练在足球特色学校队员体能训练实证研究 [D]. 济南：山东体育学院，2020.

[42] 张蓓蓓，吴俊，曾建平，孔粉英，刘国良. 基于一流专业背景下的应用化学专业建设改革与实践 [J]. 广东化工，2021（4）：160，163.

[43] 徐张杰，周宾宾，区铜，钟远鸣，唐梅文，莫雪妮. 一流专业建设背景下中医康复学专业建设探讨 [J]. 中医药管理杂志，2021（4）：12—15.

[44] 温秀梅，康丽峰，王海东，穆莹雪. 一流本科专业建设的研究与实践——以信息资源管理专业为例 [J]. 科技风，2021（5）：165—166.

[45] 张文清，徐首红，徐志珍，胡坪，罗千福，王成云. 华东理工大学应用化学一流专业建设的思考与实践 [J]. 大学化学，2021（5）：117—121.

[46] 王秀丽，王民，曾晓飞，章鹏飞. 以学定教、以研促学——杭州师范大学化学一流专业建设实践探索与思考 [J]. 大学化学，2021（5）：104—111.

[47] 高英，袁少锋. "一流专业"建设背景下市场营销专业课程思政教学改革研究——以《服务营销》为例 [J]. 经济师，2021（2）：173—175，177.

[48] 马正兵. 一流本科专业核心内容与特色路径建构——以重庆第二师范学院商务经济学专业为例 [J]. 重庆第二师范学院学报，2021（1）：87—92，128.

[49] 钱禾丰. 对华东师范大学运动训练专业课程安排的思考 [J]. 当代体育科技，2015（9）：77—78.

[50] 孙世超，袁吉. 海峡两岸体育院校运动训练专业课程设置的比较研究——以上海体育学院与"国立"体育大学为例 [J]. 中国学校体育（高等教育），2015（1）：50—54.

[51] 张颖，李雷，赵宇. 高校体育运动训练课程的教学现状及发展策略思考 [J]. 中国市场，2014（47）：153—154.

[52] 金光珠. 我国体育院校中训练专业课程的设置分析 [J]. 当代体育科技，2013（26）：83，85.

[53] 李成龙，韩雪，辛宇波. 一流专业建设背景下物流信息管理课程教学方法研究 [J]. 中国储运，2021（3）：86—87.